21 世纪普通高等教育规划教材

电子商务概论

史益芳　翟会颖　田　芯　编

化学工业出版社

·北京·

本书从电子商务的基本概念出发，探讨了电子商务的基本模式、技术基础、基本组成和应用等内容。每章结构统一采用学习目标、引导案例、本章小结、案例研讨的形式，便于学生更好掌握内容。此外，在理论的阐述中辅以生动的案例，让学生结合自己所掌握的知识，深入探讨案例中体现的问题，提高学生分析问题和解决问题的能力，符合应用型人才的培养要求。

　　本书可作为高等院校经管类专业教材，还可供从事经管及相关专业的工作人员参考。

图书在版编目(CIP)数据

电子商务概论 / 史益芳，翟会颖，田芯编. —北京：
化学工业出版社，2011.8
21世纪普通高等教育规划教材
ISBN 978-7-122-12036-6

Ⅰ. 电… Ⅱ. ①史… ②翟… ③田… Ⅲ. 电子商
务-高等学校-教材 Ⅳ. F713.36

中国版本图书馆 CIP 数据核字（2011）第 155956 号

责任编辑：唐旭华　薛春瑜　　　　　　文字编辑：刘莉珺
责任校对：吴　静　　　　　　　　　　装帧设计：刘丽华

出版发行：化学工业出版社（北京市东城区青年湖南街 13 号　邮政编码 100011）
印　　装：化学工业出版社印刷厂
787mm×1092mm　1/16　印张 12　字数 289 千字　2011 年 9 月北京第 1 版第 1 次印刷

购书咨询：010-64518888（传真：010-64519686）　　售后服务：010-64518899
网　　址：http://www.cip.com.cn
凡购买本书，如有缺损质量问题，本社销售中心负责调换。

定　　价：26.00 元

前　言

随着 2007 年《电子商务发展"十一五"规划》的实施，电子商务在国民经济各部门中将得到进一步的推广和应用，电子商务交易额呈现稳定持续增长态势。2011 年 1 月 19 日，中国互联网络信息中心（CNNIC）在京发布了《第 27 次中国互联网络发展状况统计报告》（以下简称《报告》）。《报告》显示，截至 2010 年 12 月底，我国网民规模达到 4.57 亿，较 2009 年底增加 7330 万人；最引人注目的是，网络购物用户年增长 48.6%，是用户增长最快的应用，而网上支付和网上银行也以 45.8%和 48.2%的年增长率，远远超过其他类网络应用，我国更多的经济活动正在加速步入互联网时代。此外，中小企业纷纷试水"网络营销"。《报告》显示，中小企业互联网接入比例达 92.7%，规模较大的企业互联网接入比例更是接近 100%。43%的中国企业拥有独立网站或在电子商务平台建立网店；57.2%的企业利用互联网与客户沟通，为客户提供咨询服务；中小企业电子商务/网络营销应用水平为 42.1%，其中电子邮件以 21.3%的比例成为"最普遍的互联网营销方式"。电子商务类互联网应用则成为我国互联网经济发展最快、最迅速的主力军。

我国电子商务的迅速发展迫切需要电子商务专业人才，特别是复合型电子商务人才。电子商务人才的培养也越来越受到重视。在人才培养中，教材作为其中重要的一个环节发挥着相当重要的作用。目前电子商务教材越来越多，林林总总不下百部。但电子商务实践领域发展日新月异，而理论的总结却相对滞后，尤其是针对应用型学校。作为工作在一线的电子商务教师，深切地感受到了教材的局限性，从自身工作的角度出发，希望能在前人研究的基础上编写符合应用型学校发展要求的相关教材。

《电子商务概论》作为一门基础课程，帮助初学者迅速建立起电子商务的基本概念，勾画出专业体系轮廓，并引导读者继续深入学习。在本书的编写过程中，我们力求做到概念清楚，内容系统，深入浅出。本书从电子商务的基本概念出发，探讨了电子商务的基本模式、技术基础、基本组成和应用等内容。

第 1 章主要介绍了电子商务的基本概念、主要功能以及结构特性，讨论了电子商务的作用。重点介绍了电子商务的发展历程及其分类，分析了电子商务对经济的影响。

第 2 章首先介绍了电子市场的特点和基本要素，探讨了适合在电子市场中销售的商品。并详细介绍了电子商务中应用最为广泛的 3 种基本模式：B2B、 B2C 和 C2C。

第 3 章主要介绍了电子商务的技术基础。重点介绍了因特网的相关技术，分析了电子商务系统规划的要点，讨论了构建电子商务系统的基本要素。

第 4 章主要介绍了电子商务面临的安全问题，对称和非对称密码加密技术、认证技术和防火墙技术电子商务的安全解决方案；最后介绍了 SSL 和 SET 两种电子商务的安全协议。

第 5 章主要讲述了电子支付系统的构成和功能，并介绍了在电子商务交易中常用的支付工具。最后，本章还专门介绍了几种典型的第三方支付平台，以及目前第三方支付存在的问题和发展前景。

第 6 章主要介绍了网络银行的概念、特点，以及网络银行的功能和业务；关于网络证券，介绍了相关概念，网络证券给证券市场带来的优势，以及网络证券的发行与交易；最后介绍了网络保险的概念、优势，以及网络保险的各种模式，让我们进一步了解电子商务在金融领域中的应用。

第 7 章主要讲解网络营销的概念以及其特有的内涵和特点，网络营销的基本理论以及在网络营销环境下如何根据网络营销组合理论制定产品策略、价格策略、渠道策略和促销策略。

第 8 章主要介绍了电子商务物流。此外，对第三方物流和第四方物流概念也做了进一步阐述。

第 9 章介绍客户关系管理的产生。此外，针对客户关系管理中客户、客户关系、客户识别和客户服务等基本概念作了简单介绍，并对 CRM 系统的模型和组成进行了详细说明。

第 10 章首先介绍了供应链管理产生的背景，以及其概念和内容。描述了集成化供应链管理模式实现的五个阶段。通过电子商务对供应链的影响，说明了电子商务供应链的特点和基本框架。

本书由田芯总体设计，第 1~3 章由田芯编写，第 4~7 章由翟会颖编写，第 8~10 章由史益芳编写，最后由史益芳汇总统稿。

本书配有相关的电子课件，可免费提供给采用本书作为教材的院校使用，如有需要请联系 txh@cip.com.cn。

本书的学科跨度大、发展快，加之编者时间和水平有限，书中难免有疏漏之处，敬请专家和读者提出宝贵意见。

编者

2011 年 5 月

目　录

第1章　电子商务概述

[学习目标]

通过本章的学习，应了解电子商务的基本概念，掌握电子商务的发展历程与分类标准，理解电子商务的功能和结构，了解电子商务对经济的影响。

[引导案例]

拨号上网、ISDN、ADSL，光纤入户，3G 上网，信息时代迈着矫健的步伐大步地走进我们的生活。当互联网开始肆无忌惮地提供免费音乐下载，当传统唱片时代的"教父们"也开始依靠走穴、巡演来挣钱时，业内人士终于发出"唱片已死"的感慨。

唱片曾经的风光时代

站在 21 世纪第一个 10 年的末尾，我们把时光向前回溯 20 年。唱片业作为一个时代的趋势新宠，其生命力的旺盛，经济效益之显著是让任何生意人眼红心动的。

太合麦田音乐公司总经理宋柯在接受媒体采访时表示，在 20 世纪 80 年代中期到 90 年代，唱片行业就是一个不折不扣的黄金行业。"李宗盛、赵传的任何一张专辑在台湾本土就能一卖 100 万张，更别说整个亚洲地区了。那时候的专辑还特别贵，差不多 100 元一张，算算看，卖 100 万张唱片就是 1 亿元，唱片公司拿 3 成，就是 3000 万，歌手自己拿 5%，能赚 500万。所以那个时代，写一首歌就能买辆奔驰的神话天天都有，我记得周治平的那张《青梅竹马》专辑，他就赚了几百万。"在这个时代，"著作等身"这个词不仅仅是形容作家的优秀，也是形容一个艺人是否走红的标杆。一个艺人的受欢迎程度，是可以根据他推出过多少张唱片专辑来判断的。北京嘉润天合文化传播有限公司的李杰在接受《中国产经新闻》记者采访时表示，"即使放在今天，一个艺人能否推出一张属于自己的走红唱片，依然是评判其优秀与否的标杆。这是这个时代遗留给我们的评判标准。"

被网络分食的唱片业市场

现如今，网络成为了我们生活中不可或缺的一部分。它以传播速度快、数据交换量大、获取成本低廉的优势获得了迅猛的发展，对很多传统产业形成了冲击。这其中就包括了唱片业市场。

根据国际唱片业协会发布的《2008 年全球唱片业信息报告》显示，华语流行音乐的传统CD 销售额从 2003 年的 1.6 亿美元跌至 2007 年的 3770 万美元，缩水超过 75%。而 2008 年，传统唱片销量继续大幅跳水，原创流行乐唱片不足 100 张，香港唱片销量大奖"金唱片"指标更是放低至 1.5 万张。而与传统唱片业的低迷形成鲜明对比的是，2009 年 4 月，苹果 iTunes音乐商店的销售下载量冲破 10 亿次，在国内，则是"百度 MP3"等互联网搜索引擎为用户们源源不断地提供着免费的音乐午餐。一些压缩格式的音乐音质听起来与 CD 差别不大，而且更容易携带，可以随时随地享受音乐的快感。而且在数字音乐的世界里，最重要的是，下载零开销。因此，传统唱片的劣势在消费者眼中暴露无遗：一是太贵，二是不方便携带。现在的新歌大多不会等 CD 结集再发售。"可以看下谷歌音乐,很多新的单曲都被标明首发。而且现在的网络搜索引擎那么发达,一首新歌刚问世,到处都可以下载的。不像那个时候,只有当 CD 出来以后才能找到下载。虽然这个顺序变动看起来影响不大,但是实际上 CD 的价值因此下跌了很多。"

谁是唱片业的"救命稻草"

当唱片卖不动的时候,开拓新的盈利模式便成为了唱片业内不得不正视的问题。国外的一些唱片制作公司开始尝试开拓一些新的途径来弥补唱片滞销所带来的影响。比如,从苹果 iTunes 音乐商店下载一首歌,消费者要付费 99 美分,唱片公司可以获得其中的 70%,这样的收入对唱片业来说就是很好的支撑。 同样的,现在市面存在的量贩式 KTV 等需要使用音乐的场所也是采用同样的形式,在使用歌曲版权的同时,为唱片发行商提供一定的提成。例如在澳大利亚,夜总会如要播放音乐,就须按每晚每人 7 澳分的价格向唱片公司交纳使用许可费。

但是形势依旧不容乐观。美国唱片业协会的资料显示唱片业销售额由 2000 年的 140 亿美元下滑到了去年的约 100 亿美元。尽管苹果 iTunes 和 Amazon MP3 等音乐下载服务的营收增长相当强劲,但却不足以弥补 CD 销售锐减造成的损失。市场研究公司 Forrester Research 最近在一份报告中预测,2013 年底前,音乐总支出将萎缩 4%。不过,李杰认为,就目前来看,唱片完全退出历史舞台还需时日。唱片制作依然是音乐投资的回收赢利模式之一。然而对比国外而言,中国唱片公司面临的状况将更加的严峻——中国的产权保护意识与体系仍有待加强。李杰表示,如果说以前盗版 CD 才是盗版的话,互联网的出现使"盗版"的含义发生了根本的转变:没有唱片公司或者音乐著作权人授权的免费试听下载,全部属于盗版行为。而 iTunes 和 Amazon MP3 等音乐下载服务的营收,则将会逐渐成为唱片公司的主要收入来源。

(资料来源:http://news.163.com/09/0713/08/5E3C47LU000120GR.html)

1.1　电子商务基本概念

电子商务至今没有统一的定义,这也是为什么电子商务概念很容易引起混乱的原因之一。国内外不同的书籍、机构等对于电子商务的定义都有所差异,电子商务研究者也从不同角度给出了众多电子商务定义。下面列举了电子商务的几个经典定义。

(1)政府、协会或国际组织的定义

各国政府以及国际组织对电子商务的理解有一定的区别,美国政府在其"全球电子商务框架"中,比较笼统的指出电子商务系指通 Internet 进行的各项商务活动,包括广告、交易、支付、服务等活动,全球电子商务将会涉及全球各国,强调了 Internet 这一商务活动的新载体;欧洲议会认为电子商务是通过电子方式进行的商务活动,定义的比较宽泛;联合国经济合作和发展组织认为电子商务是利用电子化手段从事的商业活动;世界贸易组织认为,电子商务是通过电信网络进行生产、营销、销售和流通活动,它不仅指基于 Internet 上的交易,而且指所有利用电子信息技术的商务活动,这个定义比较全面。

(2)IT 公司对电子商务的定义

许多 IT 公司对电子商务都进行过定义,具有代表性的是 IBM 公司和惠普公司。IBM 公司认为,电子商务(E-Business)=WEB+IT。在这个概念中,包括了企业内部网(Intranet)、企业外部网(Extranet)、电子商务(E-Commerce)三部分具有层次性的内涵,只有先建立良好的 Intranet，建立好比较完善的标准和各种信息基础设施，才能顺利扩展到 Extranet，最后扩展到 E-Commerce。

惠普公司提出的电子商务是以现代扩展企业为信息技术基础结构，电子商务是跨时域、跨地域的电子化世界 E-World：

EW=EC（Electric Commerce）+EB（Electric Business）+EC(Electric Consumer)

惠普电子商务的范畴按定义包括所有可能的贸易伙伴，即用户、商品和服务的供应商、承运商、银行保险公司以及所有其他外部信息源的收益人。

（3）学者的定义

美国学者瑞维·卡拉科塔和安德鲁·B·惠斯顿在他们的专著《电子商务的前沿》中提出："广义地讲，电子商务是一种现代商业方法。这种方法通过改善产品和服务质量、提高服务传递速度，满足政府组织、厂商和消费者的建低成本的需求。这一概念也用于通过计算机网络寻找信息以支持决策。一般地讲，今天的电子商务通过计算机网络将买方和卖方的信息、产品和服务器联系起来，而未来的电子商务者通过构成信息高速公路的无数计算机网络中得出一条将买方和卖方联系起来的方法。"

中国电子商务研究专家李琪教授在其专著《中国电子商务》一书中指出，客观上存在着两类或三类依据内在要素不同而对电子商务的定义。第一，广义的电子商务，是指电子工具在商务活动中的应用。电子工具包括从初级的电报、电话到 NII（National Information Infrastructure）、GII（Global Information Infrastructure）和 Internet 等工具。现代商务活动是从商品（包括实物与非实物、商品与商品化的生产要素等）的需求活动到商品的合理、合法的消费除去典型的生产过程后的所有活动；第二，狭义的电子商务，是指在技术、经济高度发达的现代社会里，掌握信息技术和商务规则的人，系统化运用电子工具，高效率、低成本地从事以商品交换为中心的各种活动的全过程。李琪教授强调了电子商务是新型生产力的观点。

上述几种电子商务常见定义，虽然各不相同，但是他们存在着共性，即这些定义都尝试着从商务活动、信息技术以及改善效能这三个方面来界定电子商务。根据这些共性，本文总结了电子商务的定义如下：电子商务是在技术、经济高度发达的现代社会里，掌握信息技术和商务规则的人，系统化地运用电子工具，高效率、低成本地从事以商品交换为中心的各种活动的总称。广义的电子商务指使用各种电子工具从事的商务活动，其中电子工具不仅包括计算机、计算机网络技术，还包括初级的电报、电话、广播、电视、传真及更高级的 NII（国家信息基础结构—信息高速公路）、GII（全球信息基础结构）和 Internet 等现代系统；商务活动包括泛商品的需求活动即实物与非实物，商品与非商品化的生产要素的需求活动到泛商品的合理、合法的消费除去典型的生产过程后的所有活动。狭义的电子商务特指以大规模提高商务效能和综合整体效益为目的，利用 Internet 所从事的商务活动。这个分析突出了电子商务的前提、中心、重点、目的和标准，指出它应达到的水平和效果，它是对电子商务更严格和体现时代要求的定义，它从系统的观点出发，强调人在系统中的中心地位，将环境与人、人与工具、人与劳动对象有机地联系起来，用系统的目标、系统的组成来定义电子商务，从而使它具有生产力的性质。

1.2　电子商务的产生和发展

电子商务的雏形早在商贸界盛行单子单证的时候就产生了，随着网络技术的发展和社会经济模式的飞速变化，继而出现了 Electronic Commerce（电子交易）的概念。实际上，电子商务和电子交易的出现并没有一个精确的界限。自从电报和电话出现之后，电子商务和电子交易经常被人们用来作为交易的手段，即电子商务的雏形。随后，利用电子手段交换定单和货币的贸易方式也产生了，它极大地促进了电子商务的发展，甚至导致了第一个关于电子商务的标准 EDI（Electronic Data Interchange，电子数据交换）的产生。该标准涉及银行、运输、税务、海关等各个方面的电子单证交换，是电子商务技术的一大突破。现在，人们已提出了通过 Internet 网络来实现从商业信息的获得、商品的采购、样品的展示、商品的运输直到电子货币支付、售后服务等一系列贸易活动的完整电子商务概念。可以说电子商务发展到今天，是必然的结果，它正经历着一个质的飞跃。

电子商务中网络技术的应用，不仅指基于 Internet 的交易，而且指所有利用 Internet、企业内部网、外部网、局域网，甚至将来的信息高速公路，来解决问题、降低成本、增加价值并创造新的商机的所有活动，包括从销售到市场运作售后服务及信息管理。由于电子商务在几十年前主机系统出现时就存在了，所以目前采用的新技术需要与原有系统集成起来。PC 机已得到广泛应用，目前随着 Internet 的快速发展，为在家中及在办公室中的人们参与电子商务提供了方便的条件。全球互联网用户从 1996 年不足 0.4 亿，到 2000 年 6 月达到 2.6 亿以上，2011 年初，联合国国际电信联盟公布全球互联网用户总数已突破 20 亿。1994 年全球电子商务销售额为 12 亿美元，1997 年达到 26 亿美元，增长了一倍多，1998 年销售额达 500 亿美元，比 1997 年增长近 20 倍。2010 年全球电子商务规模为 5725 亿美元，平均增速为 19.4%，预计到 2013 年全球电子商务销售额将接近万亿美元，达到 9630 亿美元。由此可见，电子商务有着巨大的市场与无限的商业机遇，蕴涵着现实和潜在的丰厚商业利润。

电子商务的发展历程以 Internet 是否普及为界限，分为两个阶段。

（1）基于 EDI 的电子商务

20 世纪 60 年代至 90 年代是基于 EDI 的电子商务时代。从技术的角度来看，人类利用电子通信的方式进行贸易活动已有几十年的历史了。早在 20 世纪 60 年代，人们就开始了用电报报文发送商务文件的工作。70 年代人们又普遍采用方便、快捷的传真机来替代电报。但是由于传真文件是通过纸面打印来传递和管理信息的，不能将信息直接转入到信息系统中，因此人们开始采用 EDI（电子数据交换）作为企业间电子商务的应用技术，这也就是电子商务的雏形。

EDI 在 20 世纪 60 年代末期产生于美国，当时的贸易商们在使用计算机处理各类商务文件的时候发现，由人工输入到一台计算机中的数据 70% 是来源于另一台计算机输出的文件。由于过多的人为因素，影响了数据的准确性和工作效率的提高。人们开始尝试在贸易伙伴之间的计算机上使数据能够自动交换 EDI 也就应运而生。

EDI 是将业务文件按一个公认的标准从一台计算机传输到另一台计算机上去的电子传输方法。由于 EDI 大大减少了纸张票据，因此，人们也形象地称之为"无纸贸易"或"无纸交易"。

从硬件方面讲，20 世纪 90 年代之前的大多数 EDI 都不通过 Internet，而是通过租用的电脑线在专用网络上实现。这类专用的网络被称为 VAN（Value-Addle Network，增值网）这样做的目的主要是考虑到安全问题。但随着 Internet 安全性的日益提高，作为一个费用更低、覆盖面更广、服务更好的系统，其已表现出替代 VAN 而成为 EDI 的硬件载体的趋势。因此有人把通过 Internet 实现的 EDI 直接叫做 Internet EDI。

从软件方面看，EDI 所需要的软件主要是将用户数据库系统中的信息，翻译成 EDI 的标准格式以供传输交换。由于不同行业的企业是根据自己的业务特点来规定数据库的信息格式的，因此，当需要发送 EDI 文件时，从企业专有数据库中提取的信息，必须把它翻译成 EDI 的标准格式才能进行传输。这时就需要相关的 EDI 软件来帮忙了。

（2）基于 Internet 的电子商务

20 世纪 60 年代至今是基于 Internet 的电子商务时代。由于使用 VAN 的费用高昂，仅大型企业才能支付得起，因此限制了基于 EDI 的电子商务应用范围的扩大。20 世纪 90 年代中期后，国际互联网 （Internet） 迅速走向普及化，逐步地从大学、科研机构走向企业和百姓家庭，其功能也已从原来的信息共享演变为一种大众化的信息传播工具。自 1991 年起，一直被互联网排斥在外的商业贸易活动正式进入到这个领域，使电子商务成为互联网应用的最大热点。为什么基于 Internet 的电子商务对企业具有如此大的吸引力呢？这是因为它比基于 EDI 的电子商务具有以下一些明显的优势。

① 费用低廉　由于 Internet 是国际的开放性网络，使用费用十分低廉。一般来说，其费用不到 VAN 的四分之一。这一优势使得许多企业尤其是中小企业对其非常感兴趣。

② 覆盖面广　互联网几乎遍及全球的各个角落，用户仅通过普通电话线就可以方便地与贸易伙伴传递商业信息和文件。

③ 功能更全面　互联网可以全面支持各种级别的用户实现不同层次的商务目标，如发布电子商情、在线洽谈、建立虚拟商场或网上银行等。

④ 使用更灵活　基于互联网的电子商务可以不受特殊数据交换协议的限制。任何商业文件或单证可以直接通过填写与现行的纸面单证格式一致的屏幕单证来完成，不需要再进行翻译，任何人都能看懂或直接使用。

⑤ 增加商业机会　对企业来讲，提供每天 24 小时的客户支持和服务，费用相当昂贵，同时世界各地存在的时差也造成了国际商务谈判的不便。国际互联网的网页不同于人员销售，可以实现 24 小时的在线服务，任何人任何时间都能够在互联网上查找企业信息，寻求问题的答案。如果没找到理想答案，还可以向企业发出电子函件进行询问。即使不清楚该公司的网址，也可通过搜索引擎服务进行查找。企业的网址是永久性的地址，可以为全球的用户提供不间断的信息源。

1.3　我国电子商务发展现状

1.3.1　我国电子商务发展概况

我国电子商务的发展始于 20 世纪 90 年代初，1996 年中国互联网用户为 10 万，1999 年互联网用户为 400 万，增长了 40 倍，标志着互联网技术在中国已经普及。进入 21 世纪，我国的互联网环境发生了天翻地覆的变化，中国网民上网方式已从最初拨号上网为主，发展到以宽带和手机上网为主，互联网发展与普及水平居发展中国家前列。2010 年中国网民人数已超过 4 亿，互联网普及率超过 30%，超过世界平均水平，使用手机上网的网民达到 2.33 亿人。

2010 年我国电子商务网站数量已达 1.86 万家，全年电子商务交易额超过 4 万亿元，其中网络零售总额近 5000 亿元，约占当年社会消费品零售总额的 3%。目前，中国的平台式购物网站交易规模增速已逐步放缓，C2C 网络购物市场中淘宝网一家独大，稳占市场八成以上份额；拍拍网次之，交易规模增长显著；易趣网市场份额持续下滑。淘宝网、拍拍网等平台式购物网站从 C2C 为主向 B2C 为主的转型将持续推进，有实力的个人网店也将逐步转向正规的企业化运作，截止到 2010 年 12 月，我国 B2C 网站达到 1.18 万家。2009 年的经济危机对许多出口型企业造成了很大的冲击，其中许多低成本直接面对个人的生活消费品出口的企业面临了很大的压力，而在国内这些企业的传统销售渠道的建设还尚未完善，在网上建设一个 B2C 站点成为中小企业抗击金融危机、打开国内市场的一个快速且成本较低的解决方案。2010 年，B2C 网站数从年初的 1.01 万增长到 12 月的 1.18 万，增长率达到 20.45%，超过了电子商务全行业的增长速度。但是 B2C 网站的活跃程度并不算很高，2010 年 12 月，平均每天只有 1420 个 B2C 站点被网民访问浏览，全年 B2C 活跃站点数的增长率为 3.68%，远低于站点数的增长。

1.3.2 我国网络基础建设情况

电子商务的发展离不开网络的发展。在过去的几年中，我国的网络基础设施建设已经取得了比较大的成就。国内主干网带宽已经拥有了比较大的扩展，个人和企业的上网费用已经开始下降；同时个人和企业对网络环境的要求已经从改善连接速度和降低使用价格提高到了保障服务质量，网络服务已经开始进入了具体务实的发展阶段。

1994 年 9 月中国公用计算机互联网（CHINANET）建设启动，同年 10 月，中国教育和科研计算机网（CERNET）启动。1995 年 1 月，中国电信开始向社会提供 Internet 接入服务，同年 4 月，中国科学院启动百所联网工程。在此基础上，网络不断扩展，形成了中国科技网（CSTNET）。1996 年 1 月，中国公用计算机互联网全国骨干网建成并正式开通，同年 9 月，中国金桥信息网（CHINAGBN），向社会提供 Internet 接入服务。1997 年，中国公用计算机互联网（CHINANET）、中国科技网（CSTNT）、中国教育计算机网（CERNET）、中国金桥信息网（CHINAGBN）实现了互联互通。

我国在研究国际先进经验的同时，结合中国国情，在立法方面进行了积极有益的探索，初步制定了一套有中国特色的电子商务法规。1996 年 2 月，国务院第 195 号令发布了《中华人民共和国计算机信息网络国际联网管理暂行规定》；1997 年 5 月，国务院信息化工作领导小组办公室发布《中国互联网络域名注册暂行管理办法》；1999 年 8 月，信息产业部发布《电信网间互联管理暂行规定》；同年，《国家电子商务发展总体框架（初稿）》拟就，报国务院审批；2000 年 9 月，国务院公布了《中华人民共和国电信条例》和《互联网信息服务管理办法》。2004 年 8 月第十届全国人大委员会第十一次大会通过了《中华人民共和国电子商务签名法》，这是我国专门规范电子商务活动的第一部法律，也是以法律形式对直接关系公共利益的电子认证服务业设定行政许可，并授权信息产业部作为实施机关，对电子认证服务提供者实施监督管理的第一部法律。2005 年，国务院办公厅发布了 2 号文件，《关于加快电子商务发展若干意见》，阐明了电子商务对我国的国民经济和社会发展的重要作用，提出了电子商务是国民经济和社会信息化的重要组成部分。

1.4 电子商务的功能与特征

1.4.1 电子商务的分类

电子商务的分类可以按照参与电子商务交易的对象、电子商务交易的商品内容和进行电子商务的企业所使用的网络类型等不同标准进行分类，具体分类情况如下。

（1）按参与交易的对象分类

按照参与交易者的不同可以将电子商务分为如下几类。

① 企业与企业之间的电子商务（Business to Business，B2B）　有业务联系的公司之间相互用电子商务将关键的商务处理过程连接起来，形成在网上的虚拟企业圈。例如，企业利用计算机网络向它的供应商进行采购，或利用计算机网络进行付款等。这一类电子商务，特别是企业通过私营或增值计算机网络（VAN，Value Added Network）采用 EDI（电子数据交换）方式所进行的商务活动，已经存在多年。这种电子商务系统具有很强的商务实时处理能力，使公司能以一种安全可靠、简便快捷的方式进行企业间的商务活动最终达成交易。

② 企业与消费者之间的电子商务（Business to Customer，B2C）　企业与消费者之间的电子商务活动是人们最熟悉的一种电子商务类型。大量的网上商店利用 Internet 提供的双向交互通信，完成在网上进行购物的过程。这类电子商务主要是借助于 Internet 所开展的在线式销售活动。最近几年随着 Internet 的发展，这类电子商务的发展异军突起。例如，在 Internet 上目前已出现许多大型超级市场（Amazon、Dell 等），所出售的产品一应俱全，从食品、饮料到电脑、汽车等，几乎包括了所有的消费品。由于这种模式节省了客户和企业双方的时间和空间，大大提高了交易效率，节省了各类不必要的开支，因而得到了人们的认同，获得了迅速的发展。

③ 消费者与消费者之间的电子商务（Customer to Customer，C2C）　因特网为个人经商提供了便利，任何人都可以"过把瘾"，各种个人拍卖网站层出不穷，形式类似于"跳蚤市场"。其中最成功、影响最大的应该算是 eBay 网，它是美国加州一位年轻人奥米迪亚（Pierre Omidyar）在 1995 年创办的，是 Internet 上最热门的网站之一，我们把这些网站称之为消费者与消费者之间的电子商务。

④ 企业与政府方面的电子商务（Business to Government，B2G）　政府与企业之间的各项事务都可以涵盖在其中。包括政府采购、税收、商检、管理条例发布等。政府一方面作为消费者，可以通过 Internet 网发布自己的采购清单，公开、透明、高效、廉洁地完成所需物品的采购；另一方面，政府对企业宏观调控、指导规范、监督管理的职能通过网络以电子商务方式更能充分、及时地发挥。借助于网络及其他信息技术，政府职能部门能更及时全面地获取所需信息，做出正确决策，做到快速反应，能迅速、直接地将政策法规及调控信息传达于企业，起到管理与服务的作用。在电子商务中，政府还有一个重要作用，就是对电子商务的推动、管理和规范作用。

⑤ 消费者与政府之间的电子商务（Customer to Government，C2G）　消费者对政府的电子商务指的是政府对个人的电子商务和业务活动。这类的电子商务活动目前还不多，但应用前景广阔。居民的登记、统计和户籍管理以及征收个人所得税和其他契税、发放养老金、失业救济和其他社会福利是政府部门与社会公众个人日常关系的主要内容，随着我国社会保障体制的逐步完善和税制改革，政府和个人之间的直接经济往来会越来越多。

（2）按交易的商品内容分类

如果按照电子商务交易的商品内容分类，电子商务主要包括两类商业活动。

① 有形产品（或称间接）电子商务　有形商品指的是实物商品，这种商品的交付不能通过计算机网络实现。有形商品的电子商务模式指的是这种产品在互联网上进行成交，而实际交付仍然要通过传统的方式。

② 无形产品（或称直接）电子商务　网络本身具有传递的功能，又有信息处理的功能，

因此，无形产品，如信息、计算机软件、视听娱乐产品等，往往可以通过网络直接向消费者提供。

（3）按电子商务使用的网络类型分类

根据开展电子商务业务的企业所使用的网络类型框架的不同，电子商务可以分为如下 3 种形式。

① EDI（Electronic Data Interchange，电子数据交换） EDI 是按照一个公认的标准和协议，将商务活动中涉及的文件标准化和格式化，通过计算机网络，在贸易伙伴的计算机网络系统之间进行数据交换和自动处理。

② Internet（因特网） Internet 是指利用联通全球的网络开展的电子商务活动。

③ Intranet（内联网） Intranet 是指在一个大型企业的内部或一个行业内开展的电子商务活动，通过这种形式形成一个商务活动链，这样可以大大提高工作效率，降低业务的成本。

1.4.2 电子商务的主要功能

电子商务通过 Internet 可提供在网上的交易和管理的全过程的服务，具有对企业和商品的广告宣传、交易的咨询洽谈、客户的网上订购和网上支付、电子账户、销售前后的服务传递、客户的意见征询、对交易过程的管理等各项功能。

（1）广告宣传

电子商务可以实现价格较为低廉的广告宣传，基于企业的 Web 服务器和客户的浏览，互联网用户可以在 Internet 上发布各类商业信息。借助网上的检索工具（Search），客户可迅速地找到所需商品信息；利用网上主页（HomePage）和电子邮件（E-mail）商家可在全球范围内做广告宣传。与以往的各类广告相比，网上的广告成本最为低廉，而给顾客的信息量却最为丰富。

（2）咨询洽谈

电子商务可借助非实时的电子邮件（E-mail），新闻组（News Group）和实时的讨论组（Chat）或者即时通信工具（IM）来了解市场和商品信息、洽谈交易事务，如有进一步的需求，还可用网上的白板会议（Whiteboard Conference）来交流即时的图形信息。网上的咨询和洽谈能超越人们面对面洽谈的限制、提供多种方便的异地交谈形式。

（3）网上订购

电子商务可借助 Web 中的邮件交互传送实现网上的订购。网上的订购通常都是在产品介绍的页面上提供十分友好的订购提示信息和订购交互格式框。当客户填完订购单后，通常系统会回复确认信息单来保证订购信息的收悉。订购信息也可采用加密的方式使客户和商家的商业信息不会泄露。

（4）网上支付

电子商务要成为一个完整的过程。网上支付是重要的环节。客户和商家之间可采用信用卡账号进行支付。在网上直接采用电子支付手段将可省略交易中很多人员的开销。为保证网上支付的安全性，防止欺骗、窃听、冒用等非法行为，将需要更为可靠的信息传输安全性控制。

（5）电子账户

网上的支付必须要有电子金融来支持，即银行或信用卡公司及保险公司等金融单位要为金融服务提供网上操作的服务，而电子账户管理是其基本的组成部分。信用卡号或银行账号都是电子账户的一种标志，而其可信度需要必要技术措施来保证，如数字签名、数字证书、加密等手段的应用提供了电子账户操作的安全性。

（6）服务传递

对于已付了款的客户应将其订购的货物尽快地传递到他们的手中，最适合在网上直接传递的货物是信息产品，如软件、电子读物、信息服务等，它们可以直接从电子仓库中将货物发到用户端。对于实体产品，则需要借助电子邮件、定位系统等技术在网络中进行物流的调配。

（7）意见征询

电子商务能十分方便地收集网页上的"选择"、"填空"等格式文件来收集用户对销售服务的反馈意见。这样使企业的市场运营能形成一个良性的回路。客户的反馈意见不仅能提高售后服务的水平，更使企业获得改进产品、发现市场的商业机会。

（8）交易管理

交易管理是涉及商务活动全过程的管理，随着技术的发展，电子商务应用系统将会提供一个良好的交易管理的网络环境及多种多样的应用服务系统，可以实现人、财、物多个方面，企业和企业、企业和客户及企业内部等各方面的协调和管理。

1.4.3　电子商务的应用特性

电子商务的特性可归结为以下几点：商务性、服务性、集成性、可扩展性、安全性、协调性。

（1）商务性

电子商务最基本的特性为商务性，即提供买、卖交易的服务、手段和机会。网上购物提供一种客户所需要的方便途径。因而，电子商务对任何规模的企业而言，都是一种机遇。

就商务性而言，电子商务可以扩展市场，增加客户数量；通过将万维网信息连至数据库，企业能记录下每次访问、销售、购买形式和购货动态以及客户对产品的偏爱，这样企业方面就可以通过统计这些数据来获知客户最想购买的产品是什么。

（2）服务性

电子商务提供的客户服务具有一个明显的特性：方便，这不仅对客户来说如此，对于企业而言，同样也能受益。企业通过将客户服务过程移至万维网上，使客户能以一种比过去简捷的方式完成过去他们较为费事才能获得的服务。如将资金从一个存款户头移至一个支票户头，查看一张信用卡的收支，记录发货请求，乃至搜寻购买稀有产品——这些都可以足不出户而实时完成。

在电子商务环境中，客户不再受地域的限制，像以往那样，忠实地只做某家邻近商店的老主顾，他们也不再仅仅将目光集中在最低价格上，服务质量在某种意义上成为商务活动的关键。同时，技术创新也带来了新的结果，互联网应用使得企业能自动处理商务过程，并不再像以往那样强调公司内部的分工。现在在互联网上许多企业都能为客户提供完整服务，而互联网应用在这种服务的提高中充当的是催化剂的角色。

（3）集成性

电子商务是一种新兴产物，其中用到了大量新技术，但并不是说新技术的出现就必须导致旧有设备的消亡。电子商务的真实商业价值在于协调新老技术，使用户能更加行之有效地利用他们已有的资源和技术，更加有效地完成他们的任务。

电子商务的集成性，还在于事务处理的整体性和统一性，它能规范事务处理的工作流程，将人工操作和电子信息处理集成为一个不可分割的整体。这样不仅能提高人力和物力的利用，也提高了系统运行的严密性。

（4）可扩展性

要使电子商务正常运作，必须确保其可扩展性。互联网上有数以百万计的用户，而传输过程中，时不时地出现高峰状况。倘若一家企业原来设计每天可受理 40 万人次访问，而事实上却有 80 万人次，就必须尽快配有一台扩展的服务器。否则客户访问速度将急剧下降，甚至还会拒绝数千次可能带来丰厚利润的客户的来访。

对于电子商务来说，可扩展的系统才是稳定的系统。如果在出现高峰状况时能及时扩展，就可使得系统阻塞的可能性大为下降。电子商务中，耗时仅 2 分钟的重新启动也可能导致大量客户流失，因而可扩展性可谓极其重要。

（5）安全性

对于客户而言，无论网上的物品如何具有吸引力，如果他们对交易安全性缺乏把握，他们根本就不敢在网上进行买卖。企业和企业间的交易更是如此。

在电子商务中，安全性是必须考虑的核心问题。欺骗、窃听、病毒和非法入侵都在威胁着电子商务，因此要求网络能提供一种端到端的安全解决方案，包括加密机制、签名机制、分布式安全管理、存取控制、防火墙、安全万维网服务器、防病毒保护等。为了帮助企业创建和实现这些方案，国际上多家公司联合开展了安全电子交易的技术标准和方案研究，并发表了 SET（安全电子交易）和 SSL（安全套接层）等协议标准，使企业能建立一种安全的电子商务环境。

（6）协调性

商务活动是一种协调过程，它需要雇员和客户，生产方、供货方以及商务伙伴间的协调。为提高效率，许多组织都提供了交互式的协议，电子商务活动可以在这些协议的基础上进行。

传统的电子商务解决方案能加强公司内部相互作用，电子邮件就是其中一种。但那只是协调员工合作的一小部分功能。利用万维网将供货方连接到客户订单处理，并通过一个供货渠道加以处理。这样公司就节省了时间，消除了纸张文件带来的麻烦并提高了效率。

电子商务是迅捷简便的、具有友好界面的用户信息反馈工具。决策者们能够通过它获得高价值的商业情报、辨别隐藏的商业关系和把握未来的趋势。因而，他们可以做出更有创造性、更具战略性的决策。

1.5　经济力量和电子商务

经济学家认为市场的一般定义包括两个条件。首先，一种商品的潜在卖主和其潜在买主进行接触；其次，必须有合适的交换媒介，这种交换媒介可以是货币或易货贸易。大多数经济学家都认为市场是一种对稀缺资源进行分配的有效机制。如果事实如此，大多数的商务交易就应该在市场中进行。然而，今天有大量的商务活动发生在大的等级制企业组织的内部，经济学家一般把这种组织称为企业。

大部分等级制企业组织有一个高高在上的总裁或总经理，他的下面有几个副总经理向他汇报工作，副总经理的下面又有更多的中层经理向他们汇报工作，依此类推。一个组织的等级可以较为平坦，也就是管理层次较少，组织也可以设立更多的管理层次。无论是哪一种情况，最底层的雇员人数总是最多的，一般由生产工人或服务的提供者组成。

这些大企业的大量商务活动是完全发生在企业内部的，只有当企业购买原材料及销售最终产品时才进入市场。如果市场的确是分配稀缺资源的最佳机制，这些大公司生产和创造价值过程的每一阶段都应进入市场。诺贝尔奖金得主罗纳德·科斯（Ronald Coase）在 1937 年写了一篇论文，他在这篇论文提出了这样的问题：为什么参与商务活动的个人经常会创立企业来组织这些活动？他对这些企业组织的等级制结构有着特别的兴趣。他研究了商人把很多经济活动从市场转移到等级制企业的原因，最后得出结论：交易成本是这种行为的主要动机。

1.5.1　交易成本

交易成本是买主和卖主收集信息和协商买卖交易时发生的全部成本的总和。虽然中介费和销售佣金也可能成为交易成本的一部分，但信息的寻找和获得所产生的成本还是成本的最重要组成部分。交易成本的另一重要组成部分是卖主为了向买主供应产品或服务而支付的设备或人员投资。

为了更好地理解交易成本是如何在市场上发生的，请看一下羊毛衫生产的例子。一个经销羊毛衫的中间商可以和很多独立的制造商在市场上交易以获得羊毛衫。中间商发生的交易成本包括寻找独立制造商、拜访他们并协商价格以及收到羊毛衫时验货等活动所发生的成本。制造商也要发生一些成本，包括购买纺织工具和毛线的成本。因为独立的制造商并不知道中间商是否会从他们那里进货，他们为进入羊毛衫交易市场所花费的投资就不一定有好的结果。这种不确定性对制造商来说是一种重要的交易成本。

中间商买下羊毛衫后，要把产品拿到批发市场和零售商进行交易，零售商再把羊毛衫卖给消费者。中间商通过和零售商打交道来了解市场需要什么样的颜色和款式，然后再利用这些市场信息和制造商协商价格和其他交易条款。

1.5.2　市场和等级制度

诺贝尔奖金得主罗纳德·科斯（Ronald Coase）指出，当交易成本很高时，商人就会创立企业，这种企业用一套等级制的监督和控制系统来代替在市场上的交易协商活动。尽管创立和维持一个监督和控制系统的成本可能会很高，但在很多情况下这些成本会低于交易成本。在羊毛衫的例子中，中间商可以雇用羊毛衫编织工，向他们提供毛线和编织工具，并监督他们的编织作业。监督工作主要由生产一线的监工完成，这些监工是从那些更熟练的编织工中挑选出来的。现有企业自己设立等级制的结构来替代供应商生产产品，这种做法称为垂直一体化。

经济学家奥立弗·威廉姆森（Oliver Williamson）把科斯的理论推广了一步。他认为，那些生产工艺复杂、采用流水线作业的行业倾向于有更多的等级制企业，最终更容易实现垂直一体化。20 世纪企业界的生产和管理创新大大提高了等级制监督活动的效率和效果。流水线和其他大批量生产技术可以把复杂的工作分解成小的、易于监督的步骤。计算机的出现极大地提高了上级管理者监督和控制其下属具体活动的能力。高层经理使用的一些直接绩效测量技术甚至比一线监工的监督更加有效。

从工业革命到现在，随着监督手段的日益普及，企业垂直一体化的规模和层次都在不断地增加。然而，在一些大型企业里，监督系统不能适应企业规模的扩大。由于企业的整体经济可行性取决于它有效地监督各级业务活动的能力，问题就出现了。这些企业只好采用分权管理，让不同的业务单位像独立的企业那样运作，它们彼此之间按市场模式协商交易，而不像同一企业不同部门那样进行交易。这些分权化的方法只是简单地回归到高效的市场机制，这种机制在企业垂直一体化之前是行之有效的。

在现实生活中，与等级制这一普遍趋势背道而驰的情况确实存在。很多商品，如小麦、糖和原油，仍然在市场上进行交易。这些市场交易产品的商品化特征明显地降低了交易成本。市场上小麦等农产品的潜在买主很多，所以农民不必为某一特定的顾客改变产品。所以，这种市场的买主和卖主都不会花费很大的交易成本。

1.5.3　电子商务对企业的影响

企业和个人采用电子商务可以改善信息的流动、协调不同活动、降低不确定性，从而降低交易成本。通过降低收集潜在买主和卖主信息的成本、增加潜在市场参与者的数量，电子商务可以转移很多企业对垂直一体化的注意力。现在还不清楚电子商务的广泛采用是否会使等级制组织回归到它们以前的基于市场的结构，但可能性是存在的。

为了理解电子商务是如何改变交易成本的水平和性质的，请看一下雇员找工作的成本。雇用员工的协议会使卖主（出售其服务的雇员）花费很高的交易成本。这些成本包括放弃其他职位和职业发展机会的成本。个人还要投资学习和适应雇主的文化。如果接受新工作还要搬家，这位新雇员就要花费更高的成本，包括搬家的实际开支和其他成本，如配偶丧失工作的成本。这种投资的大部分是针对某一具体的公司的，不可能转移到同一城市同一公司的另一职位。如果全球有大量的雇员可以实现远程上班，也就是在任何地点都可以通过电子商务技术完成工作任务，那么上述的这些交易成本就可以大大降低了。雇员不需要再搬家了，其配偶也不必辞职了，只要登录一个不同的因特网服务器就可以接受新的工作了。

一些研究者认为，很多企业和战略业务单位都是在介于市场型和等级制两种经济结构之间的中间模式下运行的。在这种网络经济结构下，不同的企业根据共同的目标建立长期的稳定关系，以协调它们的战略、资源和技术组合。这种网络型的组织特别适合于信息密集的高技术行业。在上面介绍的羊毛衫的例子中，交易的参与者可以组成小企业网络，每个企业专门生产某一类型或式样的产品。一些特别熟练的编织工可以离开中间商创办他们自己的企业，为顾客定制羊毛衫。中间商的市场营销雇员也可以创办独立的企业，对零售店的未来采购需求进行市场调查。他们的研究结果既可以卖给羊毛衫的中间商，也可以卖给羊毛衫的定制加工商。随着市场环境的变化，这些更小更灵活的企业会不断地分化出更多的小企业，以抓住羊毛衫市场出现的新的市场机会。

电子商务可以使这种主要依赖信息共享的网络更容易建设和维护。一些研究者认为，商务活动的这种网络组织形式在未来将占据主导地位，一个专家曼纽尔·卡斯蒂尔（Manuel Castells）甚至预言，这种经济网络将成为人与人之间进行社会交流的唯一组织结构。《华尔街日报》的专栏作家托马斯·佩金格尔（Thomas Petzinger）在他的专栏文章1999年出版的《新的先驱》（The New Pioneers）一书中对工作和商务活动的这些新特点有很多论述。电子商务的另一作用是改进现有的市场并创造全新的市场。本书后面的章节将详细介绍电子商务的这个特点。

[本章小结]

本章主要介绍了电子商务的基本概念、主要功能以及结构特性，讨论了电子商务的作用。重点介绍了电子商务的发展历程及其分类，分析了电子商务对经济的影响。

[案例研讨]

数字如潮人如水

欢迎来到数字时代。很可能你已经有了能够随时随地上网的手机，玩 3D 网络游戏，想看任何电影都能在几小时甚至几秒钟之内下载到高清版本。十五年前，麻省理工学院媒体实验室的创办人兼执行总监尼古拉斯·尼葛洛庞帝（Nicholas Negroponte）在《数字化生存》中描写了一个无限带宽，一千多个电视频道外加无处不在的界面友好的计算机的世界，现在，这个理想中的网络天堂正在慢慢变成现实。然而相对于我们正在经历的另一场无声无息的数字革命来说，这个把数字化等同于玩电脑的想法已经过时了。

有这么一位富有的美国老太太，她的业余爱好是赌博。她经常抱着小赌怡情的态度光顾赌场，输点小钱从不放在心上。可是如果有一晚上输得太多，她也有可能会痛定思痛从此戒赌。有一个下午她总是输，当她输的钱接近 900 美元的时候，一个服务员笑容可掬地走了过来。"看来您今天运气不太好啊。不如就玩到这吧，我们的牛排很不错，要不您跟您先生去吃顿晚饭？算我们请客！"

这位老太太可能连手机都不会用，但是她正在经历另一种数字化生存：她本人已经被数字化了。这家赌场实时记录着每一位顾客的赌博记录，他们根据这位顾客的年龄，收入和住址等个人信息以及赌博习惯，计算该顾客的"疼痛点"：一晚上最多输多少钱下次还能再来玩。赌场一旦发现某位顾客今天输的钱接近疼痛点，免费牛排之类的节目就出场了。

事实上我们每个人都正在被数字化：网上书店会根据你以往买书的记录向你推荐你可能感兴趣的书，这个算法的准确性可以超过任何专家或朋友。世界最大的在线影片租赁服务商 Netflix 超过三分之二的 DVD 是通过这种关联推荐而被租借的。而正因为这个推荐系统，90% 的电影每个月至少会被租借一次，实现所谓的"长尾"现象。

这仅仅是冰山一角，根据耶鲁大学法学院教授 Ian Ayres 的 Super Crunchers 一书介绍，每个人的各种个人信息，经常在哪个商店购物，常买哪个牌子的衣服，甚至每一次消费的记录，收到的每一张超速罚单，都正在被商业公司收集利用。根据这些信息，使用统计回归算法，商家可以知道你的很多事情。以前航空公司的原则是你飞得越多就对你越好，而现在则利用你的所有数据来计算你的"忠诚度"。一次航班误点或者行李丢失事件发生之后，如果数字算法判断某个长期顾客有可能要因此不再使用这个公司的服务了，这位客户就会得到特别好的照顾。类似地，租车公司可能会拒绝为信用历史差的人服务，因为数据分析显示信用分数差的人更容易出车祸。而政客则可以根据你的一揽子数据判断你支持哪个政党，可能捐多少钱，从而实现精确募捐。商家甚至知道连你自己都不知道的事情，比如 DVD 出租店可以预测你不能按时还片的可能性。

最可怕的是商家可以精确估算每一个顾客的价格敏感度，从而实现自古以来所有商店的梦想：给每个人看一个不同的定价。据说亚马逊就做过，同样一个商品，那些花钱大手大脚的顾客在网站看到的价格比精打细算的顾客看到的高。在顾客的抗议下亚马逊保证永远都不再这么做了，但是商家还有更好的办法，比如给对价格敏感的顾客邮寄优惠券。

在这场数字化革命中，每个人都是一大堆数字，而数字是有价的。Acxiom 号称是"你所没听说过的最大的公司之一"，它拥有几乎所有美国家庭的消费信息。根据这些记录，该公司把所有人按消费习惯分为 70 类，知道比如哪些人爱出国旅游，哪些人喜欢待在家里。实际上，它不但知道你现在属于哪种类型，而且可以预测你明年将会属于哪种类型。Teradata 则是一个专门给企业提供数据分析服务的公司，它可以根据货架上剩下商品的实时信息来预测沃尔玛是否需要立即增加库存。

这些公司获得个人数据的一个渠道是政府和容易得到的公开信息，比如婚姻状况，车辆和房产注册，当然还包括信用记录，除此之外，他们还有更重要的数字来源，就是直接从零售商处直接购买用户资料。消费者在亚马逊和沃尔玛的所有记录都被当成一种重要资源出售给了 Acxiom 这样的数据集成公司。另一方面，零售商对各种数字的收集则达到了惊人的程度：比如超市会精确记录一个品牌的牙膏在货架的摆放位置，因为摆放位置可能会影响到牙膏的销量，而牙膏放在第几层最好卖这个知识是有人愿意花钱买的。

除了获得已有的数据之外，商业公司还可以在原本没有数据的地方"采集"数据，这就是随机试验方法。比如说有个公司想搞个促销活动，有两种可供选择的促销手段无法定夺。这个公司可以随机地选择一小部分顾客分为两组，把两种促销手段分别作为广告寄给这两个组。这样一来，被当成小白鼠的这些顾客对广告的反映，可以告诉公司哪种手段值得推广到所有顾客。有了随机测试这个办法，商业公司在采取新策略的时候会变得更加大胆，从而有一些意想不到的成功。

在网上书店买过几本书，书店就会经常向你推荐类似的书。刚刚找到一份好工作，高档消费品的广告就寄到家里来了。走进一家从没去过的餐馆，服务员居然知道你喜欢哪种啤酒。这种生活看上去相当不错，可是事情还有另一面：书店知道你对喜欢的书根本不在乎多花 10% 的钱，服装店知道没必要让你这种顾客知道最近正在打折，餐馆服务员知道什么啤酒能让你多喝几瓶。

如果一个人在什么时间买了一双价值多少钱的鞋这样的信息可以直接影响她将来消费要面临的价格水平，那么买鞋算不算需要保护的个人隐私？如果人脸识别技术成熟以后，我们随便上趟街都会被记录在案，那么这个记录是否应该允许被商业公司拥有？

但是消费者也可以利用数字反击。2008 年，微软收购了 Farecast 公司，这个公司干的事儿是帮助消费者对各个航空公司进行数字分析。它使用一大堆数字指标，实时地监测机票价格，然后预测票价的走向。我们都知道买机票并不是越早买越便宜，但是什么时候最便宜？Farecast 知道。实际上，它甚至可以卖给你一个价格保险，如果到时候机票价格没降下来，它承担损失。去年，Farecast 已经被集成在微软的搜索引擎 Bing 之中。

在这个新数字时代，人是一堆数字。我们到底是数字的主人，还是数字的奴隶？也许第一步是要知道数字的重要性。如果你不想被数字玩，你最好学会玩数字。

（资料来源：http://woshao.com/article/35f50d6855e711dfb2e2000c295b2b8d/）

问题：

1. 分析数字时代是如何影响商家与消费者的？
2. 讨论企业应该如何做才能在数字时代取得领先地位？

[思考与练习]

1. 何为广义的电子商务与狭义的电子商务？
2. 简述电子商务的发展历程。
3. 电子商务是如何分类的？
4. 简述电子商务的主要功能。
5. 简述电子商务的应用特性。
6. 简述电子商务对企业战略有何影响。

第2章 电子商务的基本模式

[学习目标]

通过本章的学习,应了解电子市场运行的基本要素,掌握电子商务的参与对象和市场战略,理解电子商务的基本模式。

[引导案例]

电子商务爆发——亚马逊称雄美国圣诞节

2008 年美国金融危机摧毁了无数人的圣诞节,但是电子商务巨头亚马逊却迎来了一个最好的时光。亚马逊称,此次节日销售是有史以来最好的,销售订单增长了 17%。虽然受经济危机影响,美国消费者大量削减开支,但亚马逊最新公布的数据却显示,在 2008 年圣诞旺季中,该公司共获 870 万张订单。销售情况最好时,一天可获得超过 630 万件商品的订单;一天的发货量超过 560 万件,比同期增长 44%。

2008 年圣诞期间寒冷的天气也帮助了亚马逊,许多消费者选择在家中躲避暴风雪侵袭,选择网上购物。根据记录,亚马逊最佳销售日为 12 月 15 日,一天中亚马逊共售出了 630 万件商品,平均每秒钟 73 件,最畅销的产品包括任天堂的 Wii 游戏机、三星电子的 52 英寸液晶高清晰度电视机和苹果的 iPod Touch 音乐播放器。

弗雷斯特研究公司(Forrester Research)分析师认为,亚马逊的优势在于已经建立了物流中心等庞大的基础设施,能够比竞争对手向客户提供更快和更可靠的购物环境,现在的亚马逊能够在不佳的宏观经济条件下表现得更好。与同期美国零售额只增长 2%相比,电子商务销售增长了 8%。此外,亚马逊在北美市场的零售额比一年前增长了三成。虽然金融危机使得消费者的消费信心不足,但是电子商务较强增长的趋势仍将继续。

卓越亚马逊总裁王汉华表示,在经济寒冬中,网络购物却浮现一丝暖意,因为价格实惠、操作简单方便等特点让人们更乐于通过网络来进行精打细算的消费。因此在这个圣诞购物季,亚马逊创造了 14 年来的销售新高。而跟美国亚马逊已经建立了能够提供网上销售海鲜的强大电子商务体系相比,中国需要提高的地方还很多。王汉华认为,如果说现在一二线城市已经成电子商务争夺的白热化市场,物流、支付等环境都日趋成熟,那么中国的三四线城市正成为下一个重点发展的市场,三四线市场的消费者更需要通过网络购物来买到自己在当地实体店里买不到的东西,这是未来战略的重心。

(资料来源:http://tech.qq.com/a/20090122/000011.htm)

2.1 电子市场概述

电子市场(Electronic Market,EM),是指在 Internet 通信技术和其他电子化通信技术的基础上,通过一组动态的 Web 应用程序和其他应用程序把交易的买卖双方集成在一起的虚拟交易环境。各种交易主体可以通过电子市场中提供的电子化工具（包括电子化交易信息、交易工具、电话、电子邮件、管理信息系统等）建立起点到点和一对多的交易通道，电子市场是电子商务的运行环境。

2.1.1　电子市场环境与特点

由于网络特有的信息快速、海量的特点，电子市场与传统领域的市场不同，具体表现在以下几个方面。

① 电子市场的竞争多发生在多个产业之间。由于没有有形产品制造或服务的约束，电子市场中的竞争多发生在传统产业的边界，这些互联网企业可以更精确的创造价值。例如顾客可以仅仅通过访问 www.carpoint.msn.com 这一个网站完成新车与二手车资料的收集、购买新车、申请融资以及获得保险等一系列有关汽车选购的事宜，同时顾客还可以访问到交通相关信息以及将要举办的车展信息。这种一站式服务传统企业是很难完成的，但是在电子市场却容易实现。

② 电子市场的竞争大多出现在公司联盟之间而非单个公司之间。互联网意味着多个公司可以很容易的结盟创造出整合服务，许多公司可以既是竞争对手又是合作伙伴。例如，Bizbuyer.com 和 Staples.com 在向中小企业供应计算机和复印机等产品方面是竞争关系，但 Staples.com 的客户可以通过 Bizbuyer.com 寻找生意（如网页设计服务）以及从广泛的供应商网络中获得咨询。今天，许多公司创建了庞大的生意网络，如何有效管理这些网络则成为了在竞争中胜出的关键。

③ 竞争发生与被响应的速度很快。在电子市场中，技术的更新换代与商业模式的创新与采用速度都较以前有很大的提高。例如 GE 汽车公司的新车研发周期为 4 年，由于研发周期过长，导致公司出产的汽车跟不上大众口味的变化，生产出的产品缺乏市场竞争力，在实施电子商务系统以后，该公司研发新车的周期大大缩短，节约了成本赢得了时间。

④ 消费者行为处于尚未定义的早期阶段，影响和改变相对容易。在传统市场中，消费者行为模式通常已经被定义完善，而在网络经济中，新的软件和硬件使消费者行为发生改编。公司推出的产品会导致新的顾客行为，引领新的客户需求。在网络时代，公司面临的挑战是根据今天的客户行为趋势、客户意见以及相关资料数据，来挖掘新的机会。例如 iPod 的出现对音乐产业的消费者行为带来了巨大的影响，人们从以整张唱片为单位购买音乐的模式演变成了以单首歌曲为单位购买音乐，同时每首歌的价格也大大降低，从 iTunes 上下载音乐成为了许多音乐爱好者的首要选择。

⑤ 产业价值链正在快速重组。互联网可以借助新的技术力量来重新配置产业价值链，通过提高价值链的信息水平来消除或降低价值链中各个阶段的成本。例如 51job.com 网站改变了国内的招聘模式，将传统的公司广告招聘模式变为双向交流模式，在新模式下，雇主可以搜索简历数据库寻找雇员，而求职者也可以在空缺职位的招贴上搜索招聘公司，这个重组极大地强化了个人搜寻招聘单位的范围和速度。

2.1.2　电子市场运行的基本要素

电子市场中所采用的特殊交易模式使不同时间不同空间的交易成为可能，在传统商务中并不明显的信息流、资金流、物流和商流开始变得明显并受到越来越多的关注。通过现代信息技术的帮助，同一交易的信息流、资金流、物流和商流可以横跨不同的空间和时间，使得电子商务不得不重视这四种要素的相互关系和价值，研究其平衡关系和发展模式。

信息流是商品交易过程中的所有单据和实务操作过程，相当于电子市场的神经中枢。在电子市场中信息的发送者和接收者遍及世界的各个角落，信息内容包括商品信息、技术支持信息、服务信息和企业资信信息等的传递过程，也包括询价单、报价单、付款通知书等商业报以单证信息的传递过程，信息内容涉及所有的电子商务参与者。由于采用了计算机技术和网络技术，电子市场中的信息不论是在加工处理过程还是传递过程中都体现出在传统市场中无法比拟的高效性。

资金流即交易过程中，资金在双方单位（包括银行）中的流动过程。作为电子商务中连接生产企业、商业企业和消费者的纽带，银行是否能有效地实现电子支付已成为电子商务成败的关键。在常见的 B2C 交易中，持卡顾客向商家发出购物请求，商家将持卡人的支付指令通过支付网关发给银行的电子支付系统；银行接着通过银行卡网络从发卡行获得批准，并将确认信息再从支付网关返回商家；商家取得支付确认后，向持卡人发出购物完成信息。剩下的工作就是银行系统内部的资金拨付和行间结算。

物流即商品或服务的流动过程，具体指运输、存储、配送、装卸和保管等各种活动。在电子市场中，物流业已经从最初的"货物配送"发展到现代物流产业，出现了第三方物流供应商，为生产企业提供集物流以及相伴而生的信息流、资金流为一体的全方位的管理服务。虽然物流只是交易的一个组成部分，但却是商品和服务价值的最终体现，"以顾客为中心"的价值实现最终体现在物流上。

商流即商品在进行交易过程中发生的有关商品所有权的转移。商流是物流、资金流和信息流的起点，也可以说是上面"三流"的前提，没有商流一般不可能发生物流、资金流和信息流。反过来，没有物流、资金流和信息流的匹配和支撑，商流也不可能达到目的。"四流"之间有时是互为因果关系。比如，A 企业与 B 企业经过商谈，达成了一笔供货协议，确定了商品价格、品种、数量、供货时间、交货地点、运输方式等，并签订了合同，也可以说商流活动开始了。要认真履行这份合同，自然要进入物流过程，将货物进行包装、装卸、保管和运输。同时伴随着信息传递活动。如果商流和物流都顺利进行了，接下来是付款和结算，即进入资金流的过程。无论是买卖交易，还是物流和资金流，这三大过程中都离不开信息的传递和交换，没有及时的信息流，就没有顺畅的商流、物流和资金流。没有资金支付，商流不会成立，物流也不会发生。

2.1.3　线上消费者的类型及适于在电子市场中销售的商品

（1）线上消费者的类型

由于互联网是一个新兴的行业，其管理经营理论还不够完善，我们有必要借助传统企业的经典理论来解决问题，为了成功地得到消费者的青睐，必须对线上消费者进行目标客户分析，电子商务网站应该结合自己的网站定位，将注意力集中在一至两种类型的顾客身上，以便做到有的放矢。网上购物的消费者可以分为以下几种类型。

① 接入型　接入型的顾客是刚刚接触互联网的新手，他们很少购物，而喜欢网上聊天和发送免费问候卡。那些有着著名传统品牌的公司应对这群人保持足够的重视，因为网络新手们更愿意相信生活中他们所熟悉的品牌。

② 简单型　简单型的顾客需要的是方便、直接的网上购物。他们每月只花少量时间上网，但他们进行的网上交易却占了一半。零售商们必须为这一类型的人提供真正的便利，让他们觉得在自己的网站上购买商品将会节约更多的时间。

③ 议价型　议价型顾客倾向于购买便宜商品的本能，淘宝网站一半以上的顾客属于这种类型，他们喜欢讨价还价，并有强烈的愿望在交易中获胜。

④ 冲浪型　冲浪型的顾客每天在网上花费较多时间，访问网页量较大，他们对经常更新、具有创新设计特征的网站兴趣较大。

⑤ 定期型和运动型　定期型和运动型的网络使用者通常都是被网站的内容所吸引。定期网民常常访问新闻和商务网站，而运动型的网民喜欢运动和娱乐网站。

（2）适于在电子市场中销售的商品

网络上的商家众多，商品种类也成千上万，在网络普及的初期，计算机硬件与软件以及电子消费品成为了电子市场中的热门产品。世界第三大 PC 厂商 Dell 公司开创了计算机硬件网上销售的先河，2006 年 Dell 公司的年销售额达到了 190 亿美元，其中网上销售额占其营收的 1/3。由于计算机软硬件和电子消费品与网络的密切关联，导致其目标客户对网络购物的接受程度高于其他群体，因此其在线销售量也比较可观。

在网络购物环境所有条件都相同时，一般认为下列特点有助于厂商提高销售额：

① 品牌认知度高；

② 可以数字化并借此发送的商品；

③ 价格相对便宜的商品；

④ 知名供应商提供安全担保；

⑤ 标准规格商品，现场商品检验不重要；

⑥ 购买频率高的商品；

⑦ 众所周知的袋包装商品，这些商品即使在传统商店也不允许打开包装。

随着互联网的普及，网络购物正在成为网民常态的网络行为，据 iResearch 咨询公司调查发现服装服饰类商品继续成为 2008 年用户网上最经常购买的商品；除此之外，化妆品、家居类用品、珠宝首饰、小家电等商品也成为网购热销商品。图 2-1 显示了 2008 年网民最常购买的商品种类。

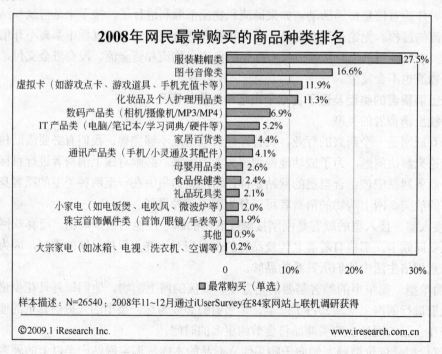

图 2-1　2008 年网民最常购买的商品种类排名

事实上，世界范围内，通过网络销售的还有许多其他商品，从处方药到定制球鞋，种类繁多，应有尽有。随着越来越多的零售商将自己的业务发展到网络世界，互联网上销售的商品种类会越来越多。实际上凡是可以在实体店销售的商品同样可以在网上销售，包括珠宝钻石乃至汽车都有成功的先例。并且，通过互联网销售的商品有许多是特殊商品或定制产品。互联网提供了一个开放的全球性的市场，一些难以通过其他方式卖出的特殊商品（如自制产品、二手货以及具有收藏价值的旧版商品）也能够借助互联网来寻找买主。

2.2　电子商务的参与对象

2.2.1　电子商务参与交易的主体

电子商务的分类有多种方法，目前应用最多也是最广泛的是按照参加交易的主体划分，即企业间的电子商务（B2B）、企业对消费者的电子商务（B2C）、消费者间的电子商务（C2C）和企业对政府的电子商务（B2G），其中发展较快的是 B2B 和 B2C 两种类型。

B2B 作为企业间的电子商务模式，参加交易的主体一般为相互有业务往来的企业，包括生产制造型企业、大型流通贸易型企业以及为企业服务的咨询机构等。生产制造型企业在生产前的准备和生产后的销售中要发生大量的、以生产产品为中心的商务活动，如采购、生产、销售等，电子商务在这类企业的应用表现在电子化采购、零库存与即时生产、协同设计、网络营销和客户关系管理等方面，以此提高生产效率和产品质量，从而获得经济效益和社会效益。在电子商务环境下，流通贸易型企业与生产制造型企业的联系将更加紧密，生产企业将及时了解商场或贸易公司的库存或产品需求状况，进而及时调整产量和供应量，以免造成货物积压，而流通贸易型企业也能够减少库存成本。咨询机构则能够借助先进的技术更方便更有效地获取所需数据，为客户提供客观公正的决策依据。

在 B2C 电子商务活动中，参加交易的主体一方是企业，另一方是消费者。实施 B2C 的企业所销售的一般是面向最终消费者的产品，如图书、软件、电子产品等适合在网上销售的产品。消费者通过浏览企业网站，选择自己所需的产品种类和数量，并填写相关信息，就能够享受 B2C 方便快捷的消费方式。

C2C 为消费者与消费者之间的交易模式，但是参与交易的主体不仅有作为交易双方的消费者，还包括作为交易平台的 Web 站点，也就是建立网上交易平台的企业。如我国的淘宝网、腾讯拍拍网等网站，消费者可以在网站上注册，并将自己要交易的商品发布在该网站上，等待其他的消费者来竞价成交。

B2G 模式的参与主体为企业和政府，政府通过网络向企业进行采购。如美国政府将采购清单直接发布在 Internet 上或发送给有资格承接项目的企业，组织企业在网上进行电子竞标，进而完成采购目的。同样，在公司税务的征收上，企业也可以用电子交换的方式来完成。

2.2.2　电子商务的其他参与对象

除了以上各种模式中的交易主体，电子商务中还有其他的参与对象，这些参与对象都是为了保证电子商务能够顺利实施而参与进来的，包括参与的对象如下所述。

（1）电子支付系统

电子支付系统是由提供支付服务的中介机构、管理货币转移的法规以及实现支付的电子信息技术手段共同组成的，用来清偿经济活动参加者在获取实物资产或金融资产时所承担的债务，即使用包括信用卡(Credit Card)、借记卡(Debit Card) 、电子现金(E-cash)、智能储值卡等的新型支付手段，将支付信息通过网络安全传送到银行或相应的处理机构，实现的电子支付。电子支付系统是电子交易顺利进行的重要的社会基础设施之一，它也是社会经济良好运行的基础和催化剂。

（2）认证中心（CA）

认证中心（CA），是电子商务体系中的核心环节，是电子交易双方互相信赖的基础。它通过自身的注册审核体系，检查核实进行证书申请的用户身份和各项相关信息，使网上交易的用户属性客观真实性与证书的真实性一致。认证中心作为权威的、可信赖的、公正的第三方机构，专门负责发放并管理所有参与网上交易的实体所需的数字证书。

（3）物流中心

在电子商务的实施中，还要考虑如何将消费者购买的商品以最小的成本准时送到消费者手中。物流配送中心的任务就是实现合理配送。一些电子商务企业建立了自己的配送渠道，这里的物流配送中心作为独立的参与对象，主要指的是第三方物流（TPL-Third Party Logistics）。第三方物流既不属于第一方，也不属于第二方，而是通过与第一方或第二方的合作来提供其专业化的物流服务，它不拥有商品，不参与商品的买卖，而是为客户提供以合同为约束、以结盟为基础的、系列化、个性化、信息化的物流代理服务。最常见的 3PL 服务包括设计物流系统、EDI 能力、报表管理、货物集运、选择承运人、货代人、海关代理、信息管理、仓储、咨询、运费支付、运费谈判等。

（4）电子商务服务商

Internet 作为一个蕴藏巨大商机的平台，需要有一大批专业化分工者进行相互协作，为企业、组织与消费者在 Internet 上进行交易提供支持。电子商务服务商便是起着这种作用。根据服务层次和内容的不同，可以将电子商务服务商分为两大类：一类为电子商务系统提供系统支持服务的，它主要为企业、组织和消费者在网上交易提供技术和物质基础；另一类是直接提供电子商务服务者，它为企业、组织和消费者之间的交易提供沟通渠道和商务活动服务。对于第一大类为电子商务系统提供系统支付服务的，根据技术与应用层次不同，提供系统支持服务的电子商务服务商可以分为接入服务商（Internet Access Provider，IAP）、服务提供商（Interne Service Provider，ISP）、内容服务提供商（Internet Content Provider，ICP）和应用服务系统提供商（Application Service Provider，ASP）四种。IAP 主要提供 Internet 通信和线路租借服务，如我国电信企业中国电信、联通提供的线路租借服务；ISP 主要为企业建立电子商务系统提供全面支持，一般企业、组织与消费者上网时只通过 ISP 接入 Internet，由 ISP 向 IAP 租借线路；ICP 主要为企业提供信息内容服务，如财经信息、搜索引擎，这类服务一般都是免费的，ICP 主要通过其他方式如发布网络广告获取收入；ASP 它主要是为企业、组织建设电子商务系统时提供系统解决方案，这些服务一般都是属于信息技术（IT）行业的公司提供，如 IBM 公司为企业、政府和银行提供的电子化企业、电子化政府和电子化银行电子商务系统解决方案。有的 IT 企业不但提供电子商务系统解决方案，还为企业提供电子商务系统租借服务，用户只需要租赁使用，无须维护电子商务系统的运转。对于第二大类直接提供电子商务服务者，可以分为提供 B2C 型交易服务的电子商务服务商、提供 B2B 型交易服务的电子商务服务商和提供网上拍卖服务的电子商务服务公司等。

2.3　电子商务市场战略

2.3.1　卖方控制型市场战略

卖方控制型市场战略指由单一卖方建立，以寻求众多的买者，其目的是建立或维持其在交易中的市场势力的市场战略。例如，由全球最大的网络路由器生产商思科(Cisco)系统公司建立的因特网站，使顾客能够了解他们订货的全过程，检查生产提前期、价格、订货和货物发运的状态，并在网上获得相关的技术咨询服务。目前，这个站点每年销售 30 亿美元的产品，约占思科公司总销售额的 40%。此外，通过在网上发布技术文件，向顾客提供产品信息，思科公司每年节约了 2.7 亿美元的印刷费、订单及其处理错误损失和以电话为基础的技术支持费用。其网上营销也通过加速订单处理和订货状态实时跟踪而增加了顾客的品牌忠诚。

2.3.2　买方控制型市场战略

买方控制型市场战略是由一个或多个购买者建立，旨在把市场势力和价值转移到买方的市场战略。虽然很多情况下涉及中介商，但有些特别大的购买者已经为自己建立了电子市场。例如，日本航空公司是一个机上消费品的大客户，它经常在其网上发布诸如塑料垃圾袋、一次性杯子等产品的需求信息，以便发现最有吸引力的供应商。买方控制型市场战略除了由一个购买者直接建立的电子市场之外，还包括买方代理型和买方合作型两种买方控制型市场战略。

"在线自由市场"（Free Markets Online）公司建立了一个典型的买方代理型电子市场，该公司为传统的工业企业寻找一批竞争的零部件和半成品供应商。该公司提供一次离线（offline）服务，它针对每一个买主的要求，寻找出一批潜在的供应商，一旦这批可行的供应商确定后，该公司为这些供应商进行一次为期 3 个小时的网上竞价。"在线自由市场"公司建立的这种买方代理型市场帮助买方迅速有效地获得了满足其专门需要的供应商，更重要的是，供应商之间的网上竞价使买方购入的零部件和半成品的价格下降 10%~25%。

买方合作型电子市场则采用另一种方式。它把若干公司的采购联合起来，以增加其讨价还价的能力。"TPN 登记表"公司是由通用电器信息服务公司和汤姆生出版公司出资成立的一个合资公司。刚开始，它仅为通用电器公司灯泡事业部属下的各分厂进行联合采购，后来扩展到通用电器公司的所有事业部，现在，它的服务对象已经超越了通用电器公司，成为包括通用电器在内的多家大型企业进行联合采购的公司 。这一买方合作型电子市场大大降低了订货的处理时间（例如，使通用灯泡分部的订货处理时间从一周下降至一天）、减少了订货处理成本，而且使采购物品的价格下降了 10%~15%。

2.3.3　中介控制型市场战略

中介控制型市场战略是由买卖双方之外的第三者建立，以便匹配买卖双方的需求与价格的市场战略。"快速配对"（Fast Parts）公司是一个专门交易积压电子元件的电子市场。它拥有大量的供应商和购买者的信息。通常，该公司根据不愿对用户公开公司名称的企业的积压电子元件的产品信息，通过电子市场对商品进行拍卖。这使三方都受益：卖方获得了比传统经销商出价更高的销售价；买方则以市场价迅速获得了它需要的电子元件，更重要的是，"快速配对"公司检验了这些产品，并给予这些产品以完全的质量保证；"快速配对"公司则赚得 8%的佣金。在这个市场中，三方都是赢家，输家可能只有传统的经销商。但是，中介控制型电子市场的出现并不必然排斥传统中间商。例如，"数字市场"（Digital Markets）公司建立了一个以电子元件为交易对象的电子市场，其目的不是改变买卖双方的关系，而是要使交易更有效率。它通过电子市场把买方的订单提供给分销商，再把价格、送货等信息反馈买方。"数字市场"公司还能使买方确认和跟踪他们的订单。为此，公司向卖方收取一定的交易费用，买方则不需为此付费。

2.4 电子商务的基本模式分析

本部分将介绍电子商务中应用最为广泛的三种基本模式：B2B、B2C 和 C2C。

2.4.1 B2B 电子商务

在飞速发展的网络经济时代，企业面临更大的挑战和更多的机遇。一方面，经济全球化带来了日益激烈的市场竞争，企业必须缩短生产周期、降低经营成本、提高服务质量、加强供应链管理和客户关系管理，才能在严峻的市场经济环境中生存和发展；另一方面，信息技术和计算机网络技术，尤其是 Internet 的迅猛发展，给企业实现上述目标提供了可能。在这种背景下，B2B 电子商务应运而生。它能给企业带来更高的生产率、更低的经营成本、更优质的服务和更多的商业机会。B2B 电子商务模式是一种基于 Internet，以企业为交易主体，一般是大宗交易。同时，企业与企业之间开展电子商务的条件也比较成熟，而且也是电子商务最热心的推动者与实践者。

B2B 的实施将带动企业成本的下降同时扩大企业收入来源，具体包括：降低采购成本、降低库存成本、节省周转时间、扩大市场机会等。企业通过与供应商建立 B2B，实现网上自动采购，可以减少双方为进行交易投入的人力、物力和财力，采购方企业可以通过整合企业内部的采购体系，统一向供应商采购，实现批量采购获取折扣；通过 B2B，企业可以与上游的供应商和下游的顾客建立 B2B，实现以销定产，以产定供，实现物流的高效运转和统一，最大限度控制库存；企业可以通过与供应商和顾客建立统一的电子商务系统，实现企业的供应商与企业的顾客直接沟通和交易，减少周转环节；企业还可以通过与潜在的客户建立网上商务关系，可以覆盖原来难以通过传统渠道覆盖的市场，增加企业的市场机会。

从技术发展角度来看，B2B 电子商务的发展要经历三个阶段。第一阶段，企业内部的互联（Intranet）。在此阶段，企业首先要建立内部的局域网，实现企业内部的信息、设备等资源的共享，并利用局域网实现企业员工之间及职能部门之间真正的协同工作。此阶段主要是控制企业内部成本，提高管理生产效率。第二阶段，企业与企业的互联（Extranet）。随着企业内部网络不断向外延伸，企业将自己的局域网与那些和自己有密切业务关系的企业的网络进行相互连接，企业可以与自己的业务伙伴（包括供货商、经销商、服务商等）随时保持联系与沟通，不断拓展自己的业务。此阶段的目标主要是降低销售成本，提高交易效率。企业常常通过防火墙（Firewall）隔开与企业无关的互联网络用户，这一阶段的商务软件主要是基于 EDI 的解决方案。第三阶段，电子商贸（E-Commerce）。这是一个战略性的转变，企业开始在网上进行电子交易，并通过整合企业内部业务来推动企业实现网上交易方式的转变。这一阶段的商务软件主要是基于 Web 的解决方案，如 IBM 的 E-business 和 HP 的 E-services，它涉及到相关行业和关联业务的电子商务处理。此阶段的目标主要是拓展市场范围和寻求更多商机，从而增加销售收入。

目前企业采用的 B2B 可以分为以下两种模式。

① 面向制造业或面向商业的垂直 B2B（又可以称之为行业 B2B） 垂直 B2B 可以分为

两个方向，即上游和下游。生产商或商业零售商可以与上游的供应商之间的形成供货关系，比如 Dell 电脑公司与上游的芯片和主板制造商就是通过这种方式进行合作。生产商与下游的经销商可以形成销货关系，比如 Cisco 与其分销商之间进行的交易。 其中以中化网为首的网盛旗下网站成为行业 B2B 的代表网站，将垂直搜索的概念重新诠释，让更多生意人习惯用搜索模式来做生意圈，找客户。垂直 B2B 成本相对要低很多，因为垂直 B2B 面对的多是某一个行业内的从业者，所以，他们的客户相对比较集中而且有限。类似网站有 Alibaba，中国网库等。

② 面向中间交易市场的 B2B（又可以称之为区域性 B2B） 这种交易模式是水平 B2B，它是将各个行业中相近的交易过程集中到一个场所，为企业的采购方和供应方提供了一个交易的机会，像 Alibaba、慧聪网、中国制造网等。

2.4.2　B2C 电子商务

B2C（Business to Consumer），指企业与消费者之间依托 Internet 等现代信息技术手段进行的商务活动，即需求方和供给方在网络上构造的虚拟市场上开展的买卖活动，相当于电子版的零售。对大众来说 B2C 电子商务是最直观、最熟悉的电子商务形式，也是我们理解电子商务的开端。据易观国际对中国线上 B2C 电子商务市场的研究，从 2003 年起 B2C 电子商务市场产业链逐渐成熟，市场规模稳步提升。中国线上 B2C 电子商务宏观环境逐步改善，互联网逐步成为国家基础设施，中国网民人数高速增长，以及电子商务发展成为国家十一五规划重要组成部分，这些因素都将拉动中国线上 B2C 电子商务市场高速增长。易观国际最新研究表明，到 2011 年中国线上 B2C 市场规模将达到 136 亿元，从 2003 年到 2011 年线上 B2C 市场规模的年均复合增长率达到为 48.63%。

B2C 的形成在美国，到目前为止，美国仍是世界上电子商务最发达的国家，其 B2C 模式相当的成熟。美国目前拥有超过 500 家以上的 B2C，并且大部分是盈利的。Amazon 2007 年的利润为 5 亿美元，而知名数码 B2C 网站 NewEgg 利润也有几千万美元。许多顶级的 B2C 电子商务公司都是有效整合了线下、线上资源，采取多渠道运营的模式。例如美国知名户外服装和休闲用品零售商 Orvis 通过多种方式来提升服务，比如电脑 cookies，客户信用卡信息，呼叫中心和实体店销售的数据分析等。Orvis 公司把这些跨渠道数据输入商业智能软件，能够处理网络数据，库存数据，呼叫中心的数据。Orvis 公司用这种方法能够分析出客户跨渠道购物的特点，库存动态，并且对与客户喜好做出快速反应。美国 B2C 模式的高度发达，衍生出一批专业的电子商务服务公司，从网络基础设施服务，到一系列的网络营销推广，甚至基于某个行业的资源优势，都是电子商务这条产业链上必不可少的。

并且除了销售商品带来的利润外，一些大型 B2C 也将业务拓展到电子商务服务领域，利用自己积累的经验和硬件优势来获得更多的利润。主要形式包括向中小型 B2C 网站出租自己的仓库和物流，或者直接帮助它们做运营。例如 Amazon 公司在自己经营网上零售的同时，还允许第三方商家租用 Amazon 的空间，在 Amazon 上销售自己的商品。Amazon 的卖家体系包括卖方（seller）、卖家（powerseller）和商家（merchant），第三方商家可以根据自己的规模来选择亚马逊的服务。同时亚马逊还提供名为 FBA（Fulfillment by Amazon）的服务，为在美国本土没有仓库的商家提供供应链管理服务。Amazon 的这项服务产生的收益已经占到 Amazon 年收入的 40%。逐渐转型成为电子商务服务商的技术型企业而非纯粹的互联网零售企业是美国顶级 B2C 公司普遍的发展方向。

美国的 B2C 模式高度成熟的另一个表现就是市场细分到了极致，每一个细分市场都能找到好几个竞争者，并且每个竞争者年销售额都相当惊人。市场细分到极致的一个体现就是为单一产品设置专门独立的 B2C 网站销售。例如美国小型电力设备网络零售商 Power Equipment Direct 公司，这家公司利用互联网销售电锯、割草机、发电机、空气压缩机等产品，其网络销售的最大特点就是，建有众多 B2C 网站分别针对独立的单一产品，表 2-1 描述了 Power Equipment Direct 公司旗下经营的 B2C 网站。虽然站点众多，但 Power Equipment Direct 公司使用先进的管理方法简化网站的管理，其方法就是把所有站点都整合到一个电子商务平台上。表面上网站众多，但内部统一在一个电子商务平台上运行，大大降低了管理成本。

表 2-1　Power Equipment Direct 公司旗下经营的 B2C 网站

网　站	说　明
AirCompressorsDirect.com	空气压缩机 B2C 站点
PressureWashersDirect.com	清洗机 B2C 站点
ElectricGeneratorsDirect.com	发电机 B2C 站点
SnowBlowersDirect.com	吹雪机 B2C 站点
MowersDirect.com	割草机 B2C 站点
SumpPumpsDirect.com	污水泵 B2C 站点
LogSplittersDirect.com	锯木机 B2C 站点
WaterPumpsDirect.com	水泵 B2C 站点
ChainSawsDirect.com	链锯 B2C 站点

中国网购市场的兴起主要源于 C2C 的兴盛。2008 年中国的 C2C 在网络零售市场中占据了 93.2%，大大超过 B2C 的规模。然而，中国 B2C 行业最大的发展优势就在于市场规模庞大，虽然这个产业还处于发展初期，但其上升空间很大。相关数据显示，2006 年国内 B2C 市场销售规模只有 37.2 亿元，2007 年 B2C 开始受传统企业广泛关注，2008 年一些有实力的企业已开始尝试布局 B2C 零售业务，其销售规模已超过 80 亿元，到 2009 年第二季度该数字已达 45.44 亿元。

回溯中国的 B2C 市场可发现，到目前为止，中国的 B2C 市场经历了四次较大的更新换代，每一阶段 B2C 网站的经营者们的思维及操作手法都烙着很强的时代特色。

1997 年至 1999 年，中国互联网开始兴起，这一时期涌现了不少 B2C 电子商务的先驱者，如卓越网、当当网、天天购物、5288 鲜花、8848 等网站，这些网站都有着大而全的特性，由于大多数网站市场定位并不精准、资金链不稳定，以及 2000 年互联网泡沫破灭的影响，多数网站以破产或被收购为结局。在中国互联网经历了第一次低谷以后，在反思了上一代 B2C 网站的问题之后，2000 年至 2002 年期间又涌现了一批网站，如七彩谷、云网、18900、梦露网等，这些网站吸取了前代 B2C 定位不精准、资金链不稳定导致破产的教训，选取专业领域开展业务、精心设计价值链，靠自有资金盈利稳健运营，滚动发展。每次外部环境的剧变，都促进 B2C 提速发展，2003 年"非典"的出现虽然对国内经济发展造成了极大的负面影响，却为电子商务的崛起起到了推波助澜的作用。2003 年至 2005 年期间京东、红孩子、饭统网、篱笆网、票务在线等网站抓住机遇借助风险资本迅速崛起。2006 年至 2008 年电子商务开始走下"神坛"，进入更草根更大众的群体之中，不少商家充分借助淘宝网的影响力，在初期创造了良好的口碑以此发展自有品牌，如 Vancl、Okaybuy、麦包包、逛街网等网站，初期在淘宝网创立自己的网店，规模做大发展自有 B2C 网站，同时仍然保持淘宝等 C2C 网站上的网店运营，实现网络多渠道发展。这些网站的崛起使得 B2C 电子商务的行业定位更加精准，呈现出百花齐放的局面。

在互联网发展初期，网站的盈利模式大多是自发的，网站对如何盈利，未来能否盈利缺乏清醒的认识，企业虽然盈利，但盈利模式不清晰，致使此时期的互联网企业存在着市场竞争力不强、缺乏灵活性、盲目扩张等一系列问题。随着市场竞争的加剧和企业的不断成熟，企业开始重视对市场竞争和自身盈利模式的研究，通过对盈利实践的总结，以及对盈利模式加以自觉调整和设计，部分网站有了一个清晰的、具有针对性的、相对稳定的盈利模式，这种盈利模式具有清晰性、针对性、相对稳定性、环境适应性和灵活性的特征，极大地提高了企业的竞争力。到目前为止，B2C 网站可以根据收入来源分为如下几类。

①　靠销售盈利　这种模式指企业通过在网站上销售商品或服务，依靠买进卖出的差价来实现盈利，例如，当当网在网上每销售一件商品就会创造一部分收益。

②　靠预定服务费盈利　这种模式指企业为用户提供某种服务，每月（或其他时间周期）收取固定数额的费用。例如，腾讯公司的多种服务（QQ 秀、QQ 会员等）均是这种盈利模式。

③　广告支持模式　这种模式指企业向消费者免费提供服务，同时向广告公司和广告发布厂商收取费用来盈利。例如，百度公司免费向消费者提供搜索服务，同时通过竞价排名服务向厂商收取广告费。

④　事务处理模式　这种模式指企业根据向消费者提供的服务级别收取费用实现盈利。例如 CNNIC 提供的域名注册套餐服务，为不同规模、不同需求的客户提供不同服务，收取不同的费用。

⑤　捐助模式　这种模式指企业依靠愿意提供捐赠的公司或个人来实现获利的模式，这种模式通常并不单独存在，它往往与其他盈利模式并存。例如，这种模式是火狐浏览器插件的众多提供商的盈利模式之一。

2.4.3　C2C 电子商务

C2C 是消费者对消费者的交易模式，其特点类似于现实商务世界中的跳蚤市场。其构成要素，除了包括买卖双方外，还包括电子交易平台供应商，也即类似于现实中的跳蚤市场场地提供者和管理员。

在 C2C 模式中，电子交易平台供应商扮演着举足轻重的作用。首先，网络的范围非常广阔，单纯靠交易双方在网络上漫无目的的搜索很难发现彼此，并且也会失去很多的机会。因此需要一个知名的、受买卖双方信任的供应商提供平台，将买卖双方聚集在一起。其次，电子交易平台提供商往往还扮演监督和管理的职责，负责对买卖双方的诚信进行监督和管理，负责对交易行为进行监控，最大限度地避免欺诈等行为的发生，保障买卖双方的权益。再次，电子交易平台提供商还能够为买卖双方提供技术支持服务。包括帮助卖方建立个人店铺，发布产品信息，制定定价策略等；帮助买方比较和选择产品以及电子支付等。正是由于有了这样的技术支持，C2C 的模式才能够短时间内迅速为广大普通用户所接受。最后，随着 C2C 模式的不断成熟发展，电子交易平台供应商还能够为买卖双方提供保险、借贷等金融类服务，更好地为买卖双方服务。因此在 C2C 模式中，电子交易平台提供商是至关重要的一个角色，它直接影响这个商务模式存在的前提和基础。

人们在讨论 C2C 电子商务模式的时候，总会从商品拍卖的角度分析该模式存在的合理性和发展潜力，但是往往忽略了电子交易平台供应商的地位和作用。可以说，单纯从 C2C 模式本身来说，买卖双方只要能够进行交易，就有盈利的可能，该模式也就能够继续存在和发展；但是，这个前提是必须保证电子交易平台供应商实现盈利，否则这个模式就会失去存在发展的基础。因此，我们分析 C2C 模式，应当更加关注电子交易平台供应商的盈利模式和能力，这才是 C2C 模式的重点，也是 C2C 模式区别于其他模式的重要特点。C2C 网站的盈利模式包括如下几方面。

（1）会员费

会员费即会员制服务收费，是指 C2C 网站为会员提供网上店铺出租，公司认证，产品信息推荐等多种服务组合而收取的费用。由于提供的是多种服务的有效组合，比较能适应会员的需求，因此这种模式的收费比较稳定。费用第一年交纳，第二年到期时需要客户续费，续费后再进行下一年的服务，不续费的会员将恢复为免费会员，不再享受多种服务。

（2）交易提成

交易提成不论什么时候都是 C2C 网站的主要利润来源。因为 C2C 网站是一个交易平台，它为交易双方提供机会，就相当于现实生活中的交易所、大卖场，从交易中收取提成是其市场本性的体现。

（3）广告费

企业将网站上有价值的位置用于放置各类型广告，根据网站流量和网站人群精度标定广告位价格，然后再通过各种形式向客户出售。如果 C2C 网站具有充足的访问量和用户黏度，广告业务会非常大。但是大部分 C2C 网站出于对用户体验的考虑，均没有完全开放此业务，只有个别广告位不定期开放。

（4）搜索排名竞价

C2C 网站商品的丰富性决定了购买者搜索行为的频繁性，搜索的大量应用就决定了商品信息在搜索结果中排名的重要性，由此便引出了根据搜索关键字竞价的业务。用户可以为某关键字提出自己认为合适的价格，最终由出价最高者竞得，在有效时间内该用户的商品可获得竞得的排位。只有卖家认识到竞价为他们带来的潜在收益，才愿意花钱使用。

（5）支付环节收费

支付问题一向就是制约电子商务发展的瓶颈，直到阿里巴巴推出了支付宝才在一定程度上促进了网上在线支付业务的开展，买家可以先把预付款通过网上银行打到支付公司的个人专用账户，待收到卖家发出的货物后，再通知支付公司把货款打入到卖家账户，这样买家不用担心收不到货还要付款，卖家也不用担心发了货而收不到款，而支付公司就按成交额的一定比例收取手续费。

[本章小结]

本章介绍了电子市场的特点和基本要素，探讨了适合在电子市场中销售的商品。按照参加交易的主体把电子商务划分为企业间的电子商务（B2B）、企业对消费者的电子商务（B2C）、消费者间的电子商务（C2C）和企业对政府的电子商务（B2G），并详细介绍了电子商务中应用最为广泛的三种基本模式：B2B、B2C 和 C2C。

[案例研讨]

C2C 停滞，B2C 救场

近日，百度公开确认"因个人发展原因，有啊总经理李明远已申请离职。"作为公司 C2C 平台的第一任总经理，李明远的离任，也被业内视作百度自身承认"有啊"的失败。就在李离开之前，百度宣布与日本电子商务网站乐天合作，未来 3 年斥资 5000 万美元组建一家合资公司，打造面向中国用户的综合类 B2C 网购商城。在 C2C 冒险失败后，转战 B2C 也许是一个不错做法，身为中国流量最大的网站，却不能将自己的流量优势转换为收益，这无论如何都不是百度愿意看到的。

败走 C2C

2008 年年底　"有啊"上线前，百度高调宣称"有啊"将在 3 年内打败淘宝，成为中国最大的个人网络购物平台。如今 3 年大限过去了近一半，"有啊"要实现自己的豪言壮语已不可能。

易观国际高级分析师曹飞说，过分在意某些细节，却没有真正做出网购方面的杀手级应用，是百度"有啊"跌倒的根本原因。"所有卖家都觉得在'有啊'开店，跟在淘宝开店没什么区别，但淘宝网更容易招揽来顾客，卖家为什么要搬到'有啊'来？卖家不来，商品数量自然上不去，最终对顾客也就没有了吸引力。"

淘宝已在中国经营了 5 年，根据易观国际的数据，淘宝在线商品规模已占网购市场的85%，达到了 1.4 亿件，年轻一代在淘宝上浏览商品获得的满足感，就像当年他们的父母流连于百货公司的柜台。

百度也并非不想做好产品，"有啊"团队组建之初，24 岁的李明远是北大"一塌糊涂"BBS 管理员出身，精通社区管理，任百度贴吧首任产品经理时，贴吧流量在半年内从占百度流量的 1%飙升到 11%，还主导设计了百度知道、百度百科等颇受欢迎的社区类产品。

可惜，李明远的简历尽管漂亮，却跟电子商务没有什么关系。或许选择李明远就是看重其有做流量的本事，而电子商务网站又靠流量活着。百度之前的统计显示，国内主流 C2C交易平台超过 40%的流量是从百度获得，就在"有啊"上线前，百度还与淘宝撕破脸，淘宝屏蔽了百度的搜索。在流量上，"有啊"似乎扫除了一个最大的竞争对手。

不过，李明远在产品设计上过分强调"有啊"同百度贴吧等社区的联系，寄希望于用户通过百度搜索、百度空间及百度贴吧上的链接，来找到"有啊"的商店。但问题是有啊的目标客户，未必是贴吧、社区、空间的使用者。

电子商务研究专家张良伦说，百度本身只是一个通用搜索平台，网民们"百度一下"，要么是想搜索商品的评测信息，要么就是互联网初级用户，很难引发直接的购物行为。百度只是控制了搜索的入口，并没有控制购物的入口。直到今天，"有啊"拥有整个 C2C 市场超过5%的流量，却只转化为不到 0.7%的市场份额。

事实上，在互联网行业圈内，对百度涉足电子商务市场，早就有"很难有作为"的判断。百度最出名的发展策略是"721"，即 70%的资源投入跟搜索直接相关的产品和技术研发中，20%的资源投入跟搜索间接相关的产品和技术中，10%的资源投入其他创新项目研究中。"有啊"跟搜索毫无关系，正属于最末尾的 10%行列。　"想想看，别人用 100%精力来做业务，而百度只用 10%的精力来做，怎么可能做好？"一名网购平台负责人这样评价。

转战 B2C

相比于全球市场第一的 Google，百度业务基本集中于中国大陆，前者可以通过创新，来创造和孕育新的市场需求，以摆脱单一广告收入的依赖，但百度只能挖掘用户的潜在需求。通过流量监测，百度发现自己的中小企业客户除了广告需求，还有在线销售需求，因而尽管与搜索不沾边，但百度仍想在网购市场布局。

曹飞的观点是，"百度当初就应直接开辟 B2C 市场，而不应该进入 C2C 领域。"在 2008年时，淘宝就清晰地看到，C2C 有着固有的软肋，那就是虽然用免费模式赢得天下，但也陷入了盈利瓶颈，于是当年淘宝就将注意力转到 B2C，并推出淘宝商城。对于绝大多数普通人而言，网购的吸引力不外乎两点：价格便宜、买卖方便，而前提则是相信一个看不见的卖主，B2C 销售行货的做法，让买东西的人觉得有保障。对比美国的经验，十年前 eBay 的收入是亚马逊的 10 倍，现在的情况则是 eBay 基本上在走下坡路，而亚马逊则风头正盛。

就在百度宣布与乐天合作的同一天，京东商城对外宣布，拿到了美国老虎环球基金的 1.5 亿美元投资，此前两天，苏宁电器的"苏宁易购"正式上线，苏宁毫不讳言，将举全集团之力，让苏宁易购成为中国最大的 3C 家电 B2C 网站。就连另一个领域的大玩家富士康，也对 B2C 市场眼馋，推出名为"飞虎乐购"的 B2C 网站。看看艾瑞咨询的预测数据，不难明白 B2C 为何变得如此抢手：未来 3 年，C2C 的增长率将逐年下降，相反，2011 年，B2C 的增长率将高达 101.5%，高出 C2C 一倍多，到 2012 年， B2C 将超过 C2C 成为网上销售的绝对主导力量。

显然，百度的动作仍被认为是慢了一拍，这个时点上，京东商城、当当网、卓越亚马逊以及淘宝商城是市场前四强。百度不仅要追赶领先者，还要跟同时期的新竞争者"搏斗"，后来者们跟百度一样，照样不缺钱，而且各有各的优势。

现在，百度面临的环境是，B2C 表面无限风光，背后却是类似于西西弗斯往山顶推石头的煎熬，这一行需要投入的成本实在太高了，首先是为了维持"低价+便利"的形象，只有将成本转嫁在自己身上。2009 年销售额达 40 亿元的京东商城，为了抢占市场，早期甚至以低于厂商出货价的价格销售，通常情况下，即便销售量达到一定规模，厂家所给出的返点和奖励也很难弥补这种价格上的损失。

难以化解的挑战

游戏规则决定了百度不可能像做"有啊"那般小气，可是又不能违背自身"721"战略规划，所以外界看来，与人合作就成为了最好的方式。因而这次百度与乐天的合作中，乐天占股权的 51%，百度拥有 49% 的股份。

作为日本最大的电子商务网站，乐天最突出的特点是非常像一个网上的沃尔玛，如今已吸引超过 3 万家正规品牌厂商及渠道商进驻，百度的目的自然是要借助乐天的经验。百度称，新商城最初将会出售高品质的知名中国品牌，而在未来几年，将考虑与乐天在世界其他地区的全球交易平台实现对接。这也意味着，中国的网购者在这个新平台上，买的其实还是同其他网站上差不多的商品。

这让网购达人张明感到有些遗憾，因为乐天的诱惑在于它拥有中国市场买不到的日本服装品牌和消费电子品牌，至于价格和服务，"新网站就能做得比其他竞争对手更好吗？"

不同于垂直领域的京东商城和凡客诚品，定位于综合购物平台的新商城，这次同样绕不开同为综合平台的淘宝网，而后者早已占据了中国网购市场八成份额。

淘宝网公关总监陶然说得更直接："如果不能在网购市场想出新的玩法，基本上很难有所作为。"陶有底气这么说，因为从信用评价、购买流程、支付方式到诸如秒杀等网络促销，几乎中国网购的所有标准，全部都来自于淘宝网。

虽然乐天的平台模式，要早于淘宝，但后者目前已经有了新的做法，今年 1 月，主要销售 3C 类产品的淘宝电器城正式营业。"以往你在淘宝买东西，一般是先找店铺，看店铺信誉，然后再挑商品，但在淘宝电器城，商品都是统一的价格，页面上也没有供货店家的信息，而且所有产品质量都由淘宝担保。"淘宝已在上海试点，同当地物流公司合作，所有淘宝电器城的商品都放在一个仓库，只要有消费者下单，物流公司就会自动从仓库送出。淘宝卖家再也不需要为仓储和物流配送等后端服务操心，只需专心做好网店设计、进货等前端事务即可。事实上，淘宝正试图在北京、广州等大城市复制这样的模式。

"淘宝集市和淘宝商城已经吸引了 1 亿多的网民，而淘宝电器城就是为了剩下两亿，是为对网购并不是很了解的人准备的。"陶然说。

很明显，百度要想争取原有 1 亿多网民的欢心，如今已是困难重重，而未来新的消费对象，也已经被其他竞争对手盯上，百度的又一次电子商业之路，也许注定仍是一片坎坷。

（资料来源：http://money.163.com/10/0330/10/63124N2N00253G87.html）

问题：
1. 分析百度转战 B2C 的原因。
2. 讨论百度转战 B2C 的前景。

[思考与练习]

1. 简述电子市场环境与特点。
2. 简述电子市场运行的基本要素。
3. 何种商品适于在电子市场中销售？
4. 电子商务的参与对象包括哪些？
5. 简述电子商务市场战略。
6. C2C 网站的盈利模式包括哪些方式？

第3章 电子商务技术基础

[学习目标]

通过本章的学习，应了解因特网基本概念，掌握电子商务的概念模型，理解电子商务系统的规划原则，掌握电子商务的系统构成。

[引导案例]

2009 年，微软还是低估了网络

在微软的线上服务方面一次次被谷歌和雅虎沉重打击的状况下，许多人认为微软会吸取教训，稍微重视一下互联网的状况，但事实证明这些人估计错了。

Windows 7 公开测试版于 2009 年 1 月 5 日发布，当天早晨微软的网络服务器在史蒂夫·鲍尔默公布下载将在今天中午开始后，被热情的 Windows 7 测试志愿者大量刷新而完全瘫痪。从中午起，志愿者在下载 Windows 7 公测版时一直断断续续，而且已经承诺送出的产品密钥仍然处于不可用状态。

微软提供免费系统试用版的主意很好，但它完全没有为可能的需求而做好准备，业界人士认为微软的网络状况令其颜面尽失。诚然，在网上发布几个 G 大小的文件下载会产生一笔巨大的花费，但是作为 PC 操作系统领域的巨头，这笔花费对于微软来说可谓九牛一毛。而且，当下载文件很大时，只会吸引一小部分很感兴趣的人的参与。如果仅仅是无法承受短时间内大量的网络流量（尽管这是微软自己制造的状况），他们还有很多方法来为自己的服务器分流。实际上，很多用户都在轻而易举地通过 BT 来下载和分享 Windows 7 测试版 7000。（许多人认为大公司不可能使用 BT 的方式来发布较大的文件，但事实上同为操作系统的 Ubuntu 一直在为自己的主要发布版本做种。）

微软并不是唯一一个毁了自己网络发布的倒霉蛋。在 MobileMe 的运营上苹果公司同样一败涂地，有时甚至连 Google 的产品也会出一些小状况。但是对于目前正在致力于推动云计算和网络服务并且努力去证明他们已经准备好离开桌面应用进军网络的微软公司来说，今天的失败仍证明了自己依然不知道如果正确的看待线上作业的状况。

（资料来源：http://www.yeeyan.com/articles/view/sunwell008/23957）

3.1 因特网的发展历程

因特网（Internet）是人类历史发展中的一个伟大的里程碑，是企业进入信息高速公路的通行证，目前它已经成为世界上覆盖面最广、规模最大、信息资源最丰富的计算机信息网络。而电子商务的绝大部分运作（如传输、处理商业信息等）都是基于网络技术来实现的。

因特网的发展大致经历了如下四个阶段。

（1）起源

1962 年，美国国防部为了保证其防御武装在受到前苏联的一次核打击以后仍然具有一定

的生存和反击能力，构思了一种当部分指挥点被摧毁后，其他指挥点仍能够正常工作，并且这些点能够绕过被摧毁的指挥点而继续保持联系的分散的指挥系统。1969 年，美国国防部高级计划管理署 DARPA 资助建立了一个名为 ARPANET（即"阿帕网"）的网络，这个网络采用分组交换技术，通过专门的通信交换机（IMP）和专门的通信线路相互连接把位于 4 个大学的大型计算机主机连接起来，成为了 Internet 最早的雏形。到 1972 年时，ARPANET 网上的网点数已经达到 40 个，其主要功能有：发送小文本文件（即 E-mail）、利用文件传输协议发送大文本文件（即 FTP）以及通过把一台电脑模拟成另一台远程电脑的一个终端而使用远程电脑上的资源（即 Telnet），这些都是 Internet 上较早出现的重要工具。

（2）TCP/IP 协议的产生

1972 年，第一届国际计算机通信会议于美国华盛顿举行，会议决定成立 Internet 工作组，负责建立一种能保证计算机之间进行通信的标准规范（即"通信协议"）。1974 年，TCP/IP 协议问世，它规定了在电脑网络间传送报文的方法。到 1980 年，世界上既有使用 TCP/IP 协议的美国军方的 ARPA 网，也有很多使用其他通信协议的各种网络。为了将这些网络连接起来，美国人温顿·瑟夫（Vinton Cerf）提出在网络内部各自使用自己的通信协议，在网络之间通信时使用 TCP/IP 协议，这个设想最终导致了 Internet 的诞生。

（3）网络战国时代

20 世纪 70 年代末到 80 年代初期，各种网络应运而生。80 年代初美国国家科学基金会（NSF）建立了提供给各大学计算机系使用的计算机科学网（CSNet），其采用集中控制方式，所有信息交换都经过 CSNet-Relay（中继计算机）进行。1982 年，美国北卡罗来纳州立大学的斯蒂文·贝拉文（Steve Bellovin）创立了集电极通信网络——网络新闻组（Usenet）。1983年在纽约城市大学也出现了一个以讨论问题为目的的网络——BITNet，后来被称之为 Mailing List（电子邮件群），与此同时美国旧金山还诞生了另一个网络 FidoNet（费多网或 Fido BBS）即公告牌系统。

（4）NSFNET——因特网的基础

1983 年，ARPAnet 分裂为两部分，ARPAnet 和纯军事用的 MILNET。其中最引人注目的是美国国家科学基金会（National Science Foundation，简称 NSF）建立的 NSFNET。由于 NSF 的鼓励和资助，很多大学、政府资助甚至私营的研究机构纷纷把自己的局域网并入 NSFNET 中，从 1986 年至 1991 年，NSFNET 的子网从 100 个迅速增加到 3000 多个，并于 1990 年 6 月彻底取代了 ARPAnet 而成为 Internet 的主干网。Internet 在 80 年代的扩张促使 Internet 的使用者不再限于纯计算机专业人员，Internet 的作用也从仅是共享 NSF 巨型计算机的运算能力演变成了交流通信的工具。

互联网的成功，可从"Internet"这个术语的混淆窥知一二。最初，互联网代表那些使用 IP 协议架设而成的网络，而今它则用来泛指各种类型的网络。"internet"（开头的 i 为小写字母）可以是任何分离的实体网络的集合，这些网络以一组通用的协议相连，形成逻辑上的单一网络；而"Internet"（开头的 I 为大写字母）专指美国的前身为 ARPA 网、使用 IP 协议将各种实体网络连接成此单一逻辑网络。

3.2　计算机网络的主要类型

计算机网络是由多台计算机（或其他计算机网络设备）通过传输介质和软件物理（或逻

辑）连接在一起组成，能够实现相互通信和资源共享的系统，它由计算机、网络操作系统、传输介质以及相应的应用软件四部分组成。

计算机网络的分类如下所述。

（1）局域网

局域网简称 LAN（Local Area Network），是指在一个有限范围内使用的专用网络。局域网一般位于一个建筑物或一个单位内，不包括网络层的应用，不存在寻径问题，它具有连接范围窄、配置容易、用户数少、连接速率高等特点，是目前计算机网络中发展最为活跃的一种网络。

（2）城域网

城域网简称 MAN（Metropolitan Area Network），这种网络采用 IEEE802.6 标准，将在一个城市或一个地区范围内但不在同一地理小区范围内的计算机互联起来。城域网具有用户投入少、接入简单、传输速率高、安全等特点，能够满足政府机构、金融保险、大中小学校、公司企业等单位对高速率、高质量数据通信业务日益旺盛的需求，特别是快速发展起来的互联网用户群对宽带高速上网的需求。

（3）广域网

广域网简称 WAN（Wide Area Network），也称为远程网，覆盖范围可从几百公里到几千公里，能连接多个城市或国家，或横跨几个洲并能提供远距离通信，形成国际性的远程网络，但由于距离较远，信息衰减比较严重，所以这种网络一般是要租用专线，且用户的终端连接速率一般较低，通常为 9.6Kb/s～45Mb/s。

（4）无线网

无线网将无线电波作为信息传输的媒介，利用无线电技术取代网线。无线网使人们可以利用笔记本电脑（Cnotebook compnter）和个人数字助理（ Personal Digital Assistant，PDA）等便携式设备进行网络通信，满足了人们随时随地进行交流的需求，它易于安装和使用，但也存在着数据传输率较低、误码率高和站点之间存在干扰的缺点。

（5）互联网

互联网即因特网，此译名采自其英文单词 Internet 的谐音，是指将两台计算机或者是两台以上的计算机终端、客户端、服务端通过计算机信息技术的手段互相联系起来的结果，有信息量大、传播广等特点，但其网络实现的技术也非常复杂。

（6）内联网（Intranet）

内联网又称企业内部网，从技术上讲，内部网和因特网没有太大的差别，是基于因特网技术建立的可支持企事业内部业务处理和信息交流的综合网络信息系统。内联网通常采用一定的安全措施与企事业外部的因特网用户相隔离，对内部用户在信息使用的权限上也有严格的规定。利用内联网一定程度地解决了企业战略目标实现上的一些瓶颈问题，如办公效率低下、新产品开发能力不足、生产过程中成本太高或生产计划不合理等，其典型应用有：

① 企业财务管理；

② 企业的文档管理及技术资料查询；

③ 企业的人力资源管理；

④ 企业的产品开发与研制；

⑤ 企业的计算机软件管理。

（7）外联网（Extranet）

外联网与 Intranet 企业内联网的译名对应，是一个使用 Internet/Intranet 技术使企业与其客户和其他企业相连来完成其共同目标的合作网络。从 20 世纪 90 年代到两千年以前，曾经有许多大企业使用企业外部网通过基于万维网浏览器认证的形式对享有权限的用户提供共享和交换数据的服务。这项技术通常被大型企业用于专为商业伙伴或客户提供的各种信息服务，例如价格表、产品信息、项目合作、备忘录等。使用外联网可以带来以下的好处：

① 因为减少纸张的拷贝、打印、通信与分发的费用，大大地降低生产费用；

② 因为职员不必将其时间花费在信息的查找上而提高其生产率；

③ 为客户提供多种及时有效的服务，可以改善客户的满意度；

④ 可以通过网上实现跨地区的各种项目合作；

⑤ 与以前的仅仅是文字信息不同，Extranet 中的信息可以各种形式体现；

⑥ 可将不同厂商的各种硬件、数据库和操作系统集成在一起，并且利用浏览器的开放性使得应用只需开发一次即可为各种平台使用；

⑦ 可以引用、浏览原有系统中的信息（仍由原有系统进行维护）。

3.3　因特网相关技术

3.3.1　TCP/IP 协议

协议是一组规则的集合，它规定网络传输数据的格式和顺序，并检查这些数据中的错误。协议确定了数据的发送设备如何表示已经完成信息的发送，以及接收设备如何表示已经收到（或没收到）信息。

TCP/IP 是支持因特网最基本的协议，也是应用最广泛的一种网络协议标准。TCP/IP 由因特网先驱文森特·瑟夫（Vincent Cerf）和罗伯特·卡恩（Robert Kahn）发的，具有较高的可靠性、互操作性、安全性以及灵活性。

TCP/IP 字面上代表了两个协议：TCP（传输控制协议）和 IP（网际协议），包括了网络上的计算机用来建立和断开连接的规则。其中，TCP 协议控制信息在因特网传输前的打包和到达目的地后的重组；IP 协议控制信息包从源到目的地的传输路径，它处理每个信息包的所有地址信息，确保每个信息包都打上了正确的目的地地址标签。TCP/IP 协议与网络介质和类型无关，既可以运行在局域网上又可以运行在广域网中。

TCP/IP 参考模型是一个抽象的分层模型，这个模型中，所有的 TCP/IP 系列网络协议都被归类到四个抽象的"层"中。每一抽象层建立在低一层提供的服务上，并且为高一层提供服务。图 3-1 表示了 TCP/IP 的参考模型。

应用层	应用协议和服务				
传输层	TCP			UDP	
联网层	RARP	IP	ARP	ICMP	路由协议
网络接口层	网络驱动程序和网络接口				

图 3-1　TCP/IP 参考模型

TCP/IP 参考模型中，最底层网络接口层负责对实际的网络媒体的管理，定义如何使用实际网络来传送数据；联网负责提供基本的数据封包传送功能，让每一块数据包都能够到达目的主机，但不检查是否被正确接收；传输层提供了节点间的数据传送服务，包括传输控制协议（TCP）、用户数据报协议（UDP），它们用于控制数据流的传输。UDP 是一种不可靠的数据流传输协议，仅为网络层和应用层之间提供简单的接口。而 TCP 协议则具有高的可靠性，通过为数据报加入额外信息，并提供重发机制，它能够保证数据不丢包、没有冗余包以及保证数据报的顺序。对于一些需要高可靠性的应用，可以选择 TCP 协议；而相反，对于性能优先考虑的应用如流媒体等，则可以选择 UDP 协议；应用层负责处理高层协议，这些协议定义了一些用于通用应用的数据报结构，其中包括：

DNS——域名服务；

FTP——服务使用的是文件传输协议；

HTTP——所有的 Web 页面服务都是使用的超级文本传输协议；

POP3——邮局协议；

SMTP——简单邮件传输协议；

Telnet——远程登录等。

3.3.2　IP 地址与域名系统

（1）IP 地址

因特网上的每台主机都有一个唯一的 IP 地址。IP 协议就是使用这个地址在主机之间传递信息，这是 Internet 能够运行的基础。IP 地址的分配是分级进行的，ICANN（The Internet Corporation for Assigned Names and Numbers），负责全球因特网上的 IP 地址进行编号分配的机构。根据 ICANN 的规定，ICANN 将部分 IP 地址分配给地区级的 Internet 注册机构 (RIR)，然后由这些 RIR 负责该地区的登记注册服务。目前全球共有 4 个 RIR：ARIN、RIPE、APNIC 和 LACNIC。 ARIN 主要负责北美地区业务，RIPE 主要负责欧洲地区业务，LACNIC 主要负责拉丁美洲美洲业务，APNIC 主要负责亚太地区国家业务。在 RIR 之下还可以存在一些注册机构，如国家级注册机构（NIR），普通地区级注册机构（LIR）。我国的国家级注册机构是中国互联网络信息中心（CNNIC）。

现有的互联网是在 IPv4 协议的基础上运行的，在此协议中，IP 地址由 32 位二进制数组成，一般写成四组圆点分隔的数字，这种地址称为点分四元组，如 126.204.89.56。这四组数字都是从 0 到 255，因此可能的 IP 地址都是在 0.0.0.0 和 255.255.255.255 之间。IP 地址由两部分组成：网络地址和主机地址，其中网络号的位数直接决定了可以分配的网络数；主机号的位数则决定了网络中最大的主机数。IP 地址可分为 A,B,C,D,E 五大类，其中 E 类属于特殊保留地址。

IPv4 理论上可以表达 40 多亿个地址，随着因特网的日益膨胀，IPv4 定义的有限地址空间将被耗尽，而地址空间的不足必将妨碍互联网的进一步发展。虽然使用分配临时 IPv4 地址或网络地址翻译（NAT）等地址使用技术，在一定程度上缓解了 IPv4 地址不足的状况，但同时也增加了地址解析和处理方面的开销，而且仍然无法回避 IPv4 地址即将被分配殆尽这个问题。IPv6 是 IETF（互联网工程任务组）设计的用于替代现行版本 IP 协议的下一代 IP 协议，与 IPv4 相比，IPv6 具有以下几个优势。

① IPv6 具有更大的地址空间。IPv6 中 IP 地址的长度为 128，即有 $2^{128}-1$ 个地址。

② IPv6 使用更小的路由表。采用简化的报头定长结构和更合理的分段方法，使路由器加快数据包处理速度，提高了转发效率，从而提高网络的整体吞吐量。

③ IPv6 增加了增强的组播支持以及对流的支持，这使得网络上的多媒体应用有了长足

发展的机会。

④ IPv6 加入了对自动配置的支持。这是对 DHCP 协议的改进和扩展，使得网络（尤其是局域网）的管理更加方便和快捷。

⑤ IPv6 的安全性有了更好的保证。采用 IPSec 可以为上层协议和应用提供有效的端到端安全保证，能提高在路由器水平上的安全性。

⑥ IPv6 支持即插即用，在主机不改变地址的前提条件下实现漫游。

（2）域名系统

由于点分四元组标记法表达方式抽象，使用时难以记忆和书写，因此在 IP 地址的基础上又发展出一种符号化的地址方案，来代替数字型的 IP 地址。域名地址由若干个从 a 到 z 的 26 个拉丁字母及 0 到 9 的 10 个阿拉伯数字及 "-"、"." 符号构成并按一定的层次和逻辑排列，并与网络上的数字型 IP 地址相对应。

域名是上网单位和个人在网络上的重要标识，起着识别作用，便于他人识别和检索某一企业、组织或个人的信息资源，除此之外，域名还可以起到引导、宣传、代表等作用。一个公司如果希望在网络上建立自己的主页，就必须取得一个域名。域名的注册遵循先申请先注册原则，管理机构对申请人提出的域名是否违反了第三方的权利不进行任何实质审查。同时，每一个域名的注册都是独一无二的、不可重复的。

域名可分为不同级别，包括顶级域名、二级域名等。顶级域名又分为两类：国家顶级域名，目前 200 多个国家都按照 ISO3166 国家代码分配了顶级域名；国际顶级域名，例如表示工商企业的 .com，表示网络提供商的.net，表示非盈利组织的.org 等。表 3-1 给出了一些顶级域名的类型。二级域名是指顶级域名之下的域名，在国际顶级域名下，它是指域名注册人的网上名称，例如 google，yahoo 等；在国家顶级域名下，它是表示注册企业类别的符号，例如.com，.edu，.gov 等。

表 3-1　常用顶级域名含义对照表

域　　名	含　　义
.com	Commercial organizations 工、商、金融等企业
.edu	Educational institutions 教育机构
.gov	Governmental entities 政府部门
.mil	Military 军事机构
.net	Network operations and service centers 互联网络、接入网络的信息中心(NIC)和运行中心(NOC)
.org	Other organizations 各种非盈利性的组织

（3）域名解析

人们习惯记忆域名，但机器间互相只认 IP 地址，域名与 IP 地址之间是一一对应的，它们之间的转换工作称为域名解析。域名解析的过程需要由专门的域名解析服务器(DNS)来完成，整个过程是自动进行的。一个域名只能对应一个 IP 地址，多个域名可以同时被解析到一个 IP 地址。

（4）URL

URL（Uniform Resource Locator）统一资源定位器也被称为网页地址，是用于完整地描述 Internet 上网页和其他资源的地址的一种标识方法。URL 的格式为：

服务类型//域名[端口号]/文件路径和文件名

　　URL 描述了 Web 浏览器对 Internet 信息资源进行查询时所采用的服务类型、信息资源所在的计算机的主机名（域名）以及信息资源所在的文件路径和文件名。

3.3.3　常用网络协议

　　（1）超文本传输协议 HTTP

　　超文本传输协议（Hypertext Transfer Protocol，HTTP）是客户端浏览器或其他程序与 Web 服务器之间的应用层通信协议，是 TCP/IP 协议集中的一个成员。HTTP 采用客户机/服务器模式，即在 Internet 中，Web 服务器上存放的是超文本信息，客户机需要通过 HTTP 协议传输所要访问的超文本信息。HTTP 工作过程分四步。

　　① 客户机和服务器建立连接。

　　② 客户机向服务器发送请求，请求格式包括统一资源标识符（URL）、协议版本号，以及 MIME 信息。

　　③ 服务器产生 HTTP 应答信息，并通过浏览器显示在用户的显示屏上。

　　④ 客户机与服务器断开连接，HTTP 会话结束。

　　（2）文件传输协议 FTP

　　文件传输协议（FTP）用于 Internet 上的控制文件的双向传输，是 TCP/IP 协议集中的一个成员。FTP 协议的任务是从一台计算机将文件传送到另一台计算机，它与这两台计算机所处的位置、连接的方式甚至是否使用相同的操作系统无关。FTP 的传输有两种方式，即 ASCII 传输模式和二进制数据传输模式。ASCII 码文本只包含键盘输入字符，不含有排版格式；二进制数据是包括文字处理文档、电子表格、图像和其他数据的文件。

　　通过 ftp 传输文件的步骤如下所述：

　　① 登录 Internet；

　　② 搜索有文件共享主机或个人电脑；

　　③ 当与远程主机或者对方的个人电脑建立连接后，用对方提供的用户名和口令登录；

　　④ 登录成功后，即可进行上传或者下载；

　　⑤ 完成工作后关闭 FTP 下载软件，切断连接。

　　（3）SMTP 和 POP

　　SMTP 和 POP 是两个负责用客户机/服务器模式发送和检索电子邮件的协议。SMTP 即简单邮件传输协议，它规定了邮件信息的具体格式和邮件的管理方式，向联入局域网的用户提供应用层的服务。POP 即邮局协议，它负责从邮件服务器中检索电子邮件，要求邮件服务器完成下面几种行动之一：从邮件服务器中检索邮件并从服务器中删除这个邮件；从邮件服务器中检索邮件但不删除它；不检索邮件，只是询问是否有新邮件到达。

　　（4）IMAP

　　IMAP 即交互式邮件存取协议，邮件客户端（例如 MS Outlook Express)可以通过这种协议从邮件服务器上获取邮件的信息，下载邮件。IMAP 为用户提供了有选择的从邮件服务器接收邮件的功能、基于服务器的信息处理功能和共享信箱功能。IMAP 优于 POP 协议：用户可以通过浏览信件头来决定是否收取、删除和检索邮件，还可以在服务器上创建或更改文件夹或邮箱，它除了支持 POP 协议的脱机操作模式外，还支持联机操作和断连接操作。

　　（5）无线应用协议 WAP

　　无线应用协议（WAP）于 1998 年初公布，是一种向移动终端提供互联网内容和先进增值服务的全球统一的开放式协议标准，是简化了的无线 Internet 协议。它根据无线网络低带宽、高延迟的特点进行优化设计，把 Internet 的一系列协议规范引入到无线网络中。WAP 只要求移动电话和 WAP 代理服务器的支持，而不要求现有的移动通信网络协议做任何的改动，并且通过加强网络功能来弥补手持设备的缺陷，尽可能少地利用手持设备的 ROM、RAM 和 CPU 等资源，保证各种配置的手持设备无论是最简单的手持机还是功能丰富的 PDA 式笔记本电脑都能接到相同的信息和资源。

3.4　Web 编程语言

3.4.1　标准通用标记语言

标准通用标记语言（Standard Generalized Markup Language，SGML），是所有电子文档标记语言的起源。20 世纪 60 年代，科学家开始定义通用的标记语言来描述电子文档及其构成，1986 年，国际标准化组织（ISO）采用了标准通用标记语言（SGML）作为标准。SGML 为用户提供一种类似于语法的机制，用来定义文档的结构和指示文档结构的标签，它对那些需要标准化的机构来说是非常有效并且非常适合的，同时它还提供了多种选择。很多机构（特别是那些对文档管理有特殊的或复杂要求的组织）都使用 SGML，如美国国防部、美国出版家协会、惠普公司和柯达公司。

使用 SGML 对多媒体的创作将带来许多好处。首先，由于其规范性，它可以使创作人员更集中于内容的创作，可提高作品的重复使用性能、可移植性能以及共享性能；其次，由于 SGML 的独立性，使得它在许多场合都有用武之地。但是 SGML 不适用于 Web 数据描述，而且 SGML 软件价格非常昂贵。

3.4.2　超文本标记语言

超文本标记语言（Hyper Text Mark-up Language，HTML），是在 SGML 定义下的一个描述性语言，或者可说 HTML 是 SGML 的一个应用程序。HTML 是 Tim Berners-Lee 于 1982 年设计的，目的是为了方便世界各地的物理学家进行合作研究。Tim Berners-Lee 设计的 HTML 以纯文字格式为基础，可以任何文本编辑器处理，最初仅有少量标记（TAG）而易于掌握运用。1993 年，　Marc Andreessen 在他的 Mosaic 浏览器中加入<img>标记，从此可以在 Web 页面上浏览图片。目前为止，表 3-2 描述了 HTML 标准的历史版本。

表 3-2　HTML 标准版本对照表

名　　称	介　　绍
超文本置标语言（第一版）	由 IETF 于 1993 年 6 月发布（并非标准）
HTML 2.0	1995 年 11 月作为 RFC 1866 发布
HTML 3.0	1996 年 1 月 14 日，W3C 推荐标准
HTML 4.0	1997 年 12 月 18 日，W3C 推荐标准
HTML 4.01	1999 年 12 月 24 日，W3C 推荐标准（微小改进）
ISO HTML	2000 年 5 月 15 日发布，基于严格的 HTML 4.01 语法，是国际标准化组织和国际电工委员会的标准
HTML 5	至今仍为草案

HTML 没有 1.0 版本是因为当时有很多不同的版本。Tim Berners-Lee 的版本应该算初版，当时，Tim Burners-Lee 为其版开发了一系列的规范并贴在因特网上，为了使 HTML 语言独立于平台，他建议并开发了一种语言编译程序——浏览器。不久，各地就出现了一些新的浏

览器。每种浏览器都产生了 Tim Berners-Lee 规范的一些变种，并导致一些专用 HTML 版本的出现。当时被称为 HTML+的后续版的开发工作于 1993 年开始，最初是被设计成为"HTML的一个超集"。

第一个正式规范在为了和当时的各种 HTML 标准区分开来，使用了 2.0 作为其版本号。HTML 2.0 版标志着因特网特别是 WWW 广泛应用和迅速膨胀的开始。

HTML3.0 规范是由当时刚成立的 W3C 于 1995 年 3 月提出，提供了很多新的特性，例如表格、文字绕排和复杂数学元素的显示。虽然它是被设计用来兼容 2.0 版本的，但是实现这个标准的工作在当时过于复杂，在草案于 1995 年 9 月过期时，标准开发也因为缺乏浏览器支持而中止了。

1997 年 12 月，WWW 共同体发布了 HTML 4.0 版。4.0 版第一次支持 OBJECT 标记和层叠风格表单（CSS）。WWW 页面设计者可用 OBJECT 标记把脚本语言代码直接嵌入 HTML页面。脚本语言代码允许所下载的 WWW 页面执行用户计算机上的程序。层叠风格表单可让WWW 开发者更好地控制页面显示的格式。同文字处理程序中的预定义的文档风格一样，CSS 使设计者定义重复使用的格式风格。"层叠"意味着设计者可将多种风格表单用在同一WWW 页面上。同时，HTML 4.0 也开始"清理"标准，把一些元素和属性标记为过时的，建议不再使用它们。

HTML 5 目前仍为草案，其前身名为 Web Applications 1.0。于 2004 年被 WHATWG 提出，2007 年被 W3C 接纳，并成立了新的 HTML 工作团队。在 2008 年 1 月 22 日，第一份正式草案已公布，预计将在 2010 年 9 月正式向公众推荐。HTML5 提供了新的元素和属性，例如<nav>（网站导航块）和<footer>。这种标签将有利于搜索引擎的索引整理，同时更好地帮助小屏幕装置和视障人士使用，除此之外，还为其他浏览要素提供了新的功能，如<audio>和<video>标记。

3.4.3 可扩展标记语言

可扩展标记语言（eXtensible Markup Language，XML），同样是由 SGML 发展而来，XML是一种简单的数据存储语言，使用一系列简单的标记描述数据，而这些标记可以用方便的方式建立，使设计者很容易地以标准化的、连续的方式来描述并传输来自任意应用程序的结构化数据。此外，XML 还有数据跟踪能力，这将改变数据共享的方式以及检索数据库和文件的方式。由于 XML 易于在任何应用程序中读写数据，它很快成为数据交换的唯一公共语言，即程序可以更容易的与 Windows，Mac OS，Linux 以及其他平台下产生的信息结合，然后可以很容易加载 XML 数据到程序中并分析它，然后以 XML 格式输出结果。

3.5 电子商务系统的规划

公司计划、设计和实施电子商务战略的能力决定了公司的成败，电子商务系统的设计与建设需要服从于企业的电子商务计划与企业的长期规划。在电子商务系统的规划过程中需要考虑到企业商务模式的变更、业务流程的更新，还要考虑到新的技术和服务方式，这就要求在建设电子商务系统之初，必须结合企业实施电子商务的整体战略，从较高层次上审视未来系统所要达到的目的，确定系统的体系结构，以便为后续的设计开发工作提供一个清晰的思路。而不是单纯地将企业既有的业务简单的搬到 Internet 上。

电子商务系统的规划指以完成企业核心业务转向电子商务为目标，给定未来企业的电子商务战略，设计支持未来这种转变的电子商务系统的体系结构，说明系统各个组成部分的结构及其组成，选择构造这一系统的技术方案，给出系统建设的实施步骤及时间安排，说明系统建设的人员组织，评估系统建设的开销和收益。

在设定电子商务系统规划目标时，管理者们应该从战略层次或者决策层次出发，充分考虑项目的战略意义、实施范围和实施此规划可用的资源。电子商务系统的规划并不强调未来系统"怎么做"，但一定要明确给出系统未来的目标与定位，即"做什么"。电子商务系统的规划依据企业使是电子商务的目标来完成，企业开展电子商务会有各种理由，既有战略目标，如保持市场领先地位和竞争优势，又有战术目标，如增加销售额和提供高效的客户服务等。不同规模的企业电子商务的目标也不一样。例如，小公司由于资源有限，倾向于利用电子商务网站来进行宣传而非开展网上交易。同时，还要考虑预期效益、预期成本以及项目风险，并需要对项目进行"做与不做"的决策。

3.6　电子商务的系统构成

根据电子商务系统的发展需求与特征，将电子商务的系统构成定义为如下几个方面。

3.6.1　社会环境

电子商务社会环境包括法律、税收、道德环境及国家政策等方面的内容，它规范和约束电子商务系统的生存与发展环境。

首先，在网络上运作的公司必须遵守所有公司都要遵守的法律和规定，否则就会受到相应的惩罚。由于互联网没有地域性的限制，互联网公司所涉及的范围会延伸到传统国界以外，即网络会使公司变成一个国际企业，这样这家公司就要比那些位于某个地点的传统公司遵守更多的法律。其次，在因特网上开展业务的公司与其他公司一样要遵守同样的税制，但是由于因特网的全球性，即使是很小的网上公司也要立刻遵守许多国家的税制，包括各种所得税、交易税和财产税等。再次，开展电子商务的公司应该遵守其他公司都要遵守的道德标准，因为网上的购买者常常相互沟通，公司背离道德标准的行为会在顾客之间迅速传播，从而严重影响公司的声誉。例如 2010 年 1 月，卓越亚马逊网站将原价为 559 元的 320GB PQI 移动硬盘以 118 元的极低价格出售，消息一出立即引发抢购热潮。但随后卓越亚马逊以定价低于实际价格为由，擅自删除了所有订单信息。网上买家对卓越网恶评如潮，虚假宣传、刻意炒作、网络欺诈等。在这一时间段中，国内专业投诉门户网站消费电子投诉网（www.315ts.net）共收到 110 宗对这一事件的投诉，占到该时段卓越网投诉量的 43.2%。最后，熟悉国家的指导方向很重要，国家的产业政策将直接影响到企业的生存与发展。

3.6.2　网络环境

因特网由一系列互相连接的网络组成。一个企业或个人连入一个局域网、内部网或建立了拨号连接，就成为了因特网的一部分。为其他企业提供因特网接入服务的企业叫做因特网接入服务商（IAP）或因特网服务商（ISP），它们可以提供多种接入服务。因特网接入服务商（Internet Access Provider，简称 IAP）只向用户提供拨号入网服务，规模小，局域性强，一般没有自己的信息源，用户仅被作为一个上网的节点看待。IAP 可分为两个层次：底层是物理网络的提供商，上层是网络接口的提供商。因特网服务商(Internet Service Provider，简称 ISP)，是向广大用户综合提供互联网接入业务、信息业务和增值业务的电信运营商。ISP 是经国家主管部门批准的正式运营企业，享受国家法律保护。我国的 ISP 分为两类，一类是官方性质的 ISP 服务，如中国公用信息网（ChinaNet）；第二类是新兴的商业机构，他们能为用户提供全方位的服务，如东方网景、上海热线等，这类 ISP 拥有自己的特色信息源，建设投资较大。

选择因特网提供商主要考虑以下几个因素。

（1）ISP 出口带宽介入用户数量

出口带宽是指宽带负载能力，即 ISP 以多搞的速率连接到因特网或上级 ISP，它体现了 ISP 的介入能力。当用户访问因特网或国内其他网站时，出口带宽决定了连接速度。同时，出口带宽接入用户数量、二级代理介入上级 ISP 的带宽与 ISP 是否具有国际独立出口都是判断服务好坏的标准。在条件允许的情况下，应优先考虑介入具有国际出口的 ISP。

（2）ISP 提供的服务种类和技术支持能力

电子商务对于接受信息的速度和安全性有较高的要求，通常需要使用专用的软硬件设备。所以在选择 ISP 时要充分考虑其提供的服务种类、技术支持能力等，充分观察 ISP 是否有能力来保证信息的速度和安全性。

（3）考虑 ISP 的收费水平

ISP 服务有多种不同的收费形式，如按时（分钟）收费、按流量收费及按时段收费等，要根据用户使用因特网的总时间和时段的情况，来选择 ISP 提供商。

除此之外，还需要注意是否有备用的线路以及升级扩容能力，其中备用线路反映了 ISP 提供服务的可靠性，而是否支持升级扩容可以保证在用户增多通信量增大时，ISP 接入能力可以随之提高。

与 ISP 建立连接的常用方法是通过电话服务商。电话服务商所提供的服务有如下几种。

① 拨号上网　又称拨号连线，是指通过本地电话线经由调制解调器（Modem）连接互联网的上网方式，上网一般按时收费，可提供大约每秒 56KB 的带宽。拨号上网在 20 世纪 90 年代网络刚兴起时比较普及，但因速度较慢，容易断线，且上网时不能拨打电话，拨打电话时不能上网，后来渐被宽带连线所取代。

② 综合业务数字网（Integrated Services Digital Network，ISDN）是一个数字电话网络国际标准，是一种典型的电路交换网络系统。它通过普通的铜缆以更高的速率和质量传输语音和数据。ISDN 比普通的电话服务贵，但提供的带宽最大可达到每秒 128Kb。ISDN 是数字化的电路，能够提供稳定的数据服务和连接速度。同时它还有兼容多种业务、接口标准、呼叫速度快、传输质量高、费用低廉、使用方便等优点。

③ 数字用户线路（Digital Subscriber Line，DSL）对在本地电话网线上所提供的数字数据传输的一整套技术的总称。根据数字用户线的具体实施技术和服务水平的不同，其下载速率可从每秒 128Kb，到每秒 24000 Kb 不等。使用 xDSL 技术主要有如下几种。

a. 高速率数字用户线路（High-speed Digital Subscriber Line，HDSL）。HDSL 是 xDSL 家族中开发比较早，应用比较广泛的一种技术。HDSL 采用回波抑制、自适应滤波和高速数字处理技术，利用两对双绞线实现数据的双向对称传输，传输速率为 2048Kb/s/1544Kb/s（E1/T1）。HDSL 技术上已经比较成熟。已经在数字交换机的连接、高带宽视频会议、远程教学、移动电话基站连接等方面得到了较为广泛的应用。

b. 对称数字用户线路（Symmetric Digital Subscriber Line，SDSL）。其上传速率等于下载速率，因此称为对称数字用户线路。SDSL 是 HDSL 的一种变化形式，利用单对双绞线，支持多种速率到 T1/E1，用户可根据数据流量，选择最经济合适的速率。

　　c．非对称用户数字线（Asymmetric Digital Subscriber Line，ADSL）。其上传速率低于下载速率，因此称为非对称数字用户线路。ADSL 采用频分复用技术把普通的电话线分成了电话、上行和下行三个相对独立的信道，从而避免了相互之间的干扰。通常 ADSL 在不影响正常电话通信的情况下可以提供最高 3.5Mb/s 的上行速度和最高 24Mb/s 的下行速度。

　　d．超高速用户数字线（Very High Bit-rate，VDSL）。VDSL 和 ADSL 一样，属于非对称 DSL，是以铜线传输的 xDSL 宽带解决方案家族成员。VDSL 是目前最快的 xDSL 技术，它通过一对 VDSL 设备，用作光纤结点到附近用户的最后引线。VDSL 允许用户端利用现有铜线获得高带宽服务而不必采用光纤。可以经一对传统用户双绞线在一定服务范围内有效传送，下行达 12.9Mb/s 至 52.8Mb/s（理论值最高可达 60Mb/s）。

　　④ 宽带综合业务数字网（Broadband Integrated Services Digital Network，B-ISDN）它是在 ISDN 的基础上发展起来的，业务范围也比 ISDN 更加广泛，包括速率不大于 64Kb/s 的窄带业务（如语音、传真），宽带分配型业务（广播电视、高清晰度电视），宽带交互型通信业务（可视电话、会议电视），宽带突发型业务(高速数据)等。实现 B-ISDN 的业务的核心技术包括同步转移模式（Synchronous Transfer Mode，STM）和异步转移模式（Asynchronous Transfer Mode，ATM）。

3.6.3　计算机硬件环境

　　电子商务的硬件环境主要由计算机主机和外部设备构成，它们为电子商务系统提供了底层基础。计算机硬件的基本组成包括运算器、存储器、控制器、输入设备、输出设备。

　　运算器（Arithmetic Unit），是计算机中执行各种算术和逻辑运算操作的部件。运算器能执行多少种操作和操作的速度，标志着运算器能力的强弱，甚至标志着计算机本身的能力，其主要功能是完成对数据的算术运算、逻辑运算和逻辑判断等操作。存储器（Memory）是用来存储程序和数据的部件，是计算机系统中的记忆设备，计算机中的全部信息，包括输入的原始数据、计算机程序、中间运行结果和最终运行结果都保存在存储器中。在实际应用中，用户先通过输入设备将程序和数据放在存储器中，运行程序时，由控制器从存储器中逐一取出指令并加以分析，发出控制命令以完成指令的操作。控制器（Control Unit）是计算机中指令的解释和执行结构，其主要功能是控制运算器、存储器、输入输出设备等部件协调动作。控制器工作时，从存储器取出一条指令，并指出下一条指令所在的存放地址，然后对所取指令进行分析，同时产生相应的控制信号，并由控制信号启动有关部件，使这些部件完成指令所规定的操作。这样逐一执行一系列指令组成的程序，就能使计算机按照程序的要求，自动完成预定的任务。输入设备（Input Device）是向计算机输入数据和信息的设备，是计算机与用户或其他设备通信的桥梁，包括键盘、鼠标、扫描仪、手写输入板和语音输入装置等。输出设备（Output Device）是人与计算机交互的一种部件，用于数据的输出，用户可以通过输出设备把各种计算结果数据或信息以数字、字符、图像、声音等形式表示出来，包括显示器、打印机、绘图仪、影像输出系统、语音输出系统、磁记录设备等。

　　在网络上提供资源的计算机称为服务器，它的构成与个人 PC 基本相似，也是由运算器、存储器、控制器、输入设备与输出设备组成，但由于它们是针对具体的网络应用特别制定的，因此在处理能力、稳定性、可靠性、安全性、可扩展性、可管理性等方面服务器与个人 PC 差异很大。要建设电子商务网站，则需要使用服务器，对大多数想要通过电子商务网站来进行业务展示并且未来将要提供电子商务服务的企业来说，一个关键的问题就是决定是否自营主机。自营主机即企业是否需要购买自己的服务器，对应的，企业还可以选择租用第三方主机托管服务商提供的服务。是否自营主机的关键在于正确回答公司的管理人员和销售人员希望通过这个服务器完成什么工作、访问网站的主要是哪些人群、网站的访问者多还是少、交易活动是否要在服务器上完成等问题。同时，购买自己的服务器需要有水平较高的专业技术人员，要投入较大的资金购置软硬件，还要支付日常维护和线路通信费，建设周期也较长。所以对于处于起步阶段的电子商务网站来说第三方的服务商提供的解决方案通常是比较合适的，特别当企业的网站相对较小或所销售的产品品种有限的时候。一旦企业的需要更大的带宽以及更专业的服务，且超出了第三方服务商提供的服务时，就需要一个专门的电子商务服务器。在选择服务器硬件时要权衡服务器速度、企业未来的发展与公司所能承担的价格，还要考虑服务器上可能发生的内部（内部网）和外部的信息访问量或交易数，并且要同时兼顾使用高速网络和低速拨号网络两种客户的用户体验。

3.6.4　应用开发支持平台

应用开发支持平台指为电子商务系统的开发、维护提供支持的工具软件。与个人 PC 一样，服务器也需要安装操作系统才能实现各种各样的功能。服务器操作系统（OS，Operating System）是管理计算机系统的全部硬件资源，包括软件资源及数据资源、控制程序运行、改善人机界面以及为其他应用软件提供支持，使计算机系统所有资源最大限度地发挥作用。服务器操作系统主要承担管理、配置、稳定、安全等方面的功能，其形式多样，目前主流的服务器操作系统有 Windows、UNIX 与 LINUX 三种。界面图形化是 Windows 服务器的操作系统的最大特点，秉承了 Windows 一贯的直观易用的优良传统，操作相对简单，其新版服务器操作系统 Windows Server 2008 改善了安全性，弥补后台漏洞，且具有较多的软硬件支持，是目前使用最为广泛的系统；UNIX 服务器操作系统主要支持大型的文件系统服务、数据服务等应用，其较高的系统安全性和稳定性受到高端用户的青睐，但由于其源代码并不开放，技术层面未能得到有效推广，所以在中低端市场并不普及；LINUX 是一种免费的、开放源代码的软件，并且具有兼容、安全、稳定等特性，但是在 LINUX 下运行的应用软件相对较少，所以暂不具有大众性，并且其维护成本的相对偏高，适用于一些高端的小型网络环境。

电子商务系统与普通的网站建设不同，它要求程序代码安全可靠，同时由于其面向的客户非常广泛，则要求电子商务系统还要能运行于不同平台的计算机，向全世界客户开展业务。在电子商务系统的开发工具中，Java 语言以其强安全性、平台无关性、硬件结构无关性、语言简洁同时面向对象，在网络编程语言中占据无可比拟的优势，成为实现电子商务系统的首选语言。

3.6.5　电子商务服务与应用平台

电子商务应用是利用电子手段开展商务活动的核心，也是电子商务系统的核心组成部分，它是通过应用程序实现的。从功能上看，商务平台提供的支持包括两部分：第一部分侧重于电子商务系统的优化，包括负荷均衡、目录服务，搜索引擎等；另一部分侧重于商务活动，包括安全、支付、认证系统等。商务服务平台为特定商务应用软件的正常运行提供了保证，为电子商务系统中的公共功能提供软件平台支持和技术标准。

[本章小结]

本章主要介绍了电子商务的技术基础，从因特网基本概念、相关技术、电子商务的概念模型、电子商务系统的规划以及电子商务系统构成等方面分别讨论了要建立电子商务网站需要了解的基本技术知识。重点介绍了因特网的相关技术，分析了电子商务系统规划的要点，讨论了构建电子商务系统的基本要素。

[案例研讨]

阿里巴巴基本情况及功能框架

（1）基本情况

阿里巴巴是全球著名的企业间（B2B）电子商务服务公司，管理运营着全球最大的网上贸易市场和商人社区——阿里巴巴网站，为来自220个国家和地区的200多万企业和商人提供网上商务服务，是全球首家拥有百万商人的商务网站。总部在香港，北京办事处主要负责业务开发和公关宣传两块，人员主要在杭州；立足国际市场，服务器放在美国。

阿里巴巴网站由英文国际站(www.alibaba.com)、简体中文中国站(china.alibaba.com 如图3-2所示)、日文网站(japan.alibaba.com)组成。阿里巴巴在香港成立公司总部，在中国杭州成立中国总部，并在海外设立美国硅谷、伦敦等分支机构、合资企业3家，在中国北京、上海、浙江、山东、江苏、福建、广东等地区设立分公司、办事处十多家。截至2003年5月，阿里巴巴全球员工达800余人。

阿里巴巴是1998年底由创业团队推出网站服务，并以1999年3月10日团队领袖马云正式回杭州创业的时间作为网站创办的纪念日；1999年7月9日在香港成立阿里巴巴中国控股有限公司，9月9日在杭州成立阿里巴巴（中国）网络技术有限公司。香港和杭州分别作为阿里巴巴公司总部和中国区总部所在地；1999年10月，美国著名投资公司高盛(Goldman Sachs)牵头的国际财团向阿里巴巴注入500万美元风险资金；2002年2月，日本亚洲投资公司向阿里巴巴投资，并于当年实现全年赢利。

（2）功能框架

阿里巴巴是专注于中小企业信息流服务的网络经纪模式。其网站功能架构包括以下几方面。

① 网上信息社区　提供27大类的商业资讯，近20类的行业资讯，50多个内容丰富的商务论坛。

② 网站首页　网站的入口，每日最新最重要的信息的发布。

③ 商业机会　为企业提供27个行业1000多个产品分类的商业机会查阅。

④ 行业首页　行业市场的总汇，提供每日最新行业信息。

⑤ 产品展示　按分类陈列展示阿里巴巴会员的各类图文并茂的产品信息。

⑥ 行业资讯　行业新闻报道即时更新，掌握变幻莫测的行业动态。

⑦ 公司库　公司网站大全，您可以在此按行业类别查询各类公司资讯。

⑧ 以商会友　商人俱乐部，与其他会员交流行业见解，交业界朋友。

⑨ 发布信息　选择恰当的类别发布您的买、卖、合作等商业信息。

⑩ 商务服务　与贸易、商务相关的各种配套服务。

同时，阿里巴巴还提供了商情特快，会员可以分类订阅每天新增的供求信息，直接通过电子邮件接收，高效省时。

阿里巴巴网站作为信息交易平台，在为买卖双方提供市场机会的同时，注重网站商人社区的交流功能，使得商业个体在获得商业交易的同时得到心理归属的满足感，从而不断为网站聚集人气、扩大业务量。阿里巴巴网站结构围绕预期功能开设了商业机会、产品展示、公司库、行业资讯、商友中心、以商会友等内容。它的普通会员业务流程我们可以简单地归结为以下流程，如图3-3所示。

图 3-2　阿里巴巴中国站首页

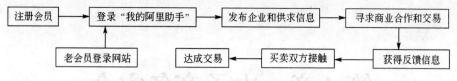

图 3-3 阿里巴巴的普通会员业务流程

2002 年 3 月，阿里巴巴推出"诚信通"会员服务，倡导诚信交易的网上商业风气，受到广大中小企业的积极响应。截止到 2003 年 9 月，阿里巴巴现有诚信通会员已经超过 25000 名。网上诚信交易之风蔚然成型。"诚信通"会员服务流程可简单归结为如图 3-4 所示的流程。

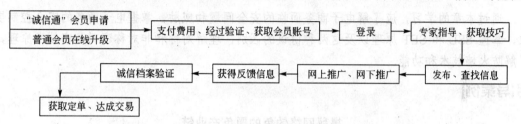

图 3-4 阿里巴巴的"诚信通"会员业务流程

阿里巴巴"把网站当作茶馆开，让生意人到茶馆里来交流信息"，这一点在网上社区里得到了充分的体现，在"商友中心"和"以商会友"中大家可以畅所欲言、广交朋友、答疑解问、分享商业经验教训。

（资料来源：http;www.doc88.com/p-67018103221.html）

问题：

1. 分析阿里巴巴电子商务网站的特点，并写出简单分析报告。
2. 讨论一个大型电子商务网站应该实现哪些功能？

[思考与练习]

1. 简述计算机网络的类型。
2. 简述 TCP/IP 参考模型。
3. 简述 IPv6 的优势。
4. 如何理解电子商务的概念模型？
5. 进行电子商务系统规划需要考虑哪些问题？
6. 电子商务系统是由哪些要素构成的？

第4章 电子商务安全

[学习目标]

通过本章的学习，应了解电子商务面临的安全问题和威胁，掌握电子商务的安全控制要求，掌握 SSL 和 SET 原理以及这两种协议的区别，理解对称和非对称密码加密技术原理，了解防火墙技术和功能。

[引导案例]

揭秘网络钓鱼的黑色产业链

网络钓鱼是近年来开始的一种新型网络诈骗，在 2010 年开始在国内大肆泛滥，令网民防不胜防，屡屡中招。所谓网络钓鱼欺诈，是指骗子以低价等作为诱饵，诱使用户在假的网站或冒充的页面付款，前者主要为了套取账户与密码，后者是付款页面被调包，用户为钓鱼者的订单付了钱，从而导致资金损失。

在调查中记者了解到，目前在国内的东南沿海一带已成为网络钓鱼的制造窝点，甚至福建某一个村庄绝大多数村民都是以网络钓鱼为生，目前已发展成了一个完整的产业链，其完整性系统性远远超出了想象。据称这个产业链已使众多的无业游民找到了生财之道，甚至带动了当地电信业的发展。网络钓鱼打击已是刻不容缓，而在这个产业链上，还存在众多或明或暗，或主动或被动的帮凶，更是令网络钓鱼的打击难度雪上加霜、难上加难。

钓鱼网站从早期的假冒银行、假冒邮箱的网站，到近年来，多种发端于互联网的"网络钓鱼骗局"的出现，随之发展起来的是越来越趋成熟的"网络钓鱼"产业链，目前每天活跃在网上的钓鱼网站数量超过 10 万家，早已形成了"设计—传播—实施"一条龙的完整地下产业链，其产业链规模非常庞大，已经超过了木马产业。首先在制作钓鱼网站的环节，已有专门代理销售各类钓鱼网站模板的不法团伙、不法分子甚至还会租用国外的服务器和网络空间来建立钓鱼网站，在传播钓鱼网站环节，有不良的网址导航站专门为钓鱼网站发布广告、还有流量联盟推广钓鱼网站，甚至有些存在明显欺诈行为的钓鱼网站购买了搜索引擎的推广位置；而在实施钓鱼诈骗行为的环节，有专门办理假身份证、银行卡，还有4006电话等相关业务的团伙，使钓鱼网站更具欺骗性，在骗取金钱利益的同时逃避法律制裁。

在这个产业链中，第一个环节中的钓鱼网站建设变得轻而易举，目前网上存在不少的钓鱼网站部署程序，只要申请一个域名，很快就能新建一个钓鱼网站。其建设的网站大都伪装成银行网站或电子购物网站，其伪装的页面与真实网站界面完全一致，要求访问者提交账号和密码。一般来说钓鱼网站结构很简单，只有一个或几个页面，URL 和真实网站有细微差别。

目前国内主要有以下几类网站常被黑客仿冒用来钓鱼：仿冒 QQ 网站及客户端，弹出一个模仿 QQ 消息提醒窗，骗取用户的 QQ 账号和密码；仿冒邮箱登录页面，目前被仿冒居前三位的是 QQ 邮箱、163 邮箱、Gmail 邮箱；仿冒银行网站，尤以招商银行、工商银行更受青睐；此外还有仿冒支付宝、财付通等第三方支付工具；假冒淘宝等购物网站；仿冒医疗、药品网站等。

而在产业链的传播这个环节中，邮箱、QQ、手机短信已成为主要的传播方式，如仿冒银行网站的黑客通常就是利用邮箱、手机短信等方式向用户发送信息，谎称"您的银行账户有异常，请修改密码"，但当用户点击邮件里的地址，打开的就是假冒银行网站，当用户在假网站填写账号密码后，银行资金就会被窃取。而当前另一种新型的木马式钓鱼诈骗方式开始在2011 年 5 月抬头，金山安全公关经理李小光在采访向记者表示："用户只要被植入木马，不管是使用支付宝还是快钱等支付平台，在网银付款时都容易被篡改收款方，由于木马式网络钓鱼比此前的网络钓鱼更为隐蔽，因此影响面非常广泛"。

网络钓鱼日趋猖獗，没有人可以独善其身。作为中国反钓鱼联盟 APAC 创始成员单位——支付宝一直鼎力协助公安机关开展打击网络违法犯罪行动。根据当前网络钓鱼欺诈原理，专家建议用户在网络交易时遵循以下五大要诀，做好安全防范措施：一，网络交易时须遵守所在交易平台的流程。包括浏览、沟通、支付等流程环节。二，不轻信交易对方以低价或其他理由发送的站外商品页面、付款页面等。三，提高网络安全意识。确保电脑及上网时无病毒，妥善保管好自己的网络账号及密码等。了解更多关于防骗知识，可点击支付宝官方网站的"安全策略"频道。四，开通支付宝安全数字证书等安全服务，可充分保护您的账户与资金免受木马和钓鱼的威胁。五，如遭遇钓鱼，应第一时间向公安机关报案，支付宝可全力配合公安机关帮助用户挽回损失，打击犯罪分子。

（资料来源：http://tech.ifeng.com/internet/detail_2010_08/27/2341706_0.shtml）

4.1　电子商务的安全概述

随着电子商务在全球范围内普及和推广，它所涉及的商流、信息流、资金流的安全问题也引起了人们越来越多的关注。"黑客攻击"、"网络病毒爆发"、"网上诈骗"的新闻不绝于耳，安全问题已经成为制约电子商务进一步发展的瓶颈，如何建立一个安全、便捷的电子商务应用环境，对信息数据提供足够的保护，已经成影响到电子商务健康发展的关键性课题。

4.1.1　电子商务安全问题

电子商务系统的安全性并不是一个孤立的概念，它是由计算机安全性，尤其是计算机网络安全性发展而来的。由于电子商务是利用计算机网络的信息交换来实现电子交易的，所以凡是涉及到计算机网络的安全问题无疑对于电子商务都有着重要的意义。当然，电子商务的安全也存在着自身的特点。

电子商务系统的形式多种多样，涉及的安全问题方方面面，很难给出一个固定的模式，但无论怎样，一个电子商务系统的安全问题，主要应考虑以下几点。

（1）物理安全

物理安全是指保护计算机主机硬件和物理线路的安全，保证其自身的可靠性和为系统提供基本安全机制。影响物理安全的主要因素有火灾等自然灾害、辐射、硬件故障、搭线窃听、盗用、偷窃和超负荷等。

（2）网络安全

一般认为，计算机网络系统的安全问题主要来自黑客、计算机病毒和拒绝服务三方面的攻击。

①黑客攻击　黑客攻击是指黑客非法进入网络，非法使用网络资源。例如，通过网络监听获取网上用户的账号和密码非法获取网上传输的数据；通过隐蔽通道进行非法活动；突破防火墙等。

②计算机病毒　病毒与计算机相伴而生，而 Internet 更是病毒滋生和传播的温床。病毒一直是计算机系统最直接的安全威胁。计算机病毒侵入网络，破坏网络资源，使网络不能正常工作，甚至造成网络瘫痪。

③拒绝服务　拒绝服务指通信被中止或实时操作被延迟。典型的拒绝服务如"电子邮件炸弹"，它的表现形式是用户在很短的时间内收到大量无用的电子邮件，从而影响正常业务，严重时造成系统关闭，网络瘫痪。

（3）软件安全

随着计算机系统越来越复杂，操作系统和网络软件总是会多多少少留下某些缺陷和漏洞，这些漏洞和缺陷恰恰是黑客攻击的首选目标，大部分黑客攻入网络内部的事件都是因为安全措施不完善所致。另外，软件的"后门"都是软件公司的设计和编程人员为了自便而设置的，一般不为外人所知，但一旦"后门"洞开，其造成的后果将不堪设想。

（4）人员管理安全

任何一个电子商务系统安全策略的制定一方面要考虑如何防止外部对本网的攻击，另一方面也要考虑如何防止内部人员的攻击，即人员管理问题。后者在某种程度上，其复杂性和难度要远远超过前者。所以，雇员的素质、敏感岗位的身份识别、安全培训和安全检查等人员管理安全问题就成为电子商务系统安全问题的一个重要环节。

（5）电子商务安全立法

电子商务安全立法是对电子商务犯罪的约束，随着电子商务的迅速发展，应该在电子商务立法上逐渐完善，避免由于法律滞后所带来的风险。

4.1.2　电子商务安全威胁

电子商务交易双方(销售者和消费者)都面临安全威胁。从安全和信任的角度来看，传统的买卖双方是面对面的，因而保证了交易过程的安全性，很容易建立信任关系。但在电子商务过程中，买卖双方通过网络来联系，受到距离的限制，因而产生安全感和建立信任关系相当困难。

（1）卖方面临的安全威胁

卖方（销售者）面临的安全威胁主要有以下几方面。

①网络系统的安全威胁　入侵者假冒成合法用户来改变用户数据(如商品送达地址)解除用户订单或生成虚假订单。

②竞争者的威胁　恶意竞争者以他人的名义来订购商品，从而了解有关商品的递送状态和货物的库存情况。竞争者非法获取客户资料，抢夺客户。

③假冒的威胁　不诚实的人建立与销售者服务器名字相同的另一个 Web 服务器来假冒销售者，获得虚假订单，获取他人的机密数据。

④信用的威胁　买方提交订单后不付款，使卖方无法提出款项。

（2）买方面临的安全威胁

①虚假订单　一个假冒者可能会打着客户的名字来订购商品，而此时此刻真正的客户却被要求付款或返还商品，这就是电子商务中常见的身份盗窃。

② 付款后不能收到商品　在要求客户付款后，销售商中的内部人员由于网络问题或者执行过程出差错，而没有将订单和货款转发给执行部门或者商品没有送发到客户，因而使客户蒙受损失。

③ 机密性丧失　客户有可能将秘密的个人数据或自己的身份数据(个人身份号码或个人识别号、口令等)发送给冒充销售商的机构，这些信息也可能会在传递过程中被窃听。

④ 拒绝服务　攻击者可能向销售商的服务器发送大量的虚假订单来挤占它的资源，造成正常通信被中止或实时操作被延迟，从而使合法用户得不到正常的服务。

由此可见，电子商务的安全威胁几乎无处不在，解决其安全问题是当务之急。没有一个安全、稳定的环境，无论其他的技术和基础设施怎样"高度发达"，顾客和商家都不会从传统交易市场转移出来，就像建了一个最大、最豪华的商场，里面的货物应有尽有，但房子可能随时会倒塌，结果会怎么样呢？毫无疑问一定是无人光顾。

4.1.3 电子商务的安全控制要求

针对计算机网络安全存在的问题和从事电子商务活动所面临的威胁，对电子商务的安全控制问题提出了以下几点基本要求。

(1) 有效性

有效性，即能对信息、实体的有效性、真实性进行鉴别。

电子商务以电子形式取代了纸张，那么如何保证这种电子形式贸易信息的有效性和真实性则是开展电子商务的前提。电子商务作为贸易的一种形式，其信息的有效性和真实性将直接关系到个人、企业或国家的经济利益和声誉。因此，要对网络故障、操作错误、应用程序错误、系统软硬件故障及计算机病毒所产生的潜在威胁加以控制和预防，以保证贸易数据在确定的时刻、确定的地点是真实有效的。

(2) 保密性

保密性，即保证信息不会泄露给非授权的人或实体。

电子商务作为开展商务活动的一种手段，其信息直接代表着个人、企业或国家的商业机密，一旦被人恶意获取，将造成极大的危害。比如，信用卡的号码与用户名被人知悉，就有可能被盗用；订货与付款的信息被竞争对手获取，就有可能丧失商机。传统的纸面贸易都是通过邮寄封装的信件或通过可靠的通信渠道发送商业报文来达到保守机密的目的，而电子商务是建立在一个较为开放的网络环境中的，维护商业机密是电子商务全面推广应用的关键环节。我们必须预防非法的信息存取和信息在传输过程中被非法窃取。机密性一般是通过密码技术对传输的信息进行加密处理来实现的。

(3) 完整性

电子商务简化了贸易过程，减少了人为的干预，同时也带来了维护贸易各方商业信息的完整、统一的问题。

由于数据输入时的意外差错或欺诈行为可能导致贸易各方信息的差异，数据传输过程中信息的丢失、信息重复或信息传送的次序差异也会导致贸易各方信息的不同。而贸易各方信息的完整性将影响到贸易各方的交易和经营策略，保证贸易各方信息的完整性是电子商务应用的基础。因此，要预防对信息的随意生成、修改和删除，同时要防止数据传送过程中信息的丢失和重复，并保证信息传送次序的统一。完整性一般可通过提取信息的数字摘要的方式来获得。

（4）认证性

由于网络电子商务交易系统的特殊性，交易双方很可能素昧平生，相隔千里，要使交易成功，首先要确认交易者的身份。对人或实体的身份进行鉴别，为身份的真实性提供保证，即交易双方能够在互不见面的情况下确认对方的身份。商家要考虑客户是不是骗子，发货后会不会收不回货款，客户也会考虑商家是否是黑店，付款后会不会收不到货，或者收到货后质量是否能有保证，质量不好是否能投诉商家，因此，能方便而可靠的确认对方身份是交易的前提。这种认证一般都通过证书机构 CA 和数字证书来实现。

（5）不可抵赖性

在传统的纸面贸易中，贸易双方通过在交易合同、契约或贸易单据等书面文件上手写签名或印章来鉴别贸易伙伴，确定合同、契约、单据的可靠性并预防抵赖行为的发生，这也就是人们常说的"白纸黑字"。这是由于商情时刻在变化，交易一旦达成是不可否认的，否则必然会损害一方的利益。比如，订货时商品价格较低，收到订单后商品价格已经上涨，如果卖方否认收到订单的实际时间，甚至否认收到订单的事实，必然会给买方造成损失。但是，在无纸化的电子商务方式下，通过手写签名和印章进行贸易双方的鉴别与交易的确认已是不可能的。因此，要在交易信息的传输过程中为参与交易的个人、企业或国家的身份与行为提供可靠的标识。不可抵赖性可通过对发送的消息进行数字签名来获取。

（6）不可修改性

交易的文件是不可被修改的。比如上述订购商品的例子，卖方收到订单后，发现价格大幅度上升，如果把订货的数量大大减少，则可大受其利，而买方则会相应受损。在传统的纸面贸易中，双方是通过协议的一式双份，双方各执一份来防止被修改，但在无纸化的电子商务方式下，这显然也不现实。因此，必须有技术来防止电子交易文件被修改，以保证交易的严肃与公正。

（7）内部网的严密性

企业的内部网上一方面有着大量需要保密的信息，另一方面传递着企业内部的大量指令，控制着企业的业务流程。企业内部网一旦被恶意侵入，可能给企业带来极大的混乱与损失。比如，计算机黑客一旦非法闯入银行的内部网络，就可以修改存款数据，划拨资金。因此，保证内部网不被侵入，或把侵入后的损失限制在一定程度，也是开展电子商务时应着重考虑的一个问题。

4.2　电子商务的安全技术

4.2.1　信息加密技术

（1）信息加密技术概论

密码学是一门古老而深奥的学科，它对一般人来说是陌生的，因为长期以来，它只在很少的范围内，如军事、外交、情报等部门使用。计算机密码学是研究计算机信息加密、解密及其变换的科学，是数学和计算机的交叉学科，也是一门新兴的学科。随着计算机网络和计算机通信技术的发展，计算机密码学得到前所未有的重视并迅速普及和发展起来。在国外，它已成为计算机安全主要的研究方向，也是计算机安全课程教学中的主要内容。

密码是实现秘密通信的主要手段，是隐蔽语言、文字、图像的特种符号。凡是用特种符号按照通信双方约定的方法把电文的原形隐蔽起来，不为第三者所识别的通信方式称为密码通信。在计算机通信中，采用密码技术将信息隐蔽起来，再将隐蔽后的信息传输出去，使信息在传输过程中即使被窃取，窃取者也不能了解信息的内容，从而保证信息传输的安全。

有关信息加密技术的基本概念叙述如下。

① 加密和解密　加密是指采用数学方法对原始信息(通常称为"明文")进行再组织，使它成为一种不可理解的形式，这种不可理解的内容叫做密文；解密是加密的逆过程，即将密文还原成原来可理解的形式。

② 算法和密钥　加密和解密过程依靠两个元素，缺一不可，这就是算法和密钥。算法是加密或解密的一步一步的过程。在这个过程中需要一串数字，这个数字就是密钥。

③ 密钥的长度　密钥的长度是指密钥的位数。密文的破译实际上是黑客经过长时间的测试密钥，破获密钥后，解开密文。怎样才能使得加密系统牢固，让黑客们难以破获密钥呢？这就是要使用长钥。例如一个 16 位的密钥有 2 的 16 次方(65536)种不同的密钥。顺序猜测 65536 种密钥对于计算机来说是很容易的。如果 100 位的密钥，计算机猜测密钥的时间需要好几个世纪了。因此，密钥的位数越长，加密系统就越牢固。

(2) 两种不同的加密算法

目前，加密算法很多，根据密钥性质不同，可分为对称加密体制和非对称加密体制两大类。对称密码体制又被称为秘密密钥，其特点是加密密钥与解密密钥相同，对称密码体制中最有代表性的、使用最为广泛的是 1977 年由美国国家标准局颁布的 DES 算法(数据加密标准算法)。非对称密钥密码体制又名公开密钥，加密时使用加密密钥，解密时要使用不同的解密密钥，加密密钥与解密密钥不同，这种密码体制的代表是 RSA 算法。

① 对称加密体制或秘密密钥　对称加密方法的特点是无论加密还是解密都使用同一把密钥，即加密密钥和解密密钥相同。

a. 对称加密体制的工作流程。对称加密体制采用相同的加密密钥和解密密钥进行工作，这意味着双方都可以利用该密钥进行加解密。

首先加密一方对要传送的明文使用密钥进行加密，然后利用 Internet 把密文传送给接收方，再利用一条安全的途径把密钥发送给接收方，接收方利用密钥对收到的密文进行解密，从而获得明文信息。

对称密码系统的安全性依赖于以下两个因素：第一，加密算法必须是足够强的，仅仅基于密文本身去解密在实践上不可行；第二，加密方法的安全性依赖于密钥的秘密性，而不是算法的秘密性，因此，没有必要确保算法的秘密性，而需要保证密钥的秘密性。

b. 加密算法。实现对称式密钥加密技术的加密算法主要有以下两种。

其一，DES（Data Encryption Standard）算法。

DES 即数据加密标准，是 1977 年美国国家标准局颁布的加密算法。这种加密算法是由 IBM 研究提出来，它综合运用了置换、代替、代数多种密码技术，把信息分成 64 位大小的块，使用 56 位密钥，迭代轮数为 16 轮的加密算法。

其二，IDEA（International Data Encryption Algorithm）算法。

IDEA 是一种国际信息加密算法。它是 1991 年由 James Massey 和 Xueiia Lai 发明，于 1992 年正式公开的，是一个分组大小为 64 位，密钥为 128 位，迭代轮数为 8 轮的迭代型密码体制。此算法使用长达 128 位的密钥，有效地消除了任何试图穷尽搜索密钥的可能性。

c. 对称密码体制的优缺点。对称式密钥加密技术具有加密速度快、保密度高等优点。

但对称加密系统密钥是保密通信安全的关键，发信方必须安全、妥善地把钥匙护送到收信方，不能泄露其内容，如何才能把密钥安全地送到收信方，是对称密钥加密技术的突出问题。可见，此方法的密钥的分发和管理非常复杂、代价高昂。尤其多人通信时密钥的组合的数量会出现爆炸性的膨胀，使密钥分发更加复杂化，n 个人进行两两通信，总需要的密钥数为 $n(n-1)/2$，在用户群不是很大的情况下，对称加密系统是有效的。对于大型网络，当用户群很大，分布很广时，密钥的分配和保存就成了大问题。同时对称密钥体制无法进行身份鉴别。在对称密钥加密中，通信双方采用的是相同的密钥，而算法是公开的。这样一来，双方都可以创建和加密一条信息生成密文，然后声称密文是对方发送的。另外，由于双方都拥有相同的密钥，即使密文泄密，也无法判断到底是哪一方泄露了密钥。

② 非对称加密体制或公开密钥体制 1976 年，美国学者 Difffie 和 HellMan 根据单向函数的概念提出了非对称加密体制(即公开密钥体制)，引起了密码学的一场革命。公开密钥密码体制从根本上克服了传统密钥密码体制的困难，解决了密钥分配和消息认证等问题，适合于计算机网络系统的应用。

非对称加密体制的特点是加密密钥与解密密钥不同，但存在着对应关系，即用某个加密密钥加密的信息必须用与其所对应的解密密钥才能解开，但在计算上不能由加密密钥推出解密密钥(反之亦然)。我们把这样的一对密钥称为公开密钥和私有密钥，企业需要自己保存的密钥称为私有密钥，对外公布的密钥称为公开密钥。

a. 非对称加密体制的工作流程。由于非对称加密体制的工作原理是由公开密钥不能推导出私有密钥，因此企业可以把公开密钥像电话号码一样公布在网站等公共媒体上，任何生意伙伴都可以利用你的公开密钥对信息进行加密，而你在接到密文后就可以利用自己持有的私有密钥对其进行解密，由于你是唯一持有私有密钥的人，其他人即使获得了加密文件也无法解开利用，从而解决了信息的保密问题。

b. 加密算法。非对称加密体制加密算法主要是 RSA 加密算法。此算法是美国 MIT 的 Rivest、Shamir 和 Adleman 于 1978 年提出的。它是第一个成熟的、迄今为止理论上最为成功的公开密钥密码体制，它的安全性基于数论中的 Euler 定理和计算复杂性理论中的下述论断：求两个大质数的乘积是容易的，但要分解两个大质数的乘积，求出它们的素因子则是非常困难的。

c. 公开密钥加密技术的优缺点。公开密钥加密技术的优点有，第一，密钥少，便于管理，网络中的每一用户只需保存自己的解密密钥，则 n 个用户仅需产生 n 对密钥；第二，密钥分配简单，加密密钥分发给用户，而解密密钥则由用户自己保管；第三，不需要秘密的通道和复杂的协议来传送密钥；第四，公开密钥加密非常重要的优点是可以用来进行身份鉴别。其最基本的思想是，假如用甲方的公开密钥能够解密某条密文，而甲方是拥有其私有密钥的唯一人员，那么这条密文只能是甲方用他自己的私有密钥加密后发送的，也就是说，这条密文肯定是甲方发送的。这就防止了电子商务中可能发生的赖账行为。

公开密钥加密技术的缺点是加、解密速度慢。

③ 对称密钥和公开密钥的结合 非对称加密的特点是安全性好，但速度较慢，不适合对大的文件进行加密，所以在实际操作中，人们采用对称加密与非对称加密相结合的办法，具体过程是：首先用加密速度较快的对称加密方法加密明文文件，然后利用安全性较高的非对称加密方法对对称密钥进行加密，做法是利用接收方的公开密钥对对称密钥进行加密；接收方在收到密文和加密的密钥后，首先利用自己的私有密钥获得发送方的对称密钥，再利用

对称密钥解开密文文件，获得明文。此方法既保证了数据安全又提高了加密和解密的速度。

4.2.2　认证技术

（1）数字签名技术

采用了加密技术，信息传输的保密性得以解决。接下来应解决的是交易文件的完整性和不可抵赖性问题。日常生活中的书信或文件是根据亲笔签名或印章来证明其真实性的，但在网络传送的交易文件如何签名盖章呢？这就是数字签名要解决的问题。采用数字签名，应该确定以下两点：保证信息是由签名者自己签名发送的，签名者不能否认或难以否认；保证信息自签发后到收到止未做任何改动，签发的文件是真实文件。

目前的数字签名建立在公开密钥体制基础上，是公开密钥加密技术的另一应用。由于使用公开密钥加密的速度较慢，为了克服这一缺点，加密专家们又设计出了一种能快速产生短小信息来代表用户身份的方法，称为报文摘要(message digest)。报文摘要被加密后就生成数字签名(digital signature)。

生成报文摘要的常用方法是使用单道散列函数(one-way hash function，又称为 Hash 函数)。该函数的特点是输入一可变长度的报文，其输出值是一固定长度的字符串，该字符串被称为输入报文的散列值(即报文摘要)。Hash 函数输出字符串的长度可以进行调整。如果采用的是 16 位的 Hash 函数，则不论输入报文的长度是多少，输出字符串的长度都是 16 位。例如，某条报文经过 Hash 函数处理后输出的字符串可以是 CBV235MD9SAG3D67，这就是该报文的报文摘要。这种方法从数学上保证了只要改动报文的任何一位，重新计算出的报文摘要就会与原先的值不符。用于报文摘要的 Hash 函数应该满足以下几个条件：其一，对同一数据使用同一 Hash 函数，其运算结果应该是一样的；其二，Hash 函数应具有运算结果不可预见性，即从源文件的变化不能推导出缩影结果的变化；其三，Hash 函数具有不可逆性，即不能通过文件缩影反算出源文件的内容。这样如果利用 Hash 函数算法获得了消息的报文摘要，就保证了消息在传输过程中的完整性。

把 Hash 函数和公开密钥加密结合起来，可以在提供数据完整性的同时，也保证数据的真实性。完整性保证传输的数据没有被修改，而其实性则保证是由确定的合法者产生的报文摘要，而不是由其他人假冒的。

在日常生活中，通常通过对某一文件进行签名，这可以保证文件的真实有效性，也可以对签字方进行约束，防止其抵赖，并把文件与签名同时发送以作为日后查证的依据。在电子商务中，可以用数字签名作为模拟，从而为电子商务提供不可否认服务。

下面以图 4-1 示意的过程来加以说明。

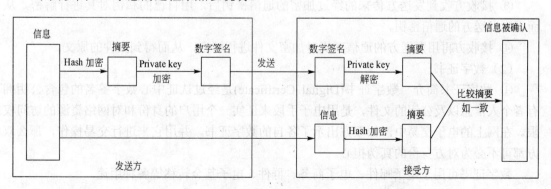

图 4-1　数字签名的流程

在图 4-1 中，信息发送方首先把他要发送的信息通过 Hash 函数处理，得到其报文摘要，并将该报文摘要用发送方的私有密钥加密，从而形成数字签名。然后，发送方将这份数字签名连同明文一同发往信息接收方。

接收方收到信息后，用发送方的公开密钥对其数字签名进行解密后，得到发送方形成的报文摘要。由于接收方能够用发送方的公开密钥对其数字签名进行解密，所以接收方就能确定信息发送方是真实的。

另一方面，在收到信息后，接收方使用与发送方相同的 Hash 函数(该函数是事先约定好的)，将发送方发送过来的明文进行转换，从而得到了另外一份报文摘要。如果这份报文摘要与通过解密得到的相同，就可以确定接收方收到的信息不仅仅是发送方发送的，而且在发送过程中没有被篡改。

从数字签名的过程可以看出，数字签名相对于手写签名在安全性方面具有如下好处：数字签名不仅与签名者的私有密钥有关，而且与报文的内容有关，因此不能将签名者对一份报文的签名复制到另一份报文上，同时也能防止篡改报文的内容。

该过程的问题是信息传送过程中使用了明文，这样就不能保证信息的秘密性。为了解决这一问题，可以采用更复杂一点的办法，用对称密钥对明文再加一次密，即采用数字信封技术。下面以图 4-2 示意的过程来加以说明。

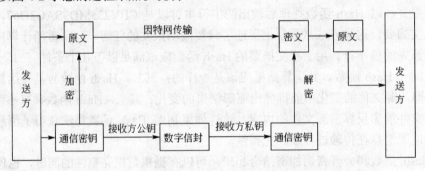

图 4-2　数字信封流程

① 在发送文件时，发送方先产生一个通信密钥，并用这一通信密钥对文件原文进行加密后，再通过网络将加密后的文件传送到接收方。

② 发送方再把对文件加密时使用的通信密钥用接收方的公开密钥进行加密，即生成数字信封，然后通过网络传送到接收方。

③ 接收方收到发送方传来的经过加密的通信密钥后，用自己的私钥对其进行解密，从而得到发送方的通信密钥。

④ 接收方再用发送方的通信密钥对加密文件进行解密，从而得到文件的原文。

（2）数字证书

① 数字证书简介　数字证书(Digital Certificate)是经过认证中心数字签名的包含公钥拥有者个人信息以及公钥的文件，是用电子手段来证实一个用户的身份和对网络资源的访问权限。在网上的电子交易中，如双方出示了各自的数字证书，并用它来进行交易操作，那么双方都可不必为对方身份的真伪担心。

数字证书可用于电子邮件、电子商务、群件、电子基金转移等各种用途。

② 数字证书的类型

　　a. 个人数字证书。个人数字证书仅仅为某一个用户提供数字证书，一般安装在客户浏览器上，以帮助其个人在网上进行安全交易操作；访问需要验证客户安全的 Internet 站点；用自己的数字证书发送带有自己签名的电子邮件；用对方的数字证书向对方发送加密的邮件。

　　b. 企业（服务器）数字证书。它通常为网上的某个 Web 服务器提供凭证，拥有 Web 服务器的企业就可以用具有凭证的 Web 站点进行安全电子交易。有数字证书的 Web 服务器会自动地将其与客户端 Web 浏览器通信的信息加密。

　　c. 软件（开发者）数字证书。它通常为因特网中被下载的软件提供数字证书，该证书用于和微软公司技术结合的软件，以使用户在下载软件时能获得所需的信息。

　　③ 数字证书的格式　数字证书采用 X.509 格式，具体字段名和意义如下：

字段名	意义
Version	版本号
Serial number	证书唯一序列号
Signature algorithm ID	签名使用算法 ID 及所需参数
Issuer name	认证中心名
Validity period	证书生效日期和失效日期
Subject (user) name	持证人姓名
Subject public key information	持证人公钥信息
Issuer unique identifier	认证中心唯一标识（仅在版本 2、3 中）
Subject unique identifier	持证人唯一标识（仅在版本 2、3 中）
Extensions	扩充内容（仅在版本 3 中）
Signature on the above field	认证中心对证书的签名

　　④ 数字证书的应用　当用户向服务器提出访问请求时，服务器要求用户提交 X.509 数字证书，收到用户的证书后，服务器利用认证中心的公钥对认证中心的签名进行解密，获得信息的散列值。然后服务器用与认证中心相同的散列算法对证书的信息部分进行处理，得到一个散列码，用此散列码与对签名解密所得到的散列码进行比较，若相同则表明此证书确实是 CA 签发的，而且是完整的未被篡改的证书。这样，用户便通过了身份认证。同样的，用户使用的浏览器也可以验证 Web 服务器的数字证书，确定服务器的合法身份。

　　（3）认证中心

　　① 认证中心概述　CA 是英文 Certificate Authority 简称，通俗地讲，就是电子身份证的意思。认证中心，又称为证书授权中心，是一个负责发放和管理数字证书的权威机构，作为电子商务交易中受信任的第三方，承担对称密钥体系中公钥的合法性检验的责任。CA 中心为每个使用公钥的用户发放一个数字证书，数字证书的作用是证明证书中列出的用户合法拥有证书中列出的公钥。CA 机构的数字签名使得攻击者不能伪造和篡改证书。在 SET 交易中，CA 不仅对持卡人、商户发放证书，还要对获款的银行、网关发放证书。它负责产生、分配并管理所有参与网上交易的个体所需的数字证书，因此是保证电子商务安全的核心环节。

　　一个完整的、安全的电子商务系统必须建立起一套完整的、合理的 CA 认证体系。CA 认证体系由证书审批部门和证书执行部门组成。

　　a. RA。RA（Release Auditing）即证书发放审核部门，它是 CA 认证体系的一个组成部分。它负责对证书申请者进行资格审查，并决定是否同意给该申请者发放证书，并承担因审核错误所引起的和为不符合资格的证书申请者发放证书所引起的一切后果，因此它应由能够承担这些责任的机构担任。

b．CP。CP（Certificate Perform）即证书发放的执行部门，它是 CA 认证体系的另外一个组成部分，负责为已授权的申请者制作、发放和管理证书，并承担因操作运营错误所产生的一切后果，包括失密和为没有获得授权者发放证书等，它可以由审核授权部门自己担任，也可委托给第三方机构担任。

② 认证中心的作用　包括证书的颁发、更新、查询、作废和归档。

a．证书的颁发。认证中心接收、验证用户(包括下级认证中心和最终用户)的数字证书的申请，将申请的内容进行备案，并根据申请的内容确定是否受理该数字证书申请。如果中心接受该数字证书申请，则进一步确定给用户颁发何种类型的证书。新证书用认证中心的私钥签名以后，发送到目录服务器供用户下载和查询。为了保证消息的完整性，返回给用户的所有应答信息都要使用认证中心的签名。

b．证书的更新。认证中心可以定期更新所有用户的证书，或者根据用户的请求来更新用户的证书。

c．证书的查询。证书的查询可以分为两类：其一是证书申请的查询，认证中心根据用户的查询请求返回当前用户证书申请的处理过程；其二是用户证书的查询，这类查询由目录服务器来完成，目录服务器根据用户的请求返回适当的证书。

d．证书的作废。当用户的私钥由于泄密等原因造成用户证书需要申请作废时，用户需要向认证中心提出证书作废的请求，认证中心根据用户的请求确定是否将该证书作废。另外一种证书作废的情况是证书已经过了有效期，认证中心自动将该证书作废。认证中心通过维护证书作废列表 CRL(Certificate Revocation List)来完成上述功能。

e．证书的归档。证书具有一定的有效期，证书过了有效期之后就将作废，但是不能将作废的证书简单地丢弃，因为有时可能需要验证以前的某个交易过程中产生的数字签名，这时就需要查询作废的证书。基于此类考虑，认证中心还应当具备管理作废证书和作废私钥的功能。基于认证中心的安全方案应该很好地解决网上用户身份认证和信息安全传递问题。总之，认证中心的建立是实现整个网络安全解决方案的关键和基础，它的建立对 Internet 上电子商务的开展具有非常重要的意义。

4.2.3　防火墙技术

（1）防火墙的概念

防火墙是应用最为广泛的一种安全手段，它是一种用来加强网络之间访问控制的特殊网络互联设备，它对两个或多个网络之间传输的数据包和链接方式按照一定的安全策略进行检查，来决定网络之间的通信是否被允许。防火墙能有效地控制内部网络与外部网络之间的访问及数据传送，从而达到保护内部网络的信息不受外部非授权用户的访问和过滤不良信息的目的。通俗地说，防火墙是在 Internet 和 Intranet 之间构筑的一道屏障，通过防火墙，来决定哪些内部服务可以被外界访问，以及哪些外部服务可以被内部人员访问。

（2）防火墙的分类

① 数据包过滤(Packet Filter)防火墙　它对通过防火墙的数据流中的每一个数据包在网络的适当位置进行分析、过滤，根据其 IP 数据包源地址、IP 数据包目的地址、封装协议类型、TCP/IP 源端口号、TCP/IP 目的端口号等，按照一定的安全策略，对进出内部网络的信息进行限制，允许授权信息通过，拒绝非授权信息通过。当一个数据包满足过滤规则，则允许此数据包通过，否则拒绝此包通过。

采用这种技术的防火墙优点在于速度快，实现方便，价格较低，易于维护，对网络性能的影响很小，因而世界上 80％的网络防火墙属于这种类型。但它的弊端也十分明显，它没有用户的使用记录，因而无法发现黑客的攻击记录，容易遭受黑客的攻击，安全性能相对较差。而且，由于不同操作系统环境下应用的服务协议类型有所不同，故兼容性差。

数据包过滤防火墙可以按照 IP 地址来禁止未经授权者的访问，但是它不适合公司用来控制内部人员访问外界的网络。对于这样的企业来说，应用级防火墙是更好的选择。

② 应用级网关（Application Level Gateway）防火墙 应用级网关防火墙技术是建立在网络应用层上的协议过滤和转发技术，针对特别的网络应用协议指定数据过滤逻辑，并可以将数据包分析结果和采取措施进行登记和统计。

它由两部分组成：代理服务器和筛选路由器。筛选路由器负责网络的互联，进行严格的数据选择，代理服务器则提供应用层服务的控制，起到了外部网络向内部网络申请服务时中间转接作用，使内部网络与外部网络之间没有直接联系。内部网络只接受代理服务器提出的服务请求，拒绝外部网络其他节点的直接请求。当外部网络向内部网络的某个节点申请某种服务时，由代理服务器根据其域名范围、时间等因素，决定是否接受此项服务。如果接受，就由代理服务器向内部网络转发这项请示并把结果反馈给申请者、否则就拒绝。根据其处理协议的功能可分为 FTP 网关型防火墙，Telnet 网关型防火墙，WWW 网关型防火墙等。

应用级网关防火墙的安全性能相对较高，但也有不足之处：首先，它会降低访问速度，因为它不允许用户直接访问网络；其次，应用级网关需要针对每一个特定的 Internet 安装相应的代理服务器软件，这使得用户不得不花时间等待新服务软件的安装。

（3）防火墙的安全策略

为网络建立防火墙，首先需决定防火墙将采取何种安全控制基本原则。

① 一切未被允许的都是禁止的 基于该原则，需要确定所有可以被提供的服务以及它们的安全特性，然后，开放这些服务，并将所有其他未被列入的服务排除在外，禁止访问。其弊端是，安全性高于用户使用的方便性，用户所能使用的服务范围受限制。

② 一切未被禁止的都是允许的 基于该原则，防火墙需要确定哪些被认为是不安全的服务，禁止其访问，而其他服务则被认为是安全的，允许访问。这种方法构成了一种更为灵活的应用环境，可为用户提供更多的服务。其弊病是，在日益增多的网络服务面前，一般很难找出网络所有的漏洞，从而也就很难排除所有的非法服务。

总之，从安全性的角度考虑，第一种原则更可取一些；而从灵活和使用方便性的角度考虑，第二种原则更适合。

（4）防火墙的功能

① 保护那些易受攻击的服务 防火墙能过滤那些不安全的服务，只有预先被允许的服务才能通过防火墙，这样就降低了受到非法攻击的风险，大大提高了网络的安全性。

② 控制对特殊站点的访问 防火墙能控制对特殊站点的访问。如有些主机能被外部网络访问，而有些则要被保护起来，防止不必要的访问。通常会有这样一种情况，在内部网中只有 E-mail 服务器、FTP 服务器和 WWW 服务器能被外部网访问，而其他则被主机禁止。

③ 集中化的安全管理 对于一个公司来说，使用防火墙比不使用防火墙可能更加经济一些。这是因为如果使用了防火墙，就可以将所有修改过的软件和附加的安全软件都放在防火墙上。而不使用防火墙，就必须将所有软件分到各个主机上。

④ 对网络存取访问进行记录和统计 如果所有对 Internet 的访问都经过防火墙，那么，

防火墙就能记录下这些访问，并能提供网络使用情况的统计数据。当发生可疑动作时，防火墙能进行适当的告警，并提供网络是否受到监测和攻击的详细信息。

（5）防火墙的局限性

防火墙是保护 Internet 免受外部攻击的极有效方式，防火墙应是整体网络安全计划中的重要组成部分，但同时必须注意到防火墙并非是万能的，防火墙具有以下局限性。

① 防火墙不能阻止来自内部的破坏　只要简单地断开网络连接，防火墙便可以阻止系统的用户通过网络向外部发送信息。但如果攻击者已在防火墙内，那么防火墙实际上不起任何作用。

② 防火墙不能保护绕过它的连接　防火墙只是设在内域网和 Internet 之间，对其间的信息流进行干预的安全设施。防火墙可以有效地控制通过它的通信，但对不通过它的通信毫无办法。例如某处允许通过拨号方式访问内部系统。

③ 防火墙无法完全防止新出现的网络威胁　防火墙是为防止已知威胁而设计的。虽然精心设计的防火墙也可以防止新的威胁，但没有一种防火墙会自动抵抗所出现的任何一种新威胁。

④ 防火墙不能防止病毒　尽管许多防火墙检查所有外来通信以确定其是否可以通过内部网络，但这种检查大多数是对源目的地址及端口号进行的，而不是对其中所含数据进行的。即使可以对通信内容进行检查，由于病毒的种类太多且病毒在数据中的隐藏方式也太多，所有防火墙中的病毒防护也是不实用的。

4.3　电子商务的安全协议

电子商务的主要特征是在线支持。为了保证在线支付的安全，需要采用数据加密和身份认证技术，以便营造一种可信赖的电子交易环境。目前有两种安全在线支付协议被广泛采用，即安全套接层 SSL（Secure Sockets Layer）协议和安全电子交易 SET(Secure Electronic Transaction)协议。

4.3.1　安全套接层协议（SSL）简介

（1）SSL 简介

SSL 协议基于 TCP/IP，可以让 HTTP、FTP 及 Telnet 等协议通过它透明地加以应用。在建立一次连接之前，首先需建立 TCP/IP 连接。SSL 连接可以看成在 TCP/IP 连接的基础上建立一个安全通道，在这一通道中，所有点对点的信息都将加密，从而确保信息在 Internet 上传输时不会被第三方窃取。SSL 协议由 Netscape 公司开发，可以实现浏览器与 Web 服务器之间的安全通信。网景、微软及多数流行的 Web 浏览器都支持 SSL 协议。

SSL 协议可以分为两个子协议：SSL 记录协议(Record Protocol)和 SSL 握手协议（Handshake Protocol）。

① 记录协议　SSL 的记录层在 TCP 层之上。在这个层中，根据 SSL 记录的负载，将信息加以分割或合并，随后将所有记录层信息用对称密钥加密，通过基于 TCP/IP 的连载将信息发送出去。

② 握手协议　握手协议用于数据传输之前。它可以进行服务器与客户之间的身份鉴别，同时通过服务器与客户协商，决定采用的协议版本，加密算法，并确定加密数据所需的对称密钥，随后采用公钥加密技术产生共享机密，用于传送对称密钥等的机密信息。每次连接时，

握手协议都要建立一个会话(session)。会话中包含了一套可在多次会话中使用的加密安全参数，从而减轻了每次建立会话的负担。然而，必须指出，SSL 中的每次连接时，在握手协议中产生的对称密钥都是独特的，这种每次更换密钥的方法显然在更大程度上确保了系统的不易攻破性。

（2）SSL 协议的安全交易过程

遵循 SSL 协议的电子商务交易过程如下：客户首先在网上浏览商品；在决定购买后向商家的服务器发出采购订单和付款信息，此时 SSL 协议开始真正介入；商家在接到顾客的订单和付款信息后，先把付款信息转发给银行，要求银行对该信息进行确认；在获得银行的认可或付款成功后，商家通知顾客购买成功并开始付货，顾客可以在得到商家通知后打印交易数据，留作凭证。

（3）SSL 提供的三种基本的安全服务

SSL 提供了以下三种基本的安全服务。

① 信息保密　通过使用公开密钥和对称密钥技术以达到数据加密。SSL 客户机和 SSL 服务器之间的所有业务都使用在 SSL 握手过程中建立的密钥和算法进行加密，这样就防止了某些用户非法窃听，即使捕捉到通信的内容，也无法破译。

② 信息完整　SSL 利用密码算法和 Hash 函数组提供信息完整性服务，确保要传输的信息全部到达目的地，可以避免服务器和客户机之间的信息内容免受破坏。

③ 认证性　利用证书技术和可信的第三方 CA，可以让客户机和服务器相互识别对方身份。为了验证证书持有者是合法用户(而不是冒名用户)，SSL 要求证书持有者在握手时相互交换数字证书，通过验证来保证对方身份的合法性。

SSL 可分为两层，一是握手层，二是记录层。SSL 握手协议描述建立安全连接的过程，在客户和服务器传送应用层数据之前，完成诸如加密算法和会话密钥的确定，通信双方的身份验证等功能。SSL 记录协议则定义了数据传送的格式，上层数据包括 SSL 握手协议建立安全连接时所需传送的数据都通过 SSL 记录协议再往下层传送。这样，应用层通过 SSL 协议把数据传给传输层时，已是被加密后的数据，此时 TCP/IP 协议只需负责将其可靠地传送到目的地，弥补了 TCP/IP 协议安全性较差的弱点。

（4）SSL 协议的优缺点

SSL 协议的优点是支持很多加密算法；另外，其实现过程比较简单，独立于应用层协议；目前被大部分的浏览器和服务器内置，实现方便。至今还有很多网上商店使用这一协议进行交易。

但是，SSL 是一个普通的加密系统，它的实现过程简单，被用来传输任何数据。由于它是一个面向连接的协议，只能提供交易中客户机与服务器间的双方认证，但在电子商务环境下，交易往往涉及多方，SSL 协议并不能协调各方间的安全传输和信任关系。而且，SSL 协议只能建立两点之间的安全连接，即是说它只保证两点之间数据的传输安全，而不能保证商家会私自保留或盗用顾客的付款信息，而这一缺陷随着网上商店数目的不断增加和信誉的良莠不齐越来越突出。因此，为了实现更加完整的电子交易，Master Card 和 Visa 以及其他一些业界厂商制定并发布了 SET 协议。

4.3.2　安全电子交易协议（SET）简介

（1）SET 简介

消费者发出的支付指令在由商户送到支付网关之前，是在公用网上传送的，这一点与持卡 POS 消费者有着本质的不同，因为从商家 POS 到银行之间使用的是专线。因此，我们必须考虑公用网上支付信息的安全性。在这种需求的推动下，VISA 和 Master Card 两家国际上最大的信用卡公司连同一些计算机厂商，包括 IBM，Microsoft 等信息产业巨头共同制定了安全电子交易协议(SET)。

SET 是针对在 Internet 上进行在线交易时保证在线支付的安全而设计的一个开放的规范。它是一项支付协议，只是在持卡人向商户发送支付请求、商户向支付网关发送授权或获取请求，以及支付网关向商户发送授权或获取响应、商户向持卡人发送支付回应时才起作用，它并不包含挑选物品、价格协商、支付方式选择和信息传送等方面的协议。

（2）SET 协议中的角色

① 消费者　在电子商务环境中，消费者通过计算机与商家进行在线交流，当决定最终购买时，消费者通过由发卡机构颁发的付款卡(例如信用卡、借记卡)进行结算。在消费者和商家的会话中，SET 可以保证消费者的个人账号信息不被泄露。

② 发卡行　发卡行是一个金融机构，为每一个建立了账户的顾客颁发付款卡，发卡行保证对每笔认证交易的付款卡进行确认。

③ 商家　商家提供商品或服务，使用 SET 就可以保证消费者个人信息的安全。接受在线卡支付的商家必须和一个收单行建立特约商户关系。

④ 收单行　收单行是一个为商户建立账户，并且处理支付卡的授权和支付的金融机构。

⑤ 支付网关　是由银行操作的，将 Internet 上的传输数据转换为金融机构内部数据的设备，或由指派的第三方处理商家支付信息和持卡人的支付指令。

SET 是针对用卡支付的网上交易而设计的支付规范，对不用卡支付的交易方式，例如货到付款方式、邮局汇款方式则与 SET 无关。另外像网上商店的页面安排，保密数据在购买者计算机上如何保存等，也与 SET 无关。

（3）SET 协议的工作原理

SET 协议的工作原理如图 4-3 所示。

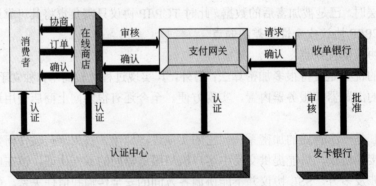

图 4-3　SET 协议的工作原理

具体工作流程说明如下。

① 消费者使用浏览器在商家酌 Web 主页上查看在线商品目录，浏览商品。

② 消费者选择要购买的商品，并放入购物篮中。

③ 消费者填写订单，包括项目列表、价格、总价、运费、搬运费、税费。订单可通过电子化方式从商家传过来，或由消费者的电子购物软件(Wallet)建立。有些在线商场可以让消

费者与商家协商物品的价格(例如出示自己是老客户的证明，或给出了竞争对手的价格信息)。

④ 消费者选择付款方式。此时 SET 开始介入。

⑤ 消费者发送给商家一个完整的订单及要求付款的指令。在 SET 中，订单和付款指令由消费者进行数字签名。同时，利用双重签名技术保证商家看不到消费者的账号信息，也保证了支付网关能确认消费者的身份。

⑥ 商家接受订单后，将确认信息及消费者的支付信息发送给支付网关。支付网关验证消费者的支付信息，确认后联系商家的收单行和消费者发卡行进行转账。转账成功后向商家返回信息。

⑦ 商家发送订单确认信息给顾客。顾客端软件可记录交易日志，以备将来查询。

⑧ 商家给顾客装运货物，或完成订购的服务。

⑨ 商家可以立即请求银行将钱从消费者的账号转移到商家账号，也可以等到某一时间，请求成批划账处理。到此为止，一个购买过程即告结束。

从第四步开始，SET 协议介入处理过程。在处理过程中，SET 协议规定的通信协议、请求信息格式、数据类型等都要严格符合。每一步操作客户、在线商家、支付网关都通过认证中心(CA)来验证通信主体的身份，以确保不会假冒。

（4）SET 协议中的核心技术

SET 协议中用到的核心技术均是我们在本章的前半部分介绍过的。

① 使用 DES 算法的对称密钥加密技术　对称密钥加密技术是 SET 加密协议的基础。银行常采用 DES 算法来加密持卡人的个人识别号码。

② 采用 RSA 算法的非对称密钥加密技术　非对称密钥技术解决了密钥的发布和管理问题，商户可以公开其公开密钥，而保留私有密钥。购物者可以用人人皆知的公开密钥对发布的信息进行加密，安全地传给商户，然后由商户用自己的私有密钥进行解密。公开密钥加密技术是 SET 协议的核心。

③ 电子数字签名（Digital Signature）　生活中时常会需要报文与签名同时发送以作为日后查证的保证。在互联网环境中，这可以用电子数字签名作为模拟。具体做法如下：

a. 将报文按双方约定的 Hash 算法计算得到一个固定位数的报文摘要值，保证了报文的不可更改。

b. 将该报文摘要值用发送者的私人密钥加密，然后将该密文连同原报文一起发送给接收者，所产生的密文即称数字签名。

c. 接收方收到数字签名后，用同样的 Hash 算法对报文计算摘要值，然后与用发送者的公开密钥进行解密获得的报文摘要值相比较，如相等则说明报文确实来自所称的发送者。

SET 协议中发送信息采用公开密钥技术，需要一对密钥；发送信息之前先用电子签名技术进行签名，又需要一对密钥。这两对密钥是完全不同的。

④ 电子信封　为了解决每次传送更换密钥的问题，人们结合秘密密钥技术和公开密钥技术的优点，提出了电子信封的概念：发送者自动生成对称密钥，用它加密原文，将生成的密文连同密钥本身一起再用公开密钥手段传送出去。接受者在解密以后同时得到了对称密钥和用它加密的密文，这样，保证每次传送都可由发送方选定不同密钥进行。

SET 协议的信息加密传送过程综合了上述四种常见手段。

发送信息时，发信人用自己的私有密钥进行电子签名；同时自己生成对称密钥，再使用收信人的公开密钥对其进行加密制作电子信封；利用对称密钥对明文和电子签名这个信息包加密；然后将加密的信息包和电子信封一同通过网络传送。

收信人首先用自己的私有密钥来解密，揭开电子信封获得对称密钥；其次利用对称密钥对被加密的信息包进行解密；最后用发送者的公开密钥核实发送方签名，并利用同一 Hash 函数对明文进行变换比较报文摘要，验证信息的完整性。

（5）SET 协议的功能

SET 结合了强大的加密功能和保证支付过程中每一步保密性和可靠性的一系列认证过程，主要包括四个方面。

① 信息的保密性和完整性　综合使用对称密钥加密技术、非对称密钥加密技术和 Hash 算法来实现信息在网络中的安全传输。

② 多方认证　一般由第三方机构负责为在线通信双方提供信用担保，通过数字签名和认证实现对交易者的身份进行确认。不仅对客户进行认证，而且要对在线商家认证，实现客户、商家、银行间的相互认证。

③ 订单信息和个人账户信息相互隔离　利用双重签名技术保证在将包括消费者账号信息的订单送到商家时，商家只能看到订货信息，而不能看到账户信息。

④ 互操作性　要求软件遵循相同协议和信息格式，使不同厂家开发的软件具有兼容和互操作功能，并且可以在不同的软硬件平台上运行。

4.3.3　SSL 与 SET 的比较

可以从以下 4 个方面来比较 SSL 和 SET 的异同。

① 认证机制　SET 的安全要求较高，因此，所有参与 SET 交易的成员（持卡人、商家、支付网关等）都必须先申请数字证书来识别身份，而在 SSL 中只有商家端的服务器需要认证，客户端认证则是有选择性的。

② 设置成本　持卡者希望申请 SET 交易，除了必须先申请数字证书之外，也必须在计算机上安装符合 SET 规格的电子钱包软件，而 SSL 交易则不需要另外安装软件。

③ 安全性　一般公认 SET 的安全性较 SSL 高，主要是因为在整个交易过程中，包括持卡人到商家端、商家到付款转接站再到银行网络，都受到严密的保护，而 SSL 的安全范围只限于持卡人到商家端的信息交换。

④ 基于 Web 的应用　SET 是为信用卡交易提供安全的，它更通用一些。然而，如果电子商务应用只通过 Web 或是电子邮件，则可能并不需要 SET。

通过以上分析，我们可以看出，SET 和 SSL 都要求使用密码技术和算法，SET 从技术上和流程上都相对优于 SSL，但是 SET 协议过于复杂，处理速度慢，支持 SET 系统的费用较大，而使用 SSL 则较为便宜（被大部分 Web 浏览器所内置）。

[本章小结]

安全问题是电子商务发展的首要问题。计算机病毒的破坏、黑客的侵袭、密码的泄露、内部人员作案等均构成对电子商务网络系统的威胁，成为电子商务推广中的最大障碍。安全问题的解决有赖于人们对电子商务系统安全性的高度重视和采取切实可行的对策。本章主要介绍了电子商务面临的安全问题；从销售商和消费者两个不同角度介绍了涉足电子商务面临的威胁；提出了电子商务的安全控制要求；介绍了对称和非对称密码加密技术、认证技术和防火墙技术电子商务的安全解决方案；最后介绍了 SSL 和 SET 两种电子商务的安全协议。

[案例研讨]

不久前，艾瑞咨询在其发布的《2009~2010 年中国电子商务行业发展报告》中称，2009年中国网络购物用户突破 1 亿，交易额规模达 2630 亿元，电子商务整体市场交易额达 34278亿元。一系列的数据证明，随着互联网应用的普及，电子商务正成为传统行业的新蓝海，会有越来越多的传统企业借助电子商务提升业绩和影响力。我国电子商务正迈向规模化应用的大道，给企业和平台提供商都提供了很好的发展契机。

不过令人担心的是，网络商务应用仍然受到各种安全因素的困扰。根据 CNCERT 的监测数据显示，仅 2010 年上半年，近六成网民访问网站遇到过病毒或木马攻击；超三成网民账号或密码曾经被盗；近九成的电子商务网站访问者担心假冒网站。这些网络问题让电子商务发展前景蒙上一层阴影。网络安全和信任问题已经成为网络商务持续深层次发展的最大制约因素，互联网向商务交易型应用的发展，急需建立更加可信、可靠的网络环境。

网站信用保障的先天缺陷

网站数量的增加，使得借助网站平台的各类欺诈、私密信息窃取事件越来越多。典型的事例包括，借助于虚假的、假冒的钓鱼网站，窃取网民的各类保密信息，给客户带来损失。随着越来越多的网络安全事件发生，本就薄弱的互联网"信任基础"在迅速倒塌。

一直以来，业务模式开放、网络构架简单都是互联网快速发展的先天优势。然而当各种网站进入到社会化全面应用阶段，面对高质量、高安全性的可信业务服务需求，互联网安全应用和意识不足的短板效应越来越暴露无遗，主要表现在业务质量保障差和安全保障差的先天性技术缺陷上。

从"可用网站"到"可信网站"

互联网缺乏业务安全保障，事实上已经成为网站业务演进和发展的绊脚石，因此，构建可信网络世界的构想便应运而生，并受到了业界和政府的关注和重视，成为未来新一代互联网发展的重点。互联网应用已经从"可用网站"走向"可信网站"，对用户来说，注册域名、建设网站、宣传推广、树立信用，将是一条完整的在线业务员发展链条，一个都不能少。天威诚信（iTrusChina）高级副总裁李延昭表示："网站安全可信要从三个角度衡量，一是身份真实可信；二是内容是安全可信的，网页、控件程序没有被植入病毒、木马；三是与其信息交互安全可靠，不会隐私信息泄露。

在"可用网络"到"可信网络"这场互联网自身颠覆性变革的过程中，技术驱动无疑将起着决定性作用。对于一个网站的运营者，应该采取相应的措施消除用户的担心和疑虑，让网站变得可信。以天威诚信可信网站服务为例，它基于网站整体安全角度出发的，全面整合了天威诚信 SSL 证书、代码签名证书、网站入侵检测等产品，可以有效帮助用户解决网站所有的外部潜在安全威胁。

可信网站的构建代表着互联网未来的发展方向。目前，高可信的互联网业务应用已经在电子政务、电子支付等领域得到体现。网络支付安全一直是公众关注的焦点，也是支付运营商关注的头等大事。而天威诚信与全国最大的独立第三方支付平台支付宝早在多年前便开始合作。网民登录支付宝交易页面时，浏览器会自动进入"https"安全加密通道，防止敏感信息外泄。为了保证客户安全、快速的完成支付，支付宝还会定期在交易平台上更新支付控件，这些控件全部经过代码签名保护，确保程序在安装前不被他人篡改，植入木马等恶意程序。通过以上安全手段，天威诚信可信网站服务实际上已为支付宝平台完成了从网站身份到程序代码的保护。

可信网站的演进之路

对于网站管理人员来说，目前网页挂马、欺诈钓鱼、恶意代码传播已经实实在在成为安全威胁。网站安全防护，仅仅针对一点的防护已很难奏效，全面考虑网站整体安全架构，才能减少日益增多的安全风险。

天威诚信李延昭表示，构建一个可信的网站，应该采取如下一些措施。首先，需要给网站安装一个可信的门牌，即安全可信的 SSL 证书（服务器证书）。从技术上看，SSL 证书是构建于公开密钥基础设施（Public Key Infrastructure，PKI）安全技术之上的一种电子身份凭证，可以用于标识一个网站的身份，这相当于给每个一个网站颁发了"身份证"，而这个身份证是具有唯一性的。网站安装了这样一个 SSL 证书门牌后，当用户访问网站时，就可以识别出网站的真实身份。

需要特别指出的是，一个网站安装了 SSL 证书（服务器证书），其实只是为网站安全防护的设置了第一道屏障，在解决网站信息安全传输和网站可信身份问题上发挥了重要作用。天威诚信作为 VeriSign 在国内 SSL 证书领域的首要合作伙伴，率先在国内推出了一项绿色地址栏技术，应用该技术的 EV SSL 证书，在反击欺诈钓鱼方面更拥有得天独厚的优势。

对于广大网民来说，如何判断一个网站是否安全呢？尤其是目前很多钓鱼网站的仿冒可以说是五花八门，其"仿真"程度可以说是五花八门，手段变化多端，"李鬼"网站充斥在众多的"李逵"网站中，甚至是只差毫厘，让人真假难辨。

一个简单的识别方式是，网民在登录网站过程中，可以仅靠地址栏的"颜色"变化就可识别欺诈钓鱼网站，即"绿色的即是安全网站"，这就是 EV SSL 证书在发挥作用。这样简单的识别方式也为广大网民降低了难度。

不过，并不能说所有应用 SSL 证书技术的网站就是绝对安全的。对于尚未采用绿色地址栏技术的网站，我们还要看 SSL 证书本身是否是可信的。因为目前，SSL 证书颁发机构也出现了鱼龙混杂的现象。从用户的角度，还要看颁发证书的机构是否具有权威性。当使用浏览器访问一个安装了 SSL 证书的站点时，若没有弹出一个关于这个站点使用的 SSL 证书的安全警告信息，则很大程度上可以说明网站配备了 SSL 证书拥有较高的可信度。另外，用户客户通过双击网站浏览器的右下角或者地址栏的右边的"小锁"标志，进一步查看证书的详细信息，比如站点的名称及所属机构，SSL 证书签发机构等信息，进一步了解 SSL 证书的可靠度。

其次，我们还需要判断数字证书认证机构对网站身份的确认过程是否严格。通常情况下，通过了扩展验证（Extended Validation，EV）认证的数字证书认证机构签的发服务器证书的过程是很严格的。EV 是针对证书认证机构的一种全球性安全认证，通过 EV 认证的证书认证机构被允许签发一种支持绿色地址栏技术的 EV SSL 证书，意味着其安全性达到了国际标准。需要提醒的是，对于用户而言，如果要确认其访问的网站是部署了 EV SSL 绿色地址栏技术的网站，需要使用最新版本的浏览器，即 IE7.0、FireFox3.0、Opera 9.5 以上版本的浏览器。

最后，一个网络站点要让用户信任，还需要采取其他相应的安全措施，确保其网页内容未被恶意篡改，未被置于病毒、木马等。这些措施包括使用网页防篡改安全技术，使用在线病毒扫描技术，以及采用入侵检测技术等，让网站更安全可信。

互联网是在对传统通信网络不断颠覆的过程中发展起来的，其终极目标是颠覆现存网络的不可控时代，真正实现"人人参与、业务自主"的发展理念。随着以天威诚信可信网站服务为代表的先进技术手段大量应用，我们已经看见了构建可信网站体系的曙光。

（资料来源：http://hi.baidu.com/falconyicb/blog/item/5b4de9f426b0e8d97931aacc.html）

问题：

1. 简述 SSL 证书技术的原理。
2. 分析为保证电子商务的交易安全，需要从哪些方面进行防范？

[思考与练习]

1. 电子商务面临的安全问题有哪些？
2. 销售商面临的电子商务安全威胁有哪些？
3. 电子商务的安全控制要求是什么？
4. 对称密码体制的优缺点是什么？
5. 非对称密码体制的优缺点是什么？
6. 电子数字签名是如何运作的？
7. 认证中心的作用有哪些？
8. 什么是防火墙？防火墙的功能有哪些？
9. 防火墙的安全策略是什么？
10. SSL 协议的优缺点是什么？
11. SET 协议应用了哪些核心技术？
12. 比较 SSL 和 SET 协议。

第5章 电子支付

[学习目标]

通过本章的学习，应了解电子支付系统的构成，掌握各种电子支付工具的概念和电子支付系统的功能，理解第三方支付平台以及目前第三方支付存在的问题，了解第三方支付的发展前景。

[引导案例]

中国加速步入电子支付时代

从电话银行到网店购物，从网上转账到境外刷卡消费……在经济全球化的趋势下，电子商务凭借便捷、低成本的优势日益深入人心，作为电子商务的核心环节，在线支付也得到了迅速发展。网络购物的流行与快递行业的火爆，预示我国已开始加速步入电子支付时代。

电子支付是与电子商务相伴而生的，两者相辅相成，目前已经渗透到经济和社会的各个层面。据悉，工信部联合央行等6部委共同起草的"电子商务十二五规划"已初步完成，将把电子支付行业作为电子商务服务业的先导和核心，促进我国从以前端零售为主的电子商务走向以全面商务协同为核心的电子商业。

数据显示，从2005年到2010年，电子支付呈现爆发式增长态势，交易额连续几年翻番增长：2008年中国电子支付的市场规模为2743亿元，2009年为5766亿元，2010年达到1万亿元，而据艾瑞咨询预测，到2012年，中国电子支付行业交易规模将超2万亿元。

在所有电子支付手段中，网上支付是发展最快的。在网民使用网上支付的原因中，"足不出户就可完成支付过程"、"节省时间并可以全天候使用"成为了网民使用网上支付的最主要理由。我国学者利用著名的科技接受模型进行研究。结果发现，在影响网上支付的满意度中，消费者对网上支付的认知易用性及有用性在很大程度上影响其满意度和继续使用的意向。

（资料来源：http://paper.people.com.cn/rmrbhwb/html/2011-02/26/content_755585.htm?div=-1）

5.1 电子支付系统

5.1.1 电子支付系统的构成

电子支付系统是电子商务系统的重要组成部分，电子支付系统指的是消费者、商家和金融机构之间使用安全电子手段把支付信息通过信息网络安全地传送到银行或相应的处理机构，以实现货币支付或资金流转的支付系统。它是融购物流程、支付工具、安全技术、认证体系、信用体系及金融体系为一体的综合大系统。电子商务支付系统的基本构成如图 5-1 所示。

客户用自己拥有的支付工具（如信用卡、电子钱包等）来发起支付，是支付体系运作的原因和起点。

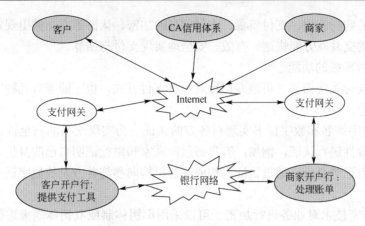

图 5-1 电子支付系统的构成

商家则是拥有债权的商品交易的另一方,他可以根据客户发起的支付指令向金融体系请求获取货币给付。

CA 信用体系是指认证机构负责为参与商务活动的各方(包括客户、商家与支付网关)发放数字证书,以确认各方的身份,保证电子商务支付的安全性。认证机构必须确认参与者的资信状况(如通过在银行的账户状况,与银行交往的信用历史记录等),因此认证过程也离不开银行的参与。

客户的开户行是指客户在其中拥有账户的银行,客户所拥有的支付工具就是由开户行提供的,客户开户行在提供支付工具的时候也同时提供了一种银行信用,即保证支付工具的兑付。在卡基支付体系中,客户开户行又被称为发卡行。

商家开户行是商家在其中开设账户的银行,其账户是整个支付过程中资金流向的地方,商家将客户的支付指令提交给其开户行后,就由开户行进行支付授权的请求以及行与行间的清算等工作。商家的开户行是依据商家提供的合法账单(客户的支付指令)来工作的,因此又称为收单行。

支付网关是公用网和金融专用网之间的接口,支付信息必须通过支付网关才能进入银行支付系统,进而完成支付的授权和获取。支付网关的建设关系着支付结算的安全以及银行自身的安全,关系着电子商务支付结算的安排以及金融系统的风险,必须十分谨慎。因为电子商务交易中同时传输了两种信息:交易信息与支付信息,必须保证这两种信息在传输过程中不能被无关的第三者阅读,包括商家不能看到其中的支付信息(如信息卡号、授权密码等),银行不能看到其中的交易信息(如商品种类、商品总价等)。这就要求支付网关一方面必须由商家以外的银行或其委托的卡组织来建设。另一方面网点不能分析交易信息,对支付信息也只是起保护与传输的作用,即这些保密数据对网关而言是透明的。

金融专用网则是银行内部及银行间进行通信的网络,具有较高的安全性,包括中国国家现代化支付系统、人民银行电子联行系统、工商银行电子汇兑系统、银行卡授权系统等。我国银行的金融专用网发展很迅速,为逐步开展电子商务提供了必要的条件。

除以上参与各方外,电子商务支付系统的构成还包括支付中使用的支付工具以及遵循的支付协议。在网上交易中,客户发出支付指令,在由商家送到支付网关前,是在公用网上传送的,为保护安全交易,就必须有支付协议的支持。目前使用比较广泛的有 SET 协议(security electronic transaction)、SSL 协议(security sockets layer)等。一般一种协议针对某种支付工具，对交易中的购物流程、支付步骤、支付信息的加密、认证等方面做出规定，以保证在复杂的公用网中的交易双方能快速、有效、安全地实现支付与结算。

5.1.2　电子支付系统的功能

对于一个支付系统而言（可能专门针对一种支付方式，也可能兼容几种支付方式），它应有以下的功能。

① 使用数字签名和数字证书实现对各方的认证　为实现交易的安全性，对参与贸易的各方身份的有效性进行认证，例如，客户必须向商家和银行证明自己的身份，商家必须向客户及银行证明自己的身份。通过认证机构或注册机构向参与各方发放数字证书，以证实其身份的合法性。

② 使用加密技术对业务进行加密　可以采用单钥体制或双钥体制来进行消息加密，并采用数字信封、数字签字等技术来加强数据传输的保密性，以防止未被授权的第三者获取消息的真正含义。

③ 使用消息摘要算法以确认业务的完整性　为保护数据不被未授权者建立、嵌入、删除、篡改、重放，而是完整无缺地到达接收者一方，可以采用数据杂凑技术；通过对原文的杂凑生成消息摘要一并传送给接收者，接收者就可以通过摘要来判断所接受的消息是否完整。若发现接收的消息不完整，要求发送端重发以保证其完整性。

④ 当交易双方出现纠纷时，保证对业务的不可否认性　这用于保护通信用户对付来自其他合法用户的威胁，如发送用户否认他所发的消息，接收者否认他已接收的消息等。支付系统必须在交易的过程中生成或提供足够充分的证据来迅速辨别纠纷中的是非，可以用仲裁签名、不可否认签名等技术来实现。

⑤ 能够处理贸易业务的多边支付问题　由于网上贸易的支付要牵涉到客户、商家和银行等多方，其中传送的购货信息与支付指令必须连接在一起，因为商家只有确认了支付指令后才会继续交易，银行也只有确认了支付指令后才会提供支付。但同时，商家不能读取客户的支付指令，银行不能读取商家的购货信息，这种多边支付的关系就可以通过双重签名等技术来实现。

5.2　电子支付工具

随着计算机技术的发展，电子支付的工具越来越多。这些支付工具仍然可以分为三大类：第一类是电子货币类，如电子现金、电子钱包等；第二类是电子信用卡类，包括信用卡、借记卡、电话卡等；第三类是电子支票类，如电子支票、电子汇款、电子划款等。这些支付方式各有自己的特点和运作模式，适用于不同的交易过程。这里主要介绍信用卡、电子现金、电子钱包和电子支票。

5.2.1　电子信用卡

（1）银行卡及其分类

银行卡是由商业银行向社会发行的具有消费信用、转账结算、存取现金等全部功能或部分功能的支付工具，也是客户用以启动 ATM 系统和 POS 系统等电子银行系统、进行各种金融交易的必备工具。

银行卡按性质分类，可分为信用卡（credit card）、借记卡（debit card）、复合卡（combination card）和现金卡（cash card）四种。其中最早发行的银行卡是信用卡，也称贷记卡，是银行向

金融上可信赖的客户提供无抵押的短期周转信贷的一种手段。发卡银行根据客户的资信等级，给信用卡的持卡人规定一个信用额度，信用卡的持卡人就可以在任何特约场所先消费后付款，也可以在 ATM 机上预支现金。依照信用等级的不同，又可细分为普通信用卡、金卡、贵客卡等多个品种。

在信用卡的基础上，银行后来又推出了借记卡。借记卡的持卡人必须在发卡行有存款。持卡人在特约场所消费后，通过电子银行系统，直接将客户在银行中的存款划拨到消费场所的账户上。除了用于消费外，借记卡也可以在 ATM 系统中提取现金，根据借记卡的使用功能，借记卡还可以分为普通借记卡、专用于转账的转账卡、用于特别用途的专用卡等。

为方便用户，银行也发行一种兼备信用卡和借记卡两种性质的复合卡，我国称之为准贷记卡。复合卡的持卡人必须事先在发卡银行存有一定金额的备用金，在持卡人持卡消费或提现后，立即作扣款操作，复合卡允许持卡人在规定的信用额度内适当透支。

现金卡与前三种银行卡不同，在现金卡内记录有持卡人在卡内持有的现金数。当现金卡的持卡人持卡消费后，商家直接从现金卡内扣除消费金额，现金卡中的现金数随即减少。因此，现金卡同现金一样可直接用于支付，只不过现金卡内的货币是电子货币。现金卡又可以分为预付卡和电子钱包卡。预付卡也称为储值卡，是持卡人预先用现金购买的，如电话卡、地铁公交卡等都属于预付卡。电子钱包卡是采用 IC 卡的一种现金卡，这种卡一般不设密码，卡内有小额电子货币，可用于小额消费。当钱包内钱用完后，持卡人可以再向钱包内存入电子货币。

(2) 基于信用卡的电子支付

软件供应商和商业银行都在积极开发基于信用卡的电子支付系统，随着安全性和支付效率的不断完善，逐渐出现了以下四种系统。

① 无安全措施的信用卡支付

a. 流程　支付系统无安全措施模型（如图 5-2 所示）是用户从商家订货、通过信用卡付款的模型，信用卡信息通过电话、传真等非网上传送手段进行传输，也可在网上传输，但无安全措施。

图 5-2　无安全措施的信用卡支付流程

b. 特点　其一，风险由商家承担，也就是由于卖方没有得到买方的签字，如果买方拒付或否认购买行为，卖方要承担一定的风险。

其二，信用卡信息若通过网络传送，没有任何安全措施，买方要承担信用卡信息在传输过程中被盗取的风险；同时商家完全掌握用户的信用卡信息，买家承担着商家把信用卡信息透露给第三方的风险。

② 通过第三方经纪人的信用卡支付　改善信用卡支付安全的一个途径是在买卖双方之间启用第三方。目的是使卖方看不到买方信用卡信息，避免信用卡信息在网上多次公开传输而导致的信用卡信息被窃取。

a. 流程　通过第三方经纪人的信用卡支付流程（如图 5-3 所示），用户在第三方经纪人处开账号，用户得到与信用卡对应的账号，经纪人持有用户账号和信用卡号。用户向商家提

交账号和订货单订货，商家将用户账号提供给经纪人，经纪人验证商家身份和账号信息，并将验证信息返还给商家，确认账号信息无误的情况下，商家确认接受订货，经纪人将信用卡信息传给银行，完成支付过程。

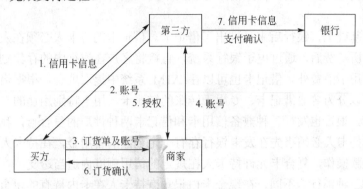

图 5-3　通过第三方经纪人的信用卡支付流程

b. 特点　其一，商家不能得到消费者真正的信用卡信息，避免商家把信用卡信息透露给外人的可能性。

其二，支付通过双方都信任的第三方经纪人完成。

其三，买方可以离线在第三方开设账户，同时选择通过电话、传真等非网上传送手段进行传输，这样信用卡信息就不会在开放的网络上多次传送，因此买方的信用卡没有被盗窃的危险。

其四，卖方信任第三方，由第三方对用户进行审核，避免卖方承担买方拒付或否认购买行为风险。

其五，支付简单，不使用加密技术，买卖双方不必为了使用此系统而添置新的硬件和软件。

其六，交易成本低，对小额交易很有吸引力。

第三方支付作为目前主要的网络交易手段和信用中介，最重要的是起到了在网上商家和银行之间建立起连接，实现第三方监管和技术保障的作用。采用第三方支付，可以安全实现从消费者、金融机构到商家的在线货币支付、现金流转、资金清算、查询统计等流程；为商家开展 B2B、B2C 交易等电子商务服务和其他增值服务提供完善的支持。这种方式的关键在于第三方经纪人，买卖双方都对它有较高的信任度，风险主要由第三方经纪人承担，保密等功能也由它实现。

③ 简单加密信用卡支付　这是现在比较常用的一种支付方式。用户只要在银行开设一个普通信用卡账户。在支付时，用户提供信用卡号码，但传输时要进行加密，当信用卡信息被买方通过浏览器窗口或其他电子商务设备时，信用卡信息就被简单加密，安全地作为加密信息通过网络从买方向卖方传递,采用的加密技术有 S-HTTP、SSL 等。这种加密的信息只有业务提供商或第三方付费处理系统能够识别，由于用户进行网上购物时只需提供信用卡号，这种付费方式给用户很多方便。但是，一系列的加密、授权、认证及相关信息的传送，使交易成本提高，故这种方式不适用于小额交易。

a. 流程　以 Cyber Cash 安全因特网信用卡支付系统为例，支付流程为（如图 5-4 所示）：Cyber Cash 客户从 Cyber Cash 商家订货后,把信用卡信息加密后传给 Cyber Cash 商家服务器；商家服务器验证接收到的信息的有效性和完整性后，将用户加密的信用卡信息传给 Cyber

Cash 服务器，商家服务器看不到用户的信用卡信息； Cyber Cash 服务器验证商家身份后，将用户加密的信用卡信息转移到非因特网的安全地方解密，然后将用户信用卡信息通过安全专网传送到商家银行；商家银行通过与一般银行之间的电子通道从用户信用卡发行银行得到证实后，将结果传送给 Cyber Cash 服务器，Cyber Cash 服务器通知商家服务器交易完成或拒绝，商家通知客户。整个过程历时 15～20s。

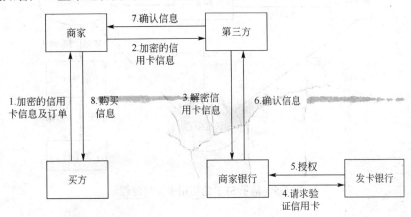

图 5-4　简单加密信用卡支付流程

b. 特点　其一，由于购物时只需一个信用卡号，给用户带来了方便。

其二，加密的信用卡信息只有业务提供商或第三方机构能够识别。

其三，签名是在注册时产生的，本身不能修改。

其四，交易过程中每进行一步，各方都以数字签名来确认身份，客户和商家都需使用 Cyber Cash 软件。

其五，需要一系列的加密、授权、认证及相关信息传送，交易成本较高。

其六，加密技术使用工业标准，使 56 位 DES（数据加密标准）和 768～1024 位 RSA 公开密钥对来产生数字签名。

④ 基于 SET 的信用卡支付　SET（security electronic transaction），是一个在开放的因特网上实现安全电子交易的国际协议和标准。SET 最初由 Visa Card 和 Master Card 合作开发完成,在保留对客户信用卡认证的前提下，增加了对商家身份的认证。SET 是以信用卡支付为基础的网上电子支付系统规范，为了满足客户、银行、商家和软件厂商的多方需求，它必须实现以下目标：第一，信息在因特网上安全传输，不能被窃听或篡改；第二，客户资料要妥善保护，商家只能看到订货信息，看不到用户的账户信息；第三，持卡人和商家相互认证，以确定对方身份；第四，软件遵循相同的协议和消息格式，具有兼容性和互操作性。由于设计合理，SET 得到了 IBM、HP、Microsoft、Netscape、GTE、Verisign 等大公司的支持，成为事实上的工业标准。

a. 流程　一次网上交易的过程包括浏览，购买，支付授权和取得支付四个过程。SET 协议定义了后面的三个过程。基于 SET 的信用卡支付流程（如图 5-5 所示）：首先，消费者通过 Internet 选定所要购买的物品，并输入订货单。在线商家接到初步订单后作出应答，并询问消费者是否有变化，如没有变化，消费者确认订单后，签发付款指令，并输入信用卡信息。在这个过程中，消费者必须对订单和付款指令进行数字签名，同时利用双重签名技术保证商家看不到消费者账号信息。然后，在线商家接受订单后，向消费者的发卡银行请求支付认可。

信息通过支付网关到收单银行，再到发卡行确认。批准交易后，确认信息返回给在线商家。商家发送订单确认信息给消费者。最后，在线商店发送货物。商家可以立即要求收单银行将钱从消费者的银行账号转移到商家的银行账号上，也可以到某一时间请求成批划账处理。

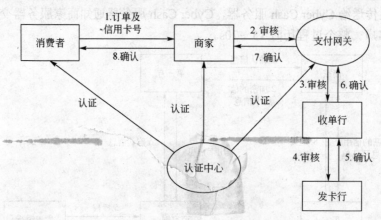

图 5-5　基于 SET 的信用卡支付流程

在整个购买和支付的处理过程中，对通信协议、信息格式、数据类型的定义等，SET 都有明确的规定。在操作的每一步，消费者、在线商店、支付网关都通过 CA 来验证通信主体的身份，以确保通信的对方不是冒名顶替。

b. 特点　交易各方之间的信息传送都使用 SET 协议以保证其安全性。SET 协议使用的主要技术包括：对称密钥加密、公开密钥加密、Hash 算法、数字签名等。SET 通过使用公开密钥和对称密钥方式加密保证了数据的保密性，通过使用数字签名来确定数据是否被篡改，保证数据的一致性和完整性，并可以防止交易方抵赖。

虽然 SET 安全性较高，但并没有得到广泛应用，只在某些地区得到比较多的支持。原因在于：SET 对于基础设施的要求高，要求各方持有数字证书，并能够互相验证。消费者使用较为麻烦，需要持有数字证书。软件实施的成本以及相应的管理和运行成本都比较高。虽然在消息验证、身份验证等方面优于 SSL，但 SSL 却由于其简单性和对基本安全要求的满足而得到广泛应用。商家之所以拒绝改用 SET，是因为 SET 集成到现有系统中的成本很高。消费者抵制 SET 或对 SET 不感兴趣，是因为他们不了解数字钱包和数字证书，不愿意把这些系统下载到自己的计算机上。

5.2.2　电子现金

巴塞尔委员会对电子现金做出定义为：电子现金是指在零售支付机制中，通过销售终端，不同的电子设备之间以及在公开网络（如因特网）上执行支付的"储值"和预付支付机制。所谓"储值"是指保存在物理介质（硬件或卡介质）中可用来支付的价值，如 Mondex 智能卡，多功能信用卡等。而"预付支付机制"则是指存在于特定软件或网络中的一组可以传输并可用于支付的电子数据，通常被称为"数字现金"，由多组二进制数据和数字签名组成，可以直接在网络上使用。这一定义包含了电子现金中的在线交易和离线交易，是较为准确、完整的定义。而由这个定义可以看出电子现金在本质上并不是货币，它只是一种主要用于零售支付的无现金的支付机制。

（1）电子现金的特性

商务中的各方从不同的角度对电子现金系统有不同的要求。客户要求电子现金方便灵活，但同时又必须要有匿名性；商家则要求电子现金具有高度的可靠性，它所接收的电子货币必须能兑换成真实的货币；金融机构则要求电子现金是有效的且只能使用一次，电子现金不能被非法复制或伪造。

匿名电子现金的流通原理，见图 5-6。消费者向发行电子现金的银行提供一个随机序列号；银行在此随机序列号上加上数字签名，然后把随机序列号、电子现金和数字签名打包发给消费者；消费者收到电子现金后，将原随机序列号剔除，但保留银行的数字签名（此时电子现金中不包含消费者信息）。消费者在使用只有银行数字签名的电子现金进行消费时，商家把电子现金发给银行，因为电子现金上有银行的签名，银行就可确认电子现金的真实性（但银行不知道谁是消费者，只知道这个电子现金是银行签发的）。

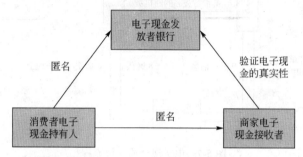

图 5-6　电子现金流通原理

电子现金应该具有以下的性质。

① 独立性　电子现金不依赖于所用的计算机系统。

② 匿名性　电子现金不能提供用于跟踪持有者身份的信息。

③ 可靠性　电子现金不可重复使用，不可复制和伪造。

④ 可传递性　电子现金可以方便地从一个人传给另一个人，并且不能提供跟踪传递的信息。

⑤ 可分性　电子现金可以用若干种货币单位，并且可像普通现金一样把大钱分为小钱。

⑥ 安全性　电子现金能够安全地存储在客户的计算机中或智能卡中，而且电子现金可以方便地在网上传输。

电子现金具有不可跟踪性，不需要连接银行网络就可以使用。从技术上讲，各个商家都可以发行电子现金，如果不加以控制，电子商务将不可能正常发展。甚至由此带来相当严重的经济金融问题。电子现金的安全使用也是一个重要的问题，包括限于合法人使用、避免重复使用等。对于无国家界限的电子商务应用来说，电子现金还存在税收和法律、外汇汇率的不稳定性、货币供应的干扰和金融危机可能性等潜在问题。有必要制定严格的经济金融管理制度，保证电子货币的正常运作。

（2）电子现金的支付过程

电子现金的支付流程如图 5-7 所示。首先，消费者和商家向金融机构（认证中心）提供身份证明进行账户申请，金融机构为合格的消费者开设账户，并向其颁发数字证书，同时也为商家开设账户。其次，消费者向其账户中存入现金，然后向银行购买电子现金（同时银行从消费者账户中减去相同的金额），同时消费者向银行支付一定的处理费。再次，消费者将电子现金存在电子钱包或智能卡上。购物时，消费者在电子商店中向商家提出使用电子现金购物的请求，商家以某种方式（如通过认证中心）对电子现金的真实性进行验证。最后，消费者接收商品/服务，并向商家支付电子现金，商家将电子现金存入银行账户，同时向银行支付一定的处理费。

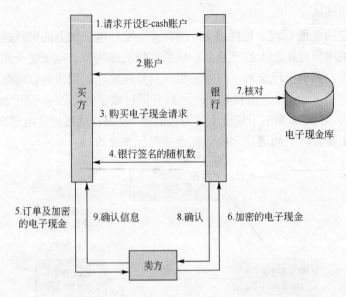

图 5-7　电子现金的支付流程

（3）电子现金支付方式的特点

① E-cash 的特点和现实中的现金一样，可以存、取和转让，适用于小的交易量。

② 银行和卖方之间应有协议和授权关系，E-cash 银行负责买方和卖方之间的资金转移。

③ 卖方、买方和银行都需要 E-cash 软件。

④ 身份验证是由 E-cash 本身完成的，E-cash 银行在发放 E-cash 时使用了数字签名，卖方在每次交易中，将 E-cash 传送给银行，有银行验证买方支持的 E-cash 是否有效。

⑤ 这种支付方式比较安全，买卖双方都无法伪造银行的数字签名，而且双方都可以确信支付是有效的，因为每一方都知道银行的公钥，银行避免受到欺骗，卖方由于拥有合法的货币避免了银行拒绝兑现，顾客避免了隐私权受到侵犯。

⑥ E-cash 与普通现金一样会丢失，如果买方硬盘出现故障或没有备份的话，数字现金就会丢失，也可能会被盗窃。

5.2.3　电子支票

（1）电子支票概念

电子支票是一种借鉴纸张支票转移支付的优点，利用数字传递将钱款从一个账户转移到另一个账户的电子付款形式。电子支票主要通过互联网或金融专线网络，用发送 E-mail 的方式传输，并用数字签名加密，进行资金的划拨和结算，电子支票结算，成本低，支付速度快，安全性高，不易伪造。一般来说，电子支票主要用于大额资金的支付，由金融机构发行使用。

（2）电子支票的支付过程

电子支票交易过程可分为以下几个步骤，如图 5-8 所示。

① 消费者和商家达成购销协议，选择以电子支票的方式支付。

② 消费者通过网络向商家发出电子支票，同时向银行发出付款通知单。

③ 商家通过验证中心对消费者提供的电子支票进行验证，验证无误后将电子支票送交

银行索付。

④ 银行在商家要求兑付时，通过验证中心对消费者提供的电子支票进行验证，验证无误后即向商家兑付或转账。

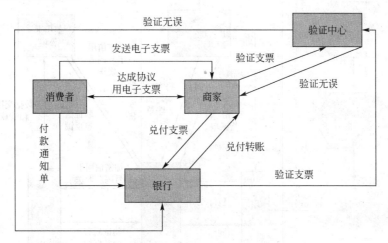

图 5-8　电子支票的支付流程

5.2.4　电子钱包

（1）电子钱包含义

电子钱包（E-Wallet）是一个可以由持卡人用来进行安全电子交易和储存交易记录的软件，就像生活中随身携带的钱包一样。电子钱包具有如下功能：第一，电子安全证书的管理。包括电子安全证书的申请、存储、删除等。第二，安全电子交易。进行 SET 交易时辨认用户的身份并发送交易信息。第三，交易记录的保存。这些记录既可以帮助所有者查询经常购买商品的最低价格，也可以帮助商家分析消费者的购物习惯。

（2）电子钱包的支付过程

电子钱包用户必须在相应的银行开立账户，使用电子钱包时，将电子钱包通过相关的电子钱包应用软件安装到电子商务服务器上，利用电子钱包服务系统把自己的各种电子货币数据输入进去，在发生收付款时，用户只需点击相应项目或图标即可完成。具体的运用过程如下所示（如图 5-9 所示）。

① 消费者选择用电子钱包支付，将电子钱包装入系统，输入用户名和口令，在确认是自己的电子钱包后，从中取出一张电子信用卡来付款。

② 电子商务服务器验证用户身份后，将信用卡信息加密，发送到发卡银行，确认用户信息和余额。

③ 发卡行确认客户的合法性后，将确认信息签名发回电子商务服务器。

④ 电子商务服务器将加密的购货账单发给商家，商家将自己的顾客编号加入到电子购货账单后，再转送到电子商务服务器上。商家对顾客电子信用卡的号码是看不见的，无权也无法处理信用卡中的钱款。

⑤ 经电子商务服务器确认这是一个合法的顾客后，将其同时送到信用卡公司和银行。在信用卡公司和银行之间要进行应收款项和账务往来的电子数据交换和结算处理。信用卡公司将处理请求再送到银行请求确认并授权，银行确认并授权后送回信用卡公司。

⑥ 如果经银行确认后拒绝并且不予授权，则说明顾客的这张电子信用卡上的钱数不够

用或者是已经透支。遭银行拒绝后，顾客可以再单击电子钱包的相应项目打开电子钱包，取出另一张电子信用卡，重复上述操作。

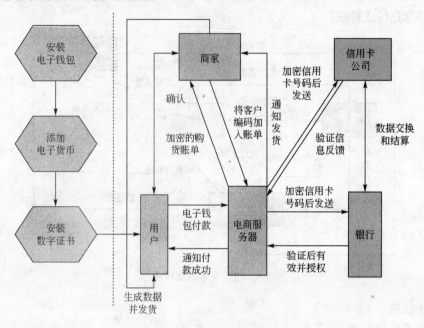

图 5-9　电子钱包的支付流程

　　⑦ 如果经银行证明这张信用卡有效并授权后，商家就可以交货。与此同时，商家留下整个交易过程中发生的财务数据，并且出示一份电子收据给顾客。

　　⑧ 上述交易成交后，商家就按照顾客提供的电子订货单将货物交到顾客手中。

　　电子钱包购物过程中间虽经过信用卡公司和银行等多次进行身份确认、银行授权、各种财务数据交换和账务往来等，但这些都是在极短的时间内完成的。实际上，从顾客输入订货单后开始到拿到商家出具的电子收据为止的全过程仅用 5~20s 时间，这种电子购物方式十分省时。而且，对于顾客来说，整个购物过程自始至终都是十分安全可靠的。在购物过程中，顾客可以用任何一种浏览器进行浏览和查看。由于顾客的信用卡上的信息别人是看不见的，因此保密性很好，用起来十分安全可靠。另外，有了电子商务服务器的安全保密措施，就可以保证顾客去购物的商店必定是真的，不会是假冒的，从而保证顾客安全可靠地购到货物。

5.3　国内第三方支付现状

　　随着网购的风起云涌，在线支付也变得炙手可热起来。由于电子商务中的商家与消费者之间的交易不是面对面进行的，而且物流与资金流在时间和空间上也是分离的，这种没有信用保证的不对称，导致了商家与消费者之间的博弈：商家不愿先发货，怕货发出后不能收回货款；消费者不愿先支付，担心支付后拿不到商品或商品质量得不到保证。博弈的最终结果是双方都不愿意先冒险，网上购物无法进行。第三方支付平台正是在商家与消费者之间建立了一个公共的、可以信任的中介。它满足了电子商务中商家和消费者对信誉和安全的要求，它的出现和发展说明该方式具有市场发展的必然需求。

5.3.1　第三方支付的特点

正如前面提到的第三方支付模式使商家看不到客户的信用卡，同时又避免了信用卡在网络多次公开传输而导致的信用卡被窃事件。买方选购商品后，使用第三方平台提供的账户进行货款支付，并由第三方通知卖家货款到账、要求发货；买方收到货物，并检验商品进行确认后，就可以通知第三方付款给卖家，第三方再将款项转至卖家账户上。

（1）第三方支付的优点

① 较之 SSL、SET 等支付协议，利用第三方支付平台进行支付操作更加简单而易于接受。第三方支付平台采用了与众多银行合作的方式，从而大大地方便了网上交易的进行，对于商家来说，不用安装各个银行的认证软件，从一定程度上简化了费用和操作。

② 第三方支付平台作为中介方，可以促成商家和银行的合作。对于商家第三方支付平台可以降低企业运营成本；对于银行，可以直接利用第三方的服务系统提供服务，帮助银行节省网关开发成本。

③ 第三方支付平台能够提供增值服务，帮助商家网站解决实时交易查询和交易系统分析，提供方便及时的退款和止付服务。

④ 第三方支付平台可以对交易双方的交易进行详细的记录，从而防止交易双方对交易行为可能的抵赖以及为在后续交易中可能出现的纠纷问题提供相应的证据。

总之，第三方支付平台是当前所有可能的突破支付安全和交易信用双重问题中较理想的解决方案。

（2）第三方支付的局限性

第三方支付被广泛地应用，但由于我国法律的不完备，并且没有建立起国家的信用体制，第三方支付的安全得不到很好的保证，还处于非常浅显的萌芽状态，支付方式也面临挑战。第三方支付还存在着很多不足，主要表现在如下方面。

① 第三方支付还不适宜在 B2B 中进行，第三方支付的应用领域第三方支付主要适合于 C2C、B2C 的部分领域。《电子支付指引》第一号对电子支付的每笔金额及累计金额做了具体的限定。虽然对于第三方支付没有过多的涉及，但是这方面的规定肯定不久就会公布。在实际应用中，B2B 交易还是以银行支付结算和商业信用为主；在 B2C 市场，将会以银行和第三方支付共存，商业信用高的、金额较大的以银行结算为主，商业信用低的或金额较小的以第三方支付为主。在 C2C 市场，因为没有可靠的诚信体系，银行结算几乎无能为力，应该以第三方支付为主。

② 支付平台流程有漏洞，不可避免的出现人为耍赖，不讲信用的情况。

③ 另外有些第三方支付平台存在安全漏洞，这些不足已成为第三方支付发展道路上必须要完善和改进的地方。

5.3.2　典型的第三方支付平台——支付宝

当前中国的第三方电子支付市场中，企业集中度非常高。非独立的第三方支付平台，如支付宝、财付通，依托自身 C2C 购物网站交易额的不断攀升以及背后集团公司的强大资源和实力支持，在商户和用户的开拓方面进展都很迅速，直接拉动其交易额规模的快速增长。研究数据显示，2007 年支付宝的交易额规模高达 476 亿元，排名第一；占整个电子支付市场近 50%的份额。

相比较而言，独立的第三方支付平台交易额规模少，但数量众多，分散在 10 家左右的主要平台上，相互之间的竞争十分激烈，表现在商户及用户的争夺，以及产品服务的创新等方面。

2007年国内第三方网上支付市场核心企业交易额规模的市场份额如图5-10所示。

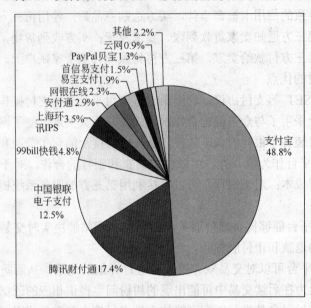

图5-10　2007年国内第三方网上支付市场核心企业交易额规模的市场份额

注：以上数据来自企业访谈，仅供参考。

提到在线支付，许多人第一个想到的就是支付宝，可见其在第三方支付领域的地位。只要申请银行卡的网上支付功能，就可以通过支付宝进行网上支付了，用户普遍的反映是支付宝的使用非常方便，到账的速度也令大多数人满意。

支付宝是阿里巴巴公司旗下网站之一，它提出"你敢付，我敢赔"服务承诺，针对网上交易推出安全付款服务，以支付宝为信用中介，在买家确认收到商品前，由支付宝替买卖双方暂时保管货款，确保了买家和卖家双方的利益。

（1）支付宝市场现状

2009年7月6日，国内最大的第三方支付平台支付宝（中国）网络技术有限公司宣布其用户数正式突破2亿大关。这不仅是国内第三方支付公司用户数首次达到2亿规模，也宣告支付宝已经超越PayPal成为全球最大的电子支付平台。

跟PayPal在全球190个国家和地区才积累了1.8亿的用户不同，支付宝主要凭借中国一个市场就达到了今天的规模。事实上，如果现在让PayPal在美国优质的诚信环境和中国巨大的潜在市场中二选其一，很难确定它是会选择生在美国还是生在中国。据GFK Group发布的数据，2008年美国电子商务销售额同比2007年增长率仅有6%。成熟市场显示出了它惯有的后劲不足的问题。而支付宝的飞速发展则跟中国网民数和网络经济的高速增长密不可分。据中国互联网络信息中心（CNNIC）发布的数据，截至2009年5月，中国网民总数达到了3.2亿，自2008年2月之后一直保持全球第一的位置。而支付宝用户数占到了网民总数的62.5%，每10个网民中就有6个支付宝用户。

2010年3月14日，支付宝又宣布其用户数正式突破3亿，这是国内第三方支付公司用户数首次达3亿规模。据支付宝公布的最新数据显示，目前有多达46万家国内独立电子商务企业使用支付宝作为网络支付工具，由此实现了日交易笔数峰值400万笔，日均交易峰值达

7 亿元的交易规模。而支付宝合作商户也进一步涵盖了包括服装、电子、机械、家居、文化等在内的几乎所有已应用电子商务的产业领域。

（2）支付宝支付流程

① 注册支付宝账号　要成为支付宝的用户，必须经过注册流程,用户须有一个私人的电子邮件地址，以便作为在支付宝的账号，然后填写个人的真实信息（也可以公司的名义注册），包括姓名和身份证号码。在接受支付宝设定的"支付宝服务协议"后，支付宝会发封电子邮件至用户提供的邮件地址，然后用户在点击了邮件中的一个激活链接后，才激活了支付宝账户，可以通过支付宝进行下一步的网上支付步骤。同时，用户必须将其支付宝账号绑定一个实际的银行账号或者信用卡账号，与支付宝账号相对应，以便完成实际的资金支付流程。

② 基于交易的进程，支付宝在处理用户支付时有两种方式。

第一种方式如图 5-11 所示。买卖双方达成付款的意向后，由买方将款项划至其在支付宝账户（其实是支付宝在相对银行的账户），支付宝发电子邮件通知卖家发货，卖家发货给买家，买家收货后通知支付宝，支付宝于是将买方先前划来的款项从买家的虚拟账户中划至卖家在支付宝账户。

图 5-11　支付宝安全交易流程

另一种方式是支付宝的即时支付功能，"即时到账交易（直接付款）"，交易双方可以不经过确认收货和发货的流程，买家通过支付宝立即发起付款给卖家。支付宝发给卖家电子邮件（由买家提供），在邮件中告知卖家买家通过支付宝发给其一定数额的款项。如果卖家这时不是支付宝的用户，那么卖家要通过注册流程成为支付宝的用户后才能取得货款。有一点需要说明，支付宝提供的这种即时支付服务不仅限于淘宝和其他的网上交易平台，而且还适用于买卖双方达成的其他的线下交易。从某种意义上说，如果实际上没有交易发生（即双方不是交易的买卖方），也可以通过支付宝向任何一个人进行支付。

（3）支付宝的优点

① 买家使用的好处。

第一，货款先由支付宝保管，收货满意后才付钱给卖家，安全放心。

第二，不必跑银行汇款，网上在线支付，方便简单。

第三，付款成功后，卖家立刻发货，快速高效。

第四，经济实惠。

② 卖家使用的好处。

第一，无需到银行查账，支付宝即时告知您买家付款情况，省力、省时。

第二，账目分明，交易管理帮您清晰地记录每一笔交易的详细信息，省心。

第三，支付宝认证是卖家信誉的有效体现。

5.3.3　第三方支付市场存在的问题和发展前景

（1）第三方支付市场存在的问题

① 法律问题　第三方支付模式不仅仅提供技术平台，它提供的服务其实类似于结算业

务，而结算业务，根据我国《商业银行法》的规定，属于商业银行的中间业务，必须经过银监会的批准才能从事。任何一个第三方支付服务商，都会尽量称自己为中介方，在用户协议的多处地方避免说自己是银行和金融机构，试图确立自身是为用户提供网络代收代付的中介地位。由于涉及类似网络交易平台的法律地位，在交易中的法律责任等很多法律问题都没有明确的立法加以规范。

目前，从我国电子商务领域的法律制度建设上来看，只有一个确立电子签名与手写签名具有同样法律效力的《电子签名法》；在规章层面上，信息产业部出台了《电子认证服务管理办法》，中国电子商务行业协会推出《网络交易平台服务规范》；另外，最近颇受关注的由中国人民银行发布的《电子支付指引》，虽然可以说是直接针对电子支付出台的规定，但是，除此之外，中国电子商务领域尤其电子支付方面的立法还有很大面积的空白地带。

② 资金吸存的隐患　在网络世界进行资金划拨，资金的安全恐怕是客户最为关心的问题。网络支付机构一般都有一种资金吸存行为，这使得它具有了类似银行的部分功能。在支付过程中，资金在第三方里面会出现一段时间上的滞留，随着将来用户数量的急剧增长，这个资金沉淀量将会非常巨大。那么，这笔庞大资金的安全，由谁来负责谁来保障？出现风险了，又由谁来控制？

中国人民银行支付结算司的相关人员表示，"资金的安全，将来可能要有些比较明确的说法。对于第三方支付服务商来说，沉淀资金不能擅自挪用，不得被侵占，是把它作为一种存款来认定，或是需要交纳一定比例的保证金来维护这部分资金的交易安全，这些都在我们的考虑之中。"

③ 税收征管问题　目前，世界上有关电子商务税收政策有两种倾向：一是以美国为代表的免税派，认为对电子商务征税将会严重阻碍这种贸易形式的发展，有悖于世界经济一体化的大趋势。美国从 1996 年开始，就有步骤地力推网络贸易的国内交易零税收和国际交易零关税方案。美国作为电子商务应用面最广、普及率最高的国家，已对电子交易制定了明确的暂免征税的税收政策，该政策的出台除对其本国产生影响外，也对处理全球电子贸易的税收问题产生了重要影响。另一种是以欧盟为代表的征税派，认为税收系统应具备法律确定性，电子商务不应承担额外税收，但也不希望为电子商务免除现有的税收，电子商务必须履行纳税义务，否则将导致不公平竞争。我国作为发展中国家，电子商务上处于初级阶段，但电子商务是未来贸易方式的发展方向，对经济增长和企业竞争有巨大影响。如何引导电子商务健康、有序发展，是我国政府亟待解决的一个重要问题。2000 年 4 月 17 日，财政部长项怀诚在北京召开的"世界经济论坛 2000 中国企业高峰会"上表示：不想放弃征税权，但又想让我国的电子商务发展更快点。他说，现在整个世界已进入新经济时代，网络、互联网信息技术对整个经济拉动作用非常大，对我国来说包括互联网在内的整个信息产业，都给予了税收的倾斜，现在已有了对信息技术的优惠政策……。最近，国家税务总局负责人表示，出于对税收中性原则和保护发展中国家税收管辖权力的考虑，我国将不会对电子商务实行免税政策。

但是，根据目前电子商务发展的状况，可以将其分为离线交易和在线交易。离线交易是指以电子媒体作为交易手段的传统商务活动，即当广告宣传、签约、货款支付等三个环节在网上实现以后，最后一个环节——商品的交易必须在网下另行配送。离线交易相对于传统商务活动而言，二者没有实质上的区别。在线交易是指伴随电子通信手段的进步而发展起来的新兴的信息服务业，商家与消费者之间不进行任何有形物的交换，交易的全部过程都在网上进行。这种交易只有能够转化为无形产品的商品（劳务）才能实现。

离线交易，并没有脱离实物的传送，它仍可按照传统的方式进行征税。但离线交易会使现行税收征收管理复杂化，进一步要求征管手段科学化。在线交易具有虚拟化、数字化、隐匿化、流动化的特点，超越了传统商务的时空限制。因此，现行税制对建立在有形贸易基础上的它是无能为力的。这不仅造成了电子商务税法上的缺位，而且也使现行税收征管手段难以发挥其应有的作用。

④ 市场竞争问题　支付公司之间的竞争最先反映在和银行关系的竞争上。能否与各大商业银行形成紧密合作，能否在和银行的谈判中将价格谈到最低，成为支付公司竞争的首要手段。但支付公司和银行之间的关系，并非只有合作。当银行不通过任何第三方支付公司，而直接与商家连接时，第三方支付公司将面临来自银行的强大竞争。除银行之外，目前我国第三方支付市场还面临四种力量的竞争，分别是潜在竞争对手、替代品生产商、客户、现有产业竞争对手。他们是驱动产业竞争的五种基本力量。第三方支付市场的五种竞争力量在市场上的博弈竞争，将共同决定该产业的平均盈利水平，这五种力量的分化组合也将对第三支付平台的发展产生深刻影响。

（2）第三方支付市场的发展前景

① 国家政策因素影响　国家政策方面，在对从事支付业务的非金融机构进行登记 1 年后，央行以 2010 年第 2 号令的形式对外发布《非金融机构支付服务管理办法》（以下简称《办法》），正式划定了非金融机构从事支付业务的准入门槛。

《办法》于 2010 年 9 月 1 日起正式施行，此前已经从事支付业务的非金融机构，应当在《办法》实施之日起 1 年内申请取得《支付业务许可证》。逾期未取得的，不得继续从事支付业务。这意味着包括支付宝、资和信等非金融机构未来必须"持证上岗"。

《办法》明确规定，对于支付机构接受的客户备付金，不属于支付机构的自有财产。支付机构只能根据客户发起的支付指令转移备付金，不得以任何形式挪用客户备付金。同时，支付机构只能选择一家商业银行作为备付金存管银行，且在该商业银行的一个分支机构只能开立一个备付金专用存款账户。业内人士认为，这一规定主要是为了保证客户资金的安全，尽管备付金进入了支付机构账户，但仍然属于客户。据了解，目前大型的非金融机构支付企业均有托管银行，在客户将资金划入支付机构账户后，支付机构会将客户资金转至银行账户。

《非金融机构支付服务管理办法》在一定程度上约束了第三方市场的准入和行为，但是随着法律法规的健全更有利与第三方市场的健康稳定发展。

② 为 3G 网络的到来做好准备　目前 3G 网络虽然已经进入了试用阶段，但要形成一定的用户群规模还需要时间和市场的培育，这也给手机支付市场带来了缓冲与发展的机会。这一领域面对的主要竞争对象是手机制造商与电信行业，因此对于支付商来说，如何将现有的支付平台和网上交易平台与手机平台结合为一体才是发展的重点，而手机技术与短信业务都只是作为辅助手段而进行的。

但这种结合并不是单纯地将网上交易平台移植到手机平台中，或者仅仅是将手机平台作为支付平台的延伸，而是利用手机平台与存储卡功能让用户能享受到购物的便捷、易操作与低成本，同时安全性的保障也是关键所在。

艾瑞咨询发布的《2009 年中国手机支付发展研究报告》数据显示，2009 年中国手机支付市场交易规模为 24 亿元，同比 2008 年的 7.9 亿元增长 202.6%，处于高速增长态势。高速增长离不开 3G 网络的发展和整体支付环境的利好，加之电信运营商、银行以及第三方支付等产业链各方对手机支付推动的战略决心。艾瑞预计在 2010～2011 年，手机支付将出现爆发式的增长，而 2012 年手机支付交易规模将有望超过 1000 亿元。支付宝、财付通、快钱、易宝、环迅等多家支付企业纷纷发布进入手机支付领域的规划，预示着手机支付将成为未来众支付企业的必争之地。

③ 第三方支付平台应开创自身独特的产品和渠道策略　产品策略方面，单纯靠收取网关服务的交易费用无法保证长期的盈利状态，不能获得和保持竞争优势。因此，技术开发、产品创新和服务拓展将是电子支付服务提供商的竞争"法宝"。这需要第三方支付商凭借技术基础，根据交易者的需求、银行可提供的服务等开发各种新的应用增值服务。此外，服务形式多元化策略是值得推荐的策略之一。多元化策略的意义是能满足更多用户的更多样支付需求，能够扩大用户基础，而这些用户基础极有可能成为电子支付的用户。渠道策略方面，电子支付产业显示出明显的"规模经济"效应，增加客户基础是盈利的关键。同时，第三方电子支付商应与各银行保持良好密切的合作关系，进而带来客户并增加交易额。

④ 第三方支付企业从网关型向服务型转化　艾瑞咨询分析网上支付行业十年发展历程后认为，第三方支付企业将加快从网关型向服务型企业转化的进程，服务转型的方向包括但不限于：支付系统定制服务、分销代理服务、金融信息服务、电子商务咨询服务。对支付企业来讲，目前行业的网关手续费空间已经很低，盈利空间小，通过增值服务的开拓，可丰富企业的盈利模式，增加营收。

不管前景怎样，推动电子商务的发展是终极目标，在此过程中，面临市场定位挑战的第三方支付商若想提高自己的地位，得到认可，就必须对金融增值服务进行精心设计，解决电子商务支付环节中产生的交易成本、适用性、方便性与有效性的问题，在电子商务发展的产业链中体现自己独特的存在价值。

[本章小结]

随着网络经济时代的到来，电子商务也在迅速崛起，成为商品交易的最新模式。作为中间环节的网上支付，是电子商务流程中交易双方最为关心的问题。

本章主要讲述了电子支付系统的构成和功能，并介绍了在电子商务交易中常用的支付工具，这些工具包括电子现金、电子支票、电子信用卡、电子钱包等，这些电子支付工具各有不同的特色和不同的技术要求，适合在特定的场合使用，这也是电子商务与传统贸易在"资金流"上的一个重要区别。最后，本章还专门介绍了几种典型的第三方支付平台，以及目前第三方支付存在的问题和发展前景。

[案例研讨]

第三方平台跻身手机支付

艾瑞咨询发布的《2009 年中国手机支付发展研究报告》数据显示，2009 年中国手机支付市场交易规模为 24 亿元，同比 2008 年的 7.9 亿元增长 202.6%，预计 2010 年中国手机支付市场规模将达到 28.45 亿元，手机支付用户总数将突破 1.5 亿户。

手机，除了能打电话、发短信、拍照片、上网，还可以"刷手机"买东西。在欧洲、日本、韩国，"刷手机"坐地铁、购物目前已相当普遍。《福布斯》调查报告显示，2008 年日本手机支付用户占总人口的 38.5%，手机支付市场规模达到 47.3 亿元人民币，占移动互联网产业总收入的 11%。目前中国拥有超过 7.8 亿手机用户，未来如果按目前日本市场手机支付用户约 40%的渗透率计算，中国手机支付用户数量可望超过 3 亿，消费市场巨大。

目前，电信运营商、银联和第三方支付在对移动支付市场的争夺正在悄然升级。

2010 年 5 月 20 日，手机支付领域再度传来佳音：中国银联宣布联合电信运营商中国电信、中国联通、全国及区域性 18 家商业银行以及多家手机制造商等相关企业和机构成立了移动支付产业联盟，通过整合各方力量，共建我国自主知识产权的移动支付标准规范和业务模式。同时，中国移动宣布一项重大资本运作，即以 392 亿元现金认购浦发银行约 22 亿股股份，中移动还与后者签订战略合作备忘录，展开在手机支付方面的深入合作。

第三支力量

随着电信运营商在线缴费业务的开展，网络化、移动化的手机、宽带、固话缴费逐渐成为继报亭、营业摊点充值卡销售之外的新型缴费渠道。有关人士分析，无论是中国移动还是银联，都希望能够把他们纳入麾下。然而在运营商和银联激战正酣之时，以支付宝和财付通为代表的第三方支付力量也是虎视眈眈。

中国联通携手支付宝正式推出通过"手机营业厅"（wap.10010.com）直接为手机、固话、宽带、小灵通提供交费充值业务，此举在电信运营商中尚属首创。

支付宝方面表示，用手机登录"手机营业厅"的账户是和互联网的支付宝账户通用，系统会自动检测用户进行充值的操作手机是否已经绑定支付宝账户，如果没有绑定，则会自动为用户的手机绑定支付宝账号，这样用户便可以享受和互联网上手机充值的方便。

为了能够更加清晰地看透当前的形势，腾讯旗下的第三方支付平台财付通于去年 5 月 21 日更是召集了手机电子商务代表、游戏运营商、游戏开发商、SP、第三方平台商、金融机构等利益相关方展开了关于手机支付行业的研讨会。

"其实当前没有人能够足够深刻地理解手机支付，就连当前关于手机支付就没有一个统一的概念，大概理解就是'通过手机发起并完成支付的电子商务活动称为移动支付'。"在会议间隙，财付通相关负责人告诉中国商报记者，"现在召集部分利益相关方，就是希望大家能共同探讨一下，看看有哪些商业契机。"

事实上，在 2010 中国移动支付产业论坛上，腾讯财付通华北区总监徐曼丽就开始吹风：腾讯手机 QQ 用户总用户数量超过 4.5 亿，规模居业界第一，日登录 1.15 亿，活跃用户数达到 2.65 亿，日新增用户超过 60 万。这么丰富的用户群体，必将为财付通在移动支付领域的发展打下良好的基础。

"财付通的手机支付功能是在 2010 年 2 月份开通的，最开始只具备账户查询、手机话费充值、开通 QQ 服务等基础服务。4 月 15 日，手机财付通新推出订购机票和水电煤缴费两项全新的应用。"目前财付通拥有的合作商家已经超过 40 万户，业务范围涵盖商旅客票、游戏点卡、消费电子、公共事业缴费等各个领域。截至 2010 年 5 月，从财付通后台统计到的数据来看，手机话费充值、电影票购买、开通 QQ 服务、充值 Q 币 Q 点等 4 项业务是用户通过手机财付通使用得最多的服务。值得一提的是，财付通手机支付的后续动作更称得上是猛药：在手机财付通上开通彩票购买、游戏点卡充值等新的应用，为用户提供更全面细致的服务；为手机财付通用户新增信用卡支付、手机网络银行支付两种新的支付方式；基于 iPhone、Andriod 系统的手机支付程序，力争在年内会推出。

远程支付的优势

"运营商、中国银联加大发展手机支付的策略，将在一定程度上冲击第三方手机支付的发展。"业内人士曾经这样判断，由于手机和运营商之间有着天然的捆绑性，第三方手机支付在既无政策倾斜又无资源优势的环境下更加容易被边缘化。大型第三方手机支付可能被收购，而中小型第三方手机支付可能会被淘汰。

而来自易观国际分析师王留生的观点，"移动电子商务或许会给第三方手机支付公司留存发展空间。"他认为，随着 3G 技术等的发展，移动电子商务未来大有可为，第三方支付可以借鉴在 PC 上发展的经验来发展手机支付。

同时，第三方在手机支付上的商机也被艾瑞咨询发现。艾瑞咨询 5 月 16 日发布报告称，今年第一季度中国电子商务交易额破万亿元，网购超千亿元。报告指出，第三方支付交易规模增长率回升，在各领域的渗透率逐渐提高，使交易规模稳定增长，并且支付宝、财付通仍占据市场领先地位，运营商差异化发展是必然趋势。

随着网上支付渗透到居民日常生活的各个领域以及企业结算的各个环节，第三方网上支付市场将继续保持高速增长的态势。第三方支付企业的竞争策略将从提供网关向提供整体解决方案的行业深耕策略转变。出于改善用户体验以及共同促进产业发展的考虑，银企合作程度将进一步加深。

另据业内人士介绍，在产业链模式方面，移动支付会存在两种模式：第一种由移动运营商主导，在这种模式下主导深入产业链的组合；第二种是第三方独立支付主导，第三方支付平台和移动支付平台为终端用户提供服务。

移动支付从距离上可分为现场支付和远程支付，中科院声学研究所研究员、电信专家侯自强曾经公开表示，手机远程支付方式必然会盛行起来，而第三方支付正好为远程支付提供了载体。

随着应用场景的日益丰富，将第三方支付企业在网上支付的优势平移至手机支付领域，以移动电子商务为依托，手机支付将向生活的各个领域渗透。待到航空、商旅、电信运营、游戏、百货、物流、教育等行业都有相关的应用场景之后，手机支付必将席卷整个电子商务领域。

（资料来源：http://b2b.toocle.com/detail—5184727.html）

问题：

1. 在 3G 网络环境下，支付宝和财付通的手机支付有什么特点？
2. 手机支付的发展前景如何？

[思考与练习]

1. 电子货币的概念是什么？
2. 什么是电子支票，电子支票的支付流程是什么？
3. 电子支付系统的构成要素有哪些？
4. 电子支付系统的功能是什么？
5. 简述支付宝的支付流程。
6. 简述第三方支付市场存在的问题。

第6章 网络金融

[学习目标]

通过本章的学习，应了解网络银行的功能和业务，了解网络证券的发行与交易，掌握网络银行的概念、特点以及网络银行的模式，理解网络证券和网络保险的内涵，理解网络证券给证券市场带来的优势，理解网络保险的各种模式。

[引导案例]

交行业务将首次上淘宝网售卖

人民网上海 2011 年 5 月 10 日电（记者谢卫群）交通银行与阿里巴巴集团今天在上海签署全面战略合作协议。借此，交行未来两年的电子银行服务业务比例将提高到 70%以上。交行业务也将首次上淘宝网，让淘客尽情淘宝。金融服务进入互联网售卖由此拉开序幕。

根据协议，双方将以电子支付为基础，以中小企业在线融资为亮点，以电子银行与电子商务服务深度融合为出发点，探索新型合作经营模式。据悉，双方将以合作多年的电子支付为本次战略合作的基础，于近期联合推出快捷支付合作，探索将银行服务与第三方电子商务网站服务相融合的新型服务模式，并在手机支付、中小企业在线融资等众多方面优势互补，积极开展合作。

快捷支付是支付宝联合商业银行最新推出的创新服务，是双方重视客户体验与支付成功率的创新性产品。通过快捷支付可以使太平洋卡持卡人简单、安全地完成网上支付，网上支付的成功率将从原先的 60%左右大幅提升到 90%以上，这是银行卡网上支付成功率所达到的一个新高度。

在双方此次合作中最值得一提的是，交通银行将创造性地将银行的服务与阿里巴巴集团旗下淘宝网进行深度融合，为交通银行的客户提供综合性金融服务。此外，交行还拟将中小企业在线贷款的旗舰产品"e 贷在线"与阿里巴巴的中小企业服务相结合，帮助阿里巴巴的中小企业客户了解和购买交通银行个人、中小企业信贷产品以及其他相关金融服务产品，实现全自助式的在线贷款申请，共同应对与解决中小企业融资难问题，携手与中小企业共同成长。

"交行自己的网站是客户找银行，而在淘宝上开店就是银行找客户。"交通银行电子银行部相关负责人解释称，在淘宝上开设的旗舰店，将可以提供理财产品、贷款及在线咨询等服务，希望交行旗舰店能在一两个月后正式上线。

阿里巴巴集团旗下各分支均占据中国电子商务的领军位置，支付宝占据国内第三方支付市场一半份额，2010 年，支付宝在交行的网上支付交易量即高达 177 亿元人民币，已是交行最大规模的第三方支付合作商；而淘宝网和阿里巴巴分别是国内最大的 B2C（商家和客户）和 B2B 电子商务平台。

交通银行相关负责人表示，在互联网时代，信息化和电子商务的发展正在改变传统的经济形态，客户需求发生了深刻的变化。为应对这一变化，近几年交通银行致力于提升电子银行服务能力，提出未来两年要将电子银行服务的业务比例提高到 70%以上。

阿里巴巴集团方面表示，交通银行是国内历史最悠久的银行之一，金融快线、e 动交行等电子银行产品与服务的推出彰显了交通银行对互联网业务和电子商务市场的重视程度，以及在服务客户、把握时代潮流方面的高度敏感和创新意识，集团旗下的支付宝、淘宝、阿里巴巴都将积极和交通银行深化合作，帮助银行和用户基于网络平台实现对接。相信双方的合作对于用户、电子商务企业和银行都将带来深远影响。

（资料来源：http://finance.people.com.cn/money/GB/14602640.html）

6.1　网上银行

网络银行依托迅猛发展的计算机和计算机网络与通信技术，利用渗透到全球每个角落的因特网，把银行的业务直接在因特网上推出。

6.1.1　网络银行的内涵

（1）网络银行概念

网络银行（Internet bank，net bank，electronic bank，digit bank，cyber bank，virtual bank），又称网上银行、虚拟银行，它实际上是银行业务在网络上的延伸，它是采用因特网数字通信技术，以因特网作为基础的交易平台和服务渠道，在线为公众提供办理结算、信贷服务的商业银行或金融机构，是建立在现代因特网技术基础上的虚拟银行柜台。用户可以通过个人电脑、掌上电脑、手机或者其他数字终端设备，采用拨号连接、专线连接、无线连接等方式，登录因特网，享受银行所提供的各项服务。

网络银行和电子银行并不是同一个概念。电子银行是指商业银行利用计算机技术和网络通讯技术，通过语音或其他自动化设备，以人工辅助或自助形式，向客户提供方便快捷的金融服务，如自动柜员机（ATM）、POS 系统、无人银行等银行服务形式都是属于电子银行的范畴。网络银行可以看作是利用因特网技术的一种电子银行形式。

（2）网上银行与传统银行的比较

网上银行这一新生力量给银行业注入了新的活力，它代表了未来银行的发展方向，但是同时也给银行业带来了巨大的挑战。与传统银行比较，网上银行的区别与优势主要体现在以下几个方面。

① 挑战传统银行理念　首先，网上银行将改变传统银行经营理念。网上银行的出现将改变我们目前对银行经营方式的理解以及对国际金融中心的认识，一系列传统的银行经营理念将随之发生重大转变。例如，一直被当作银行标志的富丽堂皇的高楼大厦将不再是银行信誉的象征和实力的保障，那种在世界各地铺摊设点发展国际金融业务和开拓国际市场的观念将会被淘汰，发展金融中心必须拥有众多国际金融机构的观念及标准也将发生重大调整。网上银行的竞争重点在服务的好坏以及安全性的高低上。

其次，网上银行将改变传统的银行营销方式和经营战略。网上银行能够充分利用网络与客户进行沟通，从而使传统银行营销以产品为导向转变为以客户为导向。能根据每个客户不同的金融和财务需求"量身定做"个人的金融产品并提供银行业务服务，最大限度地满足客户日益多样化的金融需要。网上银行突破了时空局限，改变了银行与客户的联系方式，从而削弱了传统银行分支机构网点的重要性，取而代之的将是能够进行银行业务的电脑。

② 网上银行具有低成本、高效率的优势 在传统银行的运营中，营业点的租金和银行员工工资占最大的比重，而网上银行则通过计算机和网络处理客户要求，不需要依赖密集的分支行网点，还可以节省下大量的人力资源，减少成本。正因为如此，网上银行才有可能在低成本下提供和传统银行一样甚至更优的服务。

a. 降低银行服务成本。现代商业银行面临资本、技术、服务和管理水平等全方位的竞争，各家银行不断推出新的服务手段如电话银行、自助银行、ATM、客户终端等在不断运用高新技术的基础上，使成本进一步降低。而综合来看网上银行的服务费用大约只是普通营业费用的 1%，如表 6-1 所示。这主要是由于其采用开放技术和软件，利用电子邮件提供服务，使开发和维护费用都极大地降低。例如信用卡业务是与计算机及其网络系统结合紧密的银行业务，对于信用卡申办人，均可通过网络提出申办意向，这样可大大方便客户，缩短从申请到领卡的时间。持卡人也可以通过网络查询自己的账户余额和用卡明细，这一功能可替换当前的电话银行系统，并比电话银行系统更直观和快捷。对于那些有 E-mail 地址的客户，银行每月可通过 Internet 向他们提供对账单，一方面提高了银行的工作效率，节约纸张，另一方面，也可让客户更快地收到信息。随着 Internet 的迅速发展，网上购物将变得越来越普及。顾客可以通过 Internet 浏览商家在网上展示的各种商品，据此选购自己喜爱的商品，顾客所需做的仅仅是在 PC 机上输入自己的信用卡号码和密码。有了网上银行，人们就可以直接得到支付、转账等银行服务。因此，网上银行能够比电话银行、ATM 和早期的企业终端服务提供更生动、灵活、多种多样的服务。与营业点相比，网上银行提供的服务更加标准化、规范化，避免了由于个人情绪及业务水平不同而带来的服务质量的差别，可以很好地提高银行服务质量。

表 6-1　银行各种服务方式成本对比

银行服务方式	完成每笔交易的成本/美元	银行服务方式	完成每笔交易的成本/美元
营业点	1.07	ATM	0.27
电话银行	0.54	网上银行	0.01

b. 降低银行经营成本和维护费用。开办一个网上银行，所需的成本只是电脑硬件、软件及少量智能资本。而传统银行的开办则需要大量土地、资金、人力和建筑，相比之下开办一个网上银行的成本要低得多，如表 6-2 所示。客户端采用的是公共浏览器软件，而不需银行去维护、升级，这样可以大大节省银行的客户维护费用，而使银行专心于服务内容的开发。由于客户使用的是公共 Internet 网络资源，银行避免了建立专用客户网络所带来的成本及维护费用。

表 6-2　网上银行与传统银行经营成本对比

项　目		传统银行	网上银行
经营成本占经营收入的百分比		60%	15%～20%
开办银行成本/万美元	基本成本	150～200	100
	附加经营成本	35～50	

c. 降低客户成本。客户只要连接 Internet 便可享受银行服务，并且服务跨越时间和空间限制。另外，网上银行可以发布银行的广告、宣传材料及公共信息。例如银行的业务种类、处理流程、最新通知、年报等信息，这是网上银行最基本、最简单的功能；实现客户在银行各类账户信息的查询、及时反映客户的财务状况；实现客户安全交易，包括转账、信贷、股票买卖等。而这些资料的获得都是免费的。

③ 可以更大范围内实现规模经济　在网上银行建设初期，由于需要大量的计算机软硬件投入和网络建设，所以难以一蹴而就。随着整个信息产业特别是网络规模的发展，银行将随之迅速完成庞大的网络建设，就可以以相当低的成本，大批量的迅速处理大量地金融业务，实现大范围的规模效益。网上银行打破传统银行网点扩张的地域限制，甚至打破国籍限制，能够在全球范围内提供金融服务。

④ 网上银行拥有更广泛的客户群体　由于不受时间和地域限制进行银行业务，客户可以随时随地地在网上处理个人财务，因此可以吸引很多原来不愿意到银行办理业务的客户，产生很大的潜在客户群。

⑤ 网上银行将会使传统的银行竞争格局发生变化　网上银行的全球化服务，正使金融业全面自由和金融市场全球开放，银行业的竞争不再是传统的同业竞争、国内竞争、服务质量和价格竞争，21 世纪的银行业竞争将是金融业与非金融业、国内与国外、网上银行与传统银行等多元竞争格局。网上银行可能通过网络将触角伸向全世界，把眼光瞄准全球，把地球上每个公民都作为自己的潜在客户，去争取未来市场的每点份额，这就使银行竞争突破了国界，演变为全球性竞争。

由于网上银行进入的壁垒相对较低，网上银行将为中小银行提供可以和大银行相对平等条件下竞争的机会。因为借助 Internet 提供银行服务，只要能提供足够的技术处理能力，不论银行大小，都是处在同一起跑线上的。网上银行将吸引大批高层次客户。网上银行带来的是深受客户欢迎的，高质量低价格的服务。如在英国，网上银行信用卡利率明显低于其他商业银行存款利率，而且网上银行信用卡保证赔偿客户的信用卡诈骗损失。这种服务势必会提高网上银行在同业竞争中的实力，吸引一大批传统银行的"黄金客户"。据预测，那些不提供 Internet 服务的银行，将在未来 5 年中，每年流失约 10%的客户。可见，网上银行将使 21 世纪的银行竞争由表层走向深层，由一元化（同业内）走向多元化（同业内外、国内外、网内外）。

6.1.2　网上银行的模式

从目前全球网络银行的现状看，网络银行的建立模式有设立全新网络银行和传统银行开展网络银行服务两种。

（1）建立全新的网络银行

这类银行所有的业务交易依靠因特网进行，没有传统的营业网点，直接建立在 Internet 上的网上银行，这是一种虚拟银行的形式，如美国的安全第一网上银行（SFNB），它开创了虚拟银行的先河。该银行于 1995 年在因特网上建立，它采用一种全新的服务手段，用户只要键入其网址，屏幕上就显示出类似普通银行营业大厅的画面，其上有"开户"、"个人财务"、"咨询台"、"行长"等柜台，还有一名保安。用鼠标点击要去的柜台，客户就可遵照屏幕上的提示，进入自己所需的领域。这样，客户不出户就可进行存款、转账、付账等业务活动。

（2）传统银行开展网络银行服务

传统的银行以其现在银行专用网络系统与 Internet 联网，提供互联网服务，为客户提供账户查询、资金转账等金融服务。到目前为止，我国开办的网络银行业务都属于这一种。

传统银行开展网络银行可采用两类模式：一类是建立一个网上分支机构，该机构并不独立，但是被配置最强的人力和财力资源，往往拥有特别的授权突破原有体制框架开展业务。另一类模式，即建立一个独立的机构经营网上业务，称作纯网络银行，这个机构可以有独立的品牌、独立的经营目标，甚至可以与传统银行自身展开竞争。花旗银行采取了这种模式，建立了独立的电子花旗（e-Citi）。

两种模式各有优劣势，网上分支机构可以依靠母体银行的客户群来开拓业务，但却不能不受到母体银行原有体制框架、技术框架的限制。纯网络银行则不受这些限制，不用考虑如何与母体银行庞大而迥异的计算机系统进行费力的联结，自己的品牌也不受客户对母体银行好恶的影响，并可提供比母体银行更多的产品和服务。

6.1.3 网上银行的功能和业务

（1）网络银行的功能

一般来说，网络银行具有四大功能。

① 访问功能　银行雇员和客户之间可以通过 E-mail 相互联络，提供交互式的信息查询。客户可以在他们方便的任何时候向银行咨询有关信息。比如股票分析和金融新闻。

② 展示功能　主页体现了银行展示的和被访问的界面，内容包括行史、业务范围、服务项目、经营理念等，以及发布展示客户比较关心的利率、汇率、行情等需要及时更新的信息。

③ 综合功能　为客户提供信息，以及各种存贷款业务、支付、转账等在线交易，并处理客户的报表等。

④ 超越地域时间限制功能　客户可以在家里享受银行的"3A"式服务，即在任何时候（Anytime）、任何地方（Anywhere）、任何方式（Anyhow）为客户提供全方位的服务。银行没有围墙，一步到位地成为跨国银行，世界各地的居民都是网络银行的潜在客户，全世界的人都可以通过因特网向网络银行购买服务。

（2）网络银行的业务

网络银行业务可以分为企业银行业务和个人银行业务。

① 网上企业银行服务主要包括如下内容。

a. 账务查询。如活期账户、定期账户、协定存款、协议存款等的查询（余额、明细及相关信息等的查询）。

b. 凭证状态查询。

c. 通知存款的支取通知和查询。

d. 各类转账业务，如同城转账、异地转账、汇票申请、预借差旅费、代发工资等。

e. 贷款业务，包括贷款申请、贷款信息、贷款明细、贷款额度等的查询。

f. 外汇业务和结汇业务。

g. 集团服务。总公司对子公司的账户余额、明细和相关信息的查询，总公司和子公司之间的资金划转。

h. 金融信息增值服务，如投资银行服务等。

② 网上个人银行服务主要包括如下内容。

a. 账务查询，包括定期、活期、银行卡等账户的查询，同一客户内部账户之间的资金互转。

b. 贷款业务，包括贷款信息和明细查询，质押贷款的发放。

c. 中间业务，如充值服务、银证转账、代缴各种费用等。

d. 外汇业务，如外汇买卖查询、外汇即时买卖、挂盘买卖、外币兑换业务等。

e. 国债业务，如债券信息查询和买卖。

f. 其他服务，如账户挂失、密码修改、个人资料修改等。

2009 年，我国商业银行网上支付、电话支付和移动支付合计 55.67 亿笔，金额 357.45 万亿元，同比分别增长 81.04% 和 24.85%。其中，网上支付业务仍居主体地位，共计 49.83 亿笔、351.06 万亿元，同比分别增长 91.21% 和 33.16%，分别占电子支付业务量的 89.51% 和 98.21%。

另外，2009 年全国企业网银用户比例为 40.5%，全国城镇人口个人网银用户比例达 20.9%。在网银用户攀升的同时，随着用户对网银功能的进一步了解和更多尝试，用户使用网银活跃度也有所提升，个人用户人均每月使用网银次数从 2008 年的 5 次增长至 2009 年的 5.6 次，企业用户每月使用网银次数从 10.3 次增长至 11.3 次。

中国人民银行网银跨行支付清算系统建成运行后，我国网上银行支付处理更加高效，有效支持我国新兴电子商务的快速发展。

6.2 网络证券

6.2.1 网络证券的概念和优势

（1）网络证券的概念

网上证券是电子商务条件下的证券业务的创新，网上证券服务是证券业以因特网等信息网络为媒介，为客户提供的一种全新商业服务。网上证券包括有偿证券投资资讯（国内外经济信息、政府政策、证券行情），网上证券投资顾问，股票网上发行、买卖与推广等多种投资理财服务。

（2）网络证券的优势

网络证券业务之所以发展如此迅速，关键在于网络提供了一个全方位金融服务的平台，不管是券商还是投资者，借助网络都可以在最短时间获取尽可能多的商业信息，借助因特网，券商可以为投资者提供一个最为便捷的全方位服务平台，向投资者提供最为周到的证券服务。伴随着越来越多的企业、个人对因特网接触、认知和使用程度的加深，券商利用因特网广泛开展网络证券业务的基础越来越广泛，空间也越来越大，网络证券业务的优势也越来越明显。

① 信息优势 券商通过在网上发布信息和电子邮件发送信息，可以在极短的时间内向所有客户传递几乎没有数量限制的信息。通过网上设置的数据库，客户随时可以便捷地查询有关券商、证券市场、板块、个股等所有信息，掌握全面的背景资料。这是传统交易方式所无法比拟的。

② 成本优势 根据美国在 20 世纪 90 年代末所作的统计和分析，网上交易的头几年，网上公司间的竞争使交易费率大幅降低。排名在前十位的网上公司收取的平均交易费目前稳定在每笔交易 15.75 美元，一些网上公司甚至将交易费率降得更低，特别是对那些交易最频繁的客户。美国的经验表明，网上交易的推广可以使得交易成本降低到传统方式的 1/15 到 1/10。

③ 时空优势 投资者可以不受空间、时间的限制，只需开户一次即可长期操作。目前，券商营业部的客户大多受地域限制，而因特网最大的特点就在于开放性，网上交易不再受制于固定的营业场所或渠道，投资者可以在全球范围内任何能上网的地方完成交易，任何能上网的投资者都可以成为潜在客户。

④ 无限扩张优势 券商在佣金费率放开的情况下，相互之间竞争更加激烈，那些试图占领竞争制高点的券商更乐意通过提供更多服务以吸引客户。券商服务质量的差别主要集中在获取信息的难易、服务价格和信息来源这几方面。目前最重要的趋势似乎是通过提供全方位服务寻求建立网上业务，而一些券商则试图提供离线服务。

在证券经纪业务由卖方市场转向买方市场，并进一步向智能化、咨询化的方向发展的背景下券商开展网上证券交易业务就倍显重要。当更多投资者选择网上交易后，券商可在以下情况下利用技术向投资者进行针对性网上服务，如买卖操作建议，券商可以根据客户要求有针对性地提出操作建议；咨询专家，可以利用网络快速回答客户的疑问，为客户创建个性化交易组合提供建议和分析；代客理财，通过网络信息交换量大快捷的优势，为投资者理财提供最为快速的服务。

6.2.2　网络证券的发行和路演系统

在一定的意义上讲，证券的发行可以看作是证券交易的一种特殊方式。在证券交易中，买方和卖方都是不确定的投资者，而在证券发行中，卖方是确定的，即证券发行公司委托的主承销商。换言之，证券发行就是证券发行者通过承销商与投资者进行的交易。随着信息技术的加速创新和应用，因特网在我国证券市场上正发挥着越来越广泛的影响。除了二级市场上迅速发展的网上交易之外，一级市场的证券发行正以路演为切入点，逐步向网上延伸。利用因特网这一连接证券投资者的新媒介和相应的技术基础，证券发行的市场覆盖面大大拓广，其信息交互内容也更加丰富，为提高证券发行效率、降低交易成本提供了有利条件。

（1）网上证券发行系统

在我国，以股票为主要内容的证券发行业务在探索中发展，经历了发售认购证、与银行存款挂钩配售、上网竞价发行、上网定价发行、上网定价与二级市场配售相结合等发行方式的演变。经过 10 余年实践，目前基本采用上网定价发行方式。上网发行是指主承销商利用证券交易所的交易系统，由其作为唯一"卖方"，投资者在指定的时间内，按现行委托买入股票的方式进行股票申购。一般认为，这一方式克服了其他发行方式的许多缺陷，具有低成本、高效率的优势。

因特网的出现，使上网发行中"网"的内涵出现了变化，即证券交易所原有的发行系统网络有可能向因特网延伸，从而扩大证券发行的市场覆盖面，也使证券的发行过程更具开放性。目前，欧美发达国家正逐步推广因特网上的证券发行业务，国内也已经开始在路演环节的因特网应用。可以预期，伴随着证券电子商务的快速增长，证券发行业务将进一步与因特网应用结合起来。

技术上讲，因特网应用可以改善投资者与融资者之间进行沟通的范围、效率和质量，具体说，就是提高了信息交流、价格谈判、证券买卖、交易结算等方面的开放性、实时性和交互性。因此在因特网环境下，证券市场作为直接融资市场的特点将得到更好的体现，即证券交易的中间环节趋于减少，市场参与者在网络平台上直接交易的可能性增加，在很大程度上带来时间、交易过程等方面的代理成本节约。图 6-1 对传统的证券发行方式和因特网环境下可能出现的证券方式进行了简单比较。

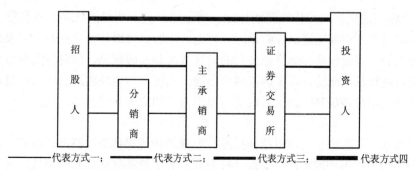

图 6-1　证券的发行方式

图 6-1 中，第一、二种方式为传统的证券发行方式，第三、四种方式代表在因特网环境下浮现的证券发行方式。传统上，证券的发行以券商及其所设立的证券营业部为中介和依托，并经由证券交易所进行有关的交易活动。在第一种方式中，招股公司的证券发行涉及到分销商、主承销商和证券交易所三个中间环节。第二种方式则依靠主承销商和证券交易所两个中间环节进行，这也是现阶段我国证券发行的主要方式。随着电子商务手段在证券市场上的发展，证券交易所的交易网络将逐步融入因特网，向开放式经营的方向转换。相应地，投资和融资双方有可能经由因特网直接接入证券交易所的交易网络，完成证券发行的有关交易（方式三）。倘若因特网在证券业的应用进一步深化，那么投资者将有可能通过因特网接入证券发行人（招股公司）的交易系统，直接申购股票，而实力较强的招股公司也可能会加速应用信息技术，在因特网上以自办方式发行新股、配股和增发新股，以节省中介费用，提高市场效率。在这种情况下，投资和融资双方将彻底绕开交易中介，在因特网上直接完成证券发行业务（方式四），即由招股人直接通过因特网向投资人招股。

从表面上看，第四种方式与证券市场上早期招股公司的自办发行方式似无二致，然而，因特网上的自办证券发行是以现代信息技术应用为基础，其广阔的交易信息传播范围和丰富的信息内涵，以及由此引致的交易效率和交易质量的提高、交易成本的下降，都是早期上市公司自办股票发行所不能比拟的。目前，第三、四种方式已经在美国等市场经济发达国家出现，并在近年来有了长足的进展。随着信息技术应用的不断深化，证券发行市场将呈现多种发行方式竞争发展的局面，证券承销商和交易所等交易中介有可能重新定位。从这个意义上说，因特网将带来证券发行市场的变革。

（2）网上路演系统

① 路演与网上路演（netroadshow）　在证券市场的演化过程中，路演作为一种商业惯例一直延续下来，而且其内容更加丰富，成为证券发行不可缺少的环节。具体说，融资者在证券发行之前，往往会在若干主要地点进行巡回推介，向潜在投资者展示证券的价值，以加深投资者的认知程度，并从中了解投资人的投资意向，发现需求和价值定位，确保证券的成功发行。与原始的路演不同，现代的证券路演通常在豪华的酒店和富丽的会堂进行，而现代通信设施也成为路演的常用工具。随着电子商务手段在证券市场上的应用和推广，证券发行逐步向因特网延伸，网上路演的重要性也逐渐得到认同。

1999 年 8 月 24 日，网上路演在国内首次出现。当天，全景网络的前身《证券时报》网络版策划推出为时两小时的"清华紫光新股发行网上路演"。这种新模式一经推出，立即引起广大投资者、上市公司和券商机构等各方面的关注，网上路演也从此成为上市公司日益重视的宣传推介方式。

② 网上路演的优势　与传统路演相比，网上路演具有明显的优势。在传统的证券路演中，招股公司总是面对着渠道选择的矛盾。首先，招股公司通常会选择若干主要地点，举办现场路演推介会，以便较全面地介绍公司的运作情况和发展规划，同时与潜在投资者，尤其是机构投资者进行深入交流，以了解其需求导向。然而参与现场路演的毕竟以机构投资者为主，一般投资者很少涉足其中。况且融资与投资双方的交流时间有限，难以确保现场路演的预期目的。

其次，传统上，招股公司可以选择报纸、电视等传统媒体进行路演，以扩大信息传播的受众面。但这种方式不可避免地将受众（投资者）置于被动接收信息的境地，融资者无从了解投资者的要求。而且，与现场路演相比，在传统媒体上发布的信息内容更受限制，难以使投资者全面了解公司的运作情况并作出正确判断。

再次，招股公司也可以同时通过现场和传统媒体发布信息，以改善路演的效果。但是这种做法将加大路演成本，而且就路演过程看，仍难以从根本上协调各种渠道在受众面、交互性和内容等方面的矛盾。

网上路演的出现，为解决上述矛盾提供了新的技术途径。把证券路演的平台建立在因特网上，将能够借助强大的网络功能优势，打破时空局限，在证券发行人和遍布全国乃至全世界的投资者之间形成便捷、开放的信息交流平台。通过实时、开放、交互、快速的网上交流，融资者能够更全面地展示企业的运作情况，及时、深入地了解投资者的要求；投资者则可以更清晰地观察和了解招股公司的市场定位，准确地评估其投资价值。与此同时，与因特网相关的信息工具和信息处理费用不断下降，也给网上路演带来了更大的成本节约。简而言之，因特网的出现和应用，将在很大程度上提高证券路演的效率、改善路演的效果。

③ 网上路演的内容设计　一般而言，网上路演的设计在内容上分为以下几个部分。

a. 信息发布。信息发布是综合相关新闻、研究报告及信息披露（如发行公告、招股意向书、上市公告等）的一个跟踪式报道。它便于让投资者及时、方便、快捷地获得所有与企业发行或推介相关的系统信息，以作出投资选择。

b. 网上交流。网上交流是网上路演最重要的部分。它选择某些时段，组织准备上市融资企业的高级经营管理人员与投资者通过网络"面对面"地进行对话交流，一方面使投资者在交流中获得自身需要的信息，以便作出投资选择，另一方面也可使企业直接了解投资者对企业的想法与建议。

c. 企业展示。企业展示是网上路演的主要环节，也是企业网上路演的主要目的之一。企业展示具体包括以下方面：第一，企业形象设计，具体指为企业进行专门的路演形象设计。路演形象是在公司设计的基础上，结合网络特点以多媒体技术进一步包装而成。网上路演将展示具有现代动感、变化丰富、个性鲜明的立体企业形象，其具体设计可以通过页面制作与内容制作而实现。第二，内容介绍。一般分为企业概况、发展历史、组织结构、产品介绍、营销网络、研究与发展、人才、发展前景等方面的系统介绍。这些介绍内容是展现企业风貌的基础，配合以不同的表现形式（文字、图片、音像资料等），旨在全方位地展现企业的风采。第三，广告，这是系统性宣传中不可或缺的环节。

d. 现场直播。现场直播又称为实时报道，主要是针对公司的网上路演而设计。具体指通过图片展示、文字报道、视频和音频形式，对网上路演活动全过程进行实时直播。

④ 网上路演的作用　网上路演的作用主要体现在以下几个方面。

a. 强化信息披露，降低信息不对称程度。网上路演有助于进一步规范证券发行的信息披露体系，有利于保护广大中小投资者利益，促进证券市场的健康、稳健发展。从年报、中报上网披露到招股意向书上网披露，再到网上路演，更多的上市公司信息得到及时、全面的反映，从而降低了融资者与投资者之间的信息不对称程度。

b. 提高证券发行的市场化程度。目前，我国正在推动新股发行的价格市场化进程，对此，网上路演将成为一种有效的保障形式。推广网上路演，可以提高新股发行的透明度，使投资和融资双方获取的信息相对均衡，为公开、公平、公正地确定新股发行价格创造条件。

c. 展示企业形象。网上路演不但在新股发行方面有直接的推介作用，同时在提升企业形象、展示企业风采方面也有着相当明显的促进作用。例如，它有利于树立企业重视中小股东利益、注重与中小投资者沟通交流的市场形象。

6.2.3　网络证券的交易系统

在网络上进行证券交易，其程序和我们现实的交易步骤是一样的，也是经过开户、委托、成交、交割等几个步骤，只不过实现交易的手段不同而已，原来需要亲自去交易所办理的一切手续，在网上交易时都可在计算机上操作。

（1）实现方案

网上交易系统的实现方案分普及方案和高级方案两种。

① 普及方案：普及方案的客户端使用通用浏览器（如 IE、Netscape 等）。用户到营业部开户以后，其他交易环节都在因特网上进行。也就是说，不管用户是在什么地方，只要携带可以连接因特网的电脑，就随时可以进行证券交易。该方案的最大优点是步骤简单，客户操作方便快捷；不足之处是加密强度在某些客户端上并不足够。

② 高级方案：此方案的客户端既可以是通用浏览器，也可以是专用软件。用户在进行证券交易之前，需要下载专用的控件或程序。该方案的最大优点是全部使用国产密码算法和密码产品，加密强度高，安全性更好；不足之处是客户操作稍微麻烦，如果服务端使用硬件加解密，则需要较大的资金投入。

（2）业务流程

如上所述，网上交易分普及方案和高级方案两种。普及方案的主要业务功能流程见图6-2，后面将就每一步骤的具体操作进行说明。

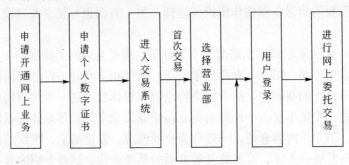

图 6-2　普及方案的业务流程

① 投资者申请开通网上交易账户时，可以选择以下两种方式之一。

a. 到证券公司或营业部申请开户。投资者可持身份证明原件，到证券公司总部或其属下营业部办理网上交易开户手续。证券公司将与投资者签署《网上委托协议》和《风险提示书》，并提供网上委托的其他资料。

b. 网上预约开户。投资者也可以上网进入证券公司网站，以在线方式填写开户预约申请表，完成后直接在网上发送给证券公司。证券公司总部在收到预约申请表之后，转发给就近的营业部。营业部根据运作惯例，或者派员上门服务，为用户进行开户登记，或者要求用户到营业部办理具体的登记手续，并与用户签署《网上委托协议》、《风险提示书》，同时提供网上委托的其他资料。

② 申请个人数字证书　为保证投资者进行网上交易的安全性，证券公司需要建立企业级 CA 体系。投资者在进行交易之前，必须要申请个人数字证书，申请方式有以下两种。

a. 在证券公司开户时直接申请。投资者在证券公司营业部申请开通网上交易业务时，由证券公司以软盘方式，将数字证书直接发放到投资者手中。

b. 网上申请并下载个人数字证书。投资者如果已经在证券公司开通传统的证券交易业务，则可以通过上网方式，在证券公司或其营业部的网站上提交申请，并下载个人数字证书。

以上两种申请方式的业务流程是基本一致的，需要说明的是，投资者的个人数字证书可以在交易时以插盘的方式使用，也可以直接安装到电脑系统中。

③ 启动交易系统　首次启动交易系统时会要求安装券商所提供的标明身份的 CA 数字证书，并要求在相应的编辑框中分别填入合法的代理服务器地址、代理服务器端口号、相应的用户名称和密码。重新启动交易系统，在"用户登录"对话框中输入账号和网络用户名等信息，输入正确的 CA 数字证书密码，并"确认"，此时开始通信验证，如果信息正确，将返回登录成功结果，同时返回有关用户名、资金账号等信息。

④ 进行网上委托交易　在完成上述步骤之后，即可进入交易操作主界面实现证券交易。一般主流的委托交易程序均可提供以下功能。

a. 买入证券。根据提示，输入证券代码、股东账号、委托价格和委托数量后，点击"确认"，如果委托成功，系统会显示出完整的委托信息，再次确认后，系统将显示该笔委托的合同号。客户可利用查询系统来跟踪该笔委托的执行结果。在上交委托申请之前，还可随时用鼠标点击"刷新"，以保证显示的是最新行情。

b. 卖出证券。根据提示，输入证券代码、股东账号、委托价格和委托数量后，点击"确认"，如果委托成功，系统会显示出完整的委托信息，再次确认后，系统将显示该笔委托的合同号。同样也可利用查询系统来跟踪该笔委托的执行结果。

c. 查询委托/撤单。可根据指定需查询的条件，然后点击"查询"，此时将列出当日委托记录的详细清单。用户还可以对当日未成交的委托进行撤单，先选中未成交的委托记录，然后点击"撤单"，完成撤单操作。

d. 查询成交。根据指定查询当日成交或历史成交，选定后，点击"查询"，完成查询操作。

e. 查询证券持仓。可指定证券代码和交易市场，选定后，点击"查询"，完成查询操作。

f. 修改密码。可指定修改网上用户密码或修改账号密码，选定后，输入用户名、原密码、新密码后，点击"修改"，修改成功，将显示成功的信息并返回交易主界面，否则显示错误信息。

g. 批量买入。根据提示，输入证券代码、委托价格、每股单数（指每个证券账户需认购的股数）、起始账号（指您需从哪个证券账户开始认购）和单数（指自起始账号起，依次往下需由多少个证券账户认购上述证券，直至批量账户的结尾），点击"确认"，如果委托成功，系统会显示出批量买入成功笔数，再次确认即可。可利用查询委托来跟踪批量委托的结果。

h. 批量卖出。根据提示，输入证券代码、委托价格、卖出股数（指需从批量账户中总共的卖出股数）、起始账号（指需自哪个证券账户起，依次往下直至达到所需卖出的股数为止），点击"确认"，如果委托成功，系统会显示出批量卖出成功股数，再次确认即可。

网上交易高级方案的业务流程与普及方案类似，此处不予重复。两个方案在交易流程方面的主要不同点在于，高级方案用户在证券公司开通网上交易服务以后，除了需要获取和安装个人数字证书以外，还需要得到证券公司提供的客户端专用软件。采用高级方案的投资者既可以直接向证券公司索取装有专用软件的软盘，也可以从证券公司的网站上直接下载该软件。

6.3　网络保险

网络银行、网络证券和网络保险共同组成了网络金融骨干内容。当前，因特网的快速发展，也为网络保险的发展提供了良好的机遇。信息技术的发展对保险业的影响是巨大的，网络保险作为一种低成本、高效率运作的保险产品营销工具越来越受到各保险公司的重视。

6.3.1　网络保险的内涵

（1）网络保险的概念

网络保险，也叫做网上保险或保险电子商务，是指保险公司或保险中介机构以信息技术为基础，通过因特网进行保险经营管理活动的经济行为。网络保险反映了保险人或保险中介人通过计算机和网络技术，利用已经形成的网络组织，利用一个综合的人机系统从事的保险产品营销活动。

网络保险包含两个层次的含义：从狭义上讲，网络保险是指保险公司或新型的网上保险中介机构通过因特网为客户提供有关保险产品和服务的信息，并实现网上投保、承保等保险业务，直接完成保险产品的销售和服务，并由银行将保费划入保险公司。从广义上讲，网络保险还包括保险公司内部基于因特网技术的经营管理活动，对公司员工和代理人的培训，以及保险公司之间和保险公司与公司股东、保险监管、税务、工商管理等机构之间的信息交流活动。

（2）网络保险的特征

与传统保险行为相比，网络保险具有以下重要特征。

① 虚拟性　开展网络保险不需要具体的建筑物和地址，只需要申请一个网址，建立一个服务器，并与相关交易机构做链接，可以通过因特网进行交易。它没有现实的纸币乃至金属货币，一切金融往来都是以数字在网络上得以进行。

② 直接性　网络使得客户与保险机构的相互作用更为直接，它解除了传统条件下双方活动的时间、空间制约，与传统营销"一对多"的传播方式不同是，网上营销可以随时根据消费者的个性化需要提供"一对一"的个性化的信息。客户也可以主动选择和实现自己的投保意愿，无须消极接受保险中介人的硬性推销，并可以在多家保险公司及多种产品中实现多样化的比较和选择。

③ 电子化　客户与保险公司之间通过网络进行交易，尽可能地在经济交易中采用电子单据、电子传递、电子货币交割，实现无纸化交易，避免了传统保险活动中书写任务繁重且不宜保存、传递速度慢等弊端，实现了快速、准确双向式的数据信息交流。

④ 时效性　网络使得保险公司随时可以准确、迅速、简洁地为客户提供所需的资料，客户也可以方便、快捷地访问保险公司的客户服务系统，获得诸如公司背景、保险产品及费率的详细情况，实现实时互动；而且，当保险公司有新产品推出时，保险人可以用公告牌、电子邮件等方式向全球发布电子广告，向顾客发送有关保险动态、防灾防损咨询等信息，投保人也用不着等待销售代表回复电话，可以自行查询信息，了解新的保险产品的情况，有效地解决了借助报纸、印刷型宣传小册子时效性差的毛病。

6.3.2　网络保险的发展优势

所谓网上保险就是通过互联网进行保险咨询、险种费率查询、承保、理赔等一系列业务活动。保险市场的状况和保险产品自身的特点，使其天生适于网上进行经营。保险作为一种特殊的商品，与一般意义上物化的商品有着显著的区别。

① 保险是一种承诺，属于诺成性合同，同时也是一种格式合同。保险商品的表现形式为契约。

② 保险是一种无形产品。它不存在实物形式，唯一的有形物可能只是一纸合同，而且合同还不一定要打印下来。

③ 保险是一种服务商品。保险服务是保险企业为顾客提供的从承保到理赔的全部过程，主要是一种咨询性的服务。保险产品本身具有的上述特点，恰恰使它天生适于在网上进行经营。首先，网上发布保险条款内容，并做出详细的、互动的解释，将避免因为极少数代理人销售时夸大保险责任，简略除外责任而导致的理赔纠纷，有利于维护良好的行业形象。其次，保险服务的内容主要是一些无形服务，所以也使保险适合在网上进行。互联网的优势与保险业这些特征的结合，使网上保险行业发展成为具有很强竞争优势的新生力量。

（1）对于保险公司

面对互联网络技术给全球经济带来的巨大商机，保险公司应主动转变经营理念，调整服务模式，迎接这一挑战。

① 改变经营理念　网上保险改变了传统保险业单纯以机构网点多少，地理位置便利为主导的保险服务方式，把经营策略提高到全国及全球的战略高度，促使保险公司认识到网络客户的超地域性和超国界性，保险电子商务带给保险业最大的好处就是能够便捷、低成本地进入全球市场，客户只要拥有一台联网计算机和信用卡就能够实现"全球"消费。其次，要认识到一旦建成网络保险，那么其总体功能就主要体现在服务上，而不仅仅是经营。

② 转变服务模式　电子商务时代的保险业突破了传统的经营和服务模式，保险公司可直接在网上销售保险产品，可提供全天候的全球营销服务，客户无论什么时间，身处何地，只要能够链接上互联网，即可办理各种保险业务，这有助于发展在传统服务模式下，想投保却因投保不方便而未投保的潜在客户，方便地咨询、查阅、选择并完成投保等一系列工作，这些服务包括：以快速、简便的方式提供保险市场信息、保险产品信息，并以良好的交互性，向顾客提供自助式服务，家庭理财（我国的保险产品已逐步从保障型、储蓄型产品发展到投资型产品）和无实体保险服务等。

③ 降低行业成本　网上保险所需的成本只是硬件、软件、少量智能资本，利用少量的投入就可以增加保险公司的虚拟分支机构，创造出大量的"网络保险从业者"，而传统保险公司的开办，则需要大量的土地、资金、人力和建筑。从国外的经验数据看，相对于其他渠道，通过互联网分销的成本最为低廉。根据测算，代理人、经纪人、电话中心和互联网的保险销售成本比为 152：116：20：10；每次服务成本之比为 19：15：8：0.45。传统的寿险销售成本非常高，保费的 30%～40% 都付给中介人，而网上销售只需要不到 20% 的销售成本，不同险种网上交易的成本降低幅度有所不同。

相对于传统的保险销售模式，网上保险可以不受时间与空间的制约，降低经营成本，免去中介环节而提高保险业务效率，增加公开、公正、公平的透明度，操作简单，方便快捷，也大大降低了成本。

④ 整合信息和资料　保险险种浩如烟海，对于保险公司来说，怎样把众多的险种用方便快捷的方式介绍给客户，将对保险产品的销售产生重大的影响。网上保险可以很好地利用互联网数据库和动态网页技术，实现互联网上的险种分类查询和检索查询。以前，信息一般由保险公司掌握，保险公司根据自己的需要向客户提供信息，传统的通过保险公司直销或保

险代理人方式销售保单，可能存在一些直销员或代理人由于本身业务素质偏低或过多基于自身利益的考虑，在向客户作保险产品介绍时，无意或有意地向客户提供不完全信息，埋下了以后可能产生保险争端的隐患，也就是说信息偏重于保险公司一方，存在着信息的非对称性，而通过保险电子商务，客户可以方便快捷地在各个保险公司的网站上查询相关保险信息，并在不同保险公司之间进行比较，从而大大降低收集信息的成本，同时也降低了保险公司发布信息的成本，可以无限地向客户传送数量丰富的优质信息。

　　另外，对于保险业务员和直接客户的管理也是保险公司十分头疼的事情。而网上保险的所有业务，无论是保险网站直接进行的，还是保险代理通过网络进行的销售都可以即时被加入数据库统计分析，便于保险公司确定主打险种并对业务人员进行升级或奖励。

　　⑤ 促使利益的重新分配　基于互联网的电子商务赋予保险业一种全新的营销方式，带动保险业实现国际化，并重新构建市场竞争规则，所有保险公司无论实力雄厚还是规模大小，在网络上一律平等，交易的低成本和进入的低门槛，使大的保险公司和中小保险公司拥有了参与保险电子商务的均等机会，中小保险公司也可以从原先主要被大保险公司占有或垄断的市场中获得利润。通过网络使中小保险公司变大，本地保险公司国际化，跨国经营不再是大保险公司的专利，这为我国加入 WTO 以后与资金、技术、管理都占优势的国外保险业竞争提供了契机，在传统的业务模式下，要达到并赶超这些国家的保险业，需要投入大量的时间和财力。而现在，通讯、信息技术的发展，为我国保险业的发展提供了契机，在网络保险方面，我国与其他国家的保险业基本上是站在同一条起跑线上。能否抓住这次机遇，关系到我国保险业未来的发展，我国保险业应该抓紧时机，发展网上保险，占领市场，并利用互联网的国际性，宣传我国保险业，并努力开展国际业务。

　　⑥ 更全面的服务　网上保险可以充分和门户网站、财经类网站合作，拓展销售渠道和网络品牌认知程度。同时，保险代理和一般业务人员自己建立或者以成为某网站会员的方式建立的个人保险推销站点也是重要的网上销售渠道。另外，将有相当数量的客户会直接登录保险网站购买相关险种。真正的网上保险不仅能够实现保险信息咨询、险种介绍、保险计划书设计等初级服务，更重要的是将投保、缴费、理赔等全过程网络化。在降低成本，提高效率的同时提供更加全面的服务。

　　(2) 对于保险代理

　　保险代理同样面临巨大的挑战和机遇，也必须主动转换经营方式，顺势而动。

　　① 销售方式发生根本变化　网上保险使得保险业务员的销售方式由传统的扫楼式的销售转变成拥有网上商店，客户自动上门。2000 年 10 月，太平洋保险公司北京分公司的代理人付彦庭得到易保网推出代理人展业平台的消息，马上把自己有关资料传真到上海易保总部，随即在易保北京办事处交纳了一年的租金，成为易保最早的"白金会员"。两个月后，一位在外企工作的客户在他的门店上留言，有意投保太平洋万能寿险，付彦庭在网上的第一笔"生意"由此开始。

　　② 更好地提供保险相关资料　保险业务设计的条文和相关信息非常多，几乎没有保险业务员可以通晓所有的保险险种。近期大家可能看到很多拿着手提电脑穿行办公楼宇之间的保险业务员，尽管由电脑帮助，要想在短短几分钟的推销时间内向客户说清楚还是非常不容易的。网上保险借助网站的优势，可以把大量的保险资料放在网站，并可以提供方便的检索功能，客户可以针对自己的需要查询到相关险种的说明。

　　③ 减少环节和费用　一般而言，代理人从第一次拜访客户到双方签订保单，平均需要

27 次接触。如果代理人能通过网络，同投保人先期有几次短暂的交流，就能缩短 5～10 次的见面次数，从而节省一大笔费用。通过网上代理人展业平台，投保人对代理人的基本情况已经了解，在双方面对面交谈时，能很快地切入主题，为代理人节省了时间和成本。

④ 更好地服务　通过网上证券开展业务的保险业务员的主要任务不再是不厌其烦地向客户说明各个险种的内容，而是放在了向客户提供点对点的咨询服务。越来越多的代理人已经开始琢磨在网上建立属于自己的天地，用电子邮件和 ICQ 等与投保人一对一地联系，正在逐渐向个人理财顾问过渡。

（3）对于客户

网上证券的真正业务来自于客户对多样化、个性化保险服务的要求。网络条件下，客户将得到以下便利。

① 自主选择　客户不再对繁多的险种一头雾水，他们可以通过在网站的浏览和查询对哪些险种适合自己以及这些险种的具体条款有一个初步的认识。这样在购买保险的时候就不再是被动地接受，而是可以自主地作出选择了。

② 获得个性服务　一般客户不仅可以在保险网站获得个性化的信息和险种介绍，还能使用网站的系统初步计算保费保额等。另外，还可以从网站或者保险经纪人那里获得邮件、电话或者在线交流等服务。

③ 自动续保提示　北京某公司的职员李小姐买了一辆富康轿车，为了防止意外，她特意掏出 5000 元保了全险。转眼到了应该续交保费的时候，由于保险公司业务员的疏忽，忘记通知她续保，而她恰巧在这时出了交通事故，据说，像李小姐这样的案例在有车族中时有发生。如果是通过网上保险购买的险种，在到期的时候网站就会自动发出提示的邮件，提醒客户续保，同时这个提醒信件还被发送到相关业务员的信箱里，如果客户仍然没有续费，保险业务员就会通过电话等进一步提醒客户。

④ 方便理赔　一般是保险容易理赔难，很多客户不愿意购买保险一个很大的原因在于担心到时候不能获得保险条款规定的所有赔付。网上保险在理赔的时候就可以按照程式化的方式很好地解决理赔的不便。

6.3.3　网络保险的运作模式

一般来说，保险网站的主要经营模式包括有：保险公司网页或网站（单个保险公司的主页或网站）、信息集合中心（网上保险经纪人）、产品网站（金融和保险产品的综合性标准网站）、网上风险市场（与商业伙伴分担大型风险）、分类销售网站（通过不同主题网站销售保险）、反向拍卖（拍卖保险）等，目前较为成熟的模式是以下的三种模式。

① 网上直销模式（网上交易模式）　一般由保险公司创建，即保险公司在网站上直接推销自己的保险产品，完成保险产品销售的全过程。如：泰康在线、网上太保等网站等。其特点在于：专业化人才优势；提供专家级的客户咨询服务和个性化服务；提供及时的网上投保、核保、承保和理赔服务；有利于保险公司开拓新的营销和客户服务渠道；有益于企业形象的宣传。

② 网上保险经纪人模式（中介模式或网上保险超市）　网站作为中立机构，提供一个开放的网上平台，为众多保险公司、保险中介、其他相关行业和客户所公用，同时与许多网站合作，吸引客户访问自己的网站。该模式的特点是：快速、全面、实时的保险产品报价；客户可以方便地进行保险产品的比较；可免除推销带给客户的压力，并维护隐私权。规模经济效应使保险公司以较低的成本获得客户；更快的信息反馈使保险公司能迅速优化其产品和

服务。

③ 网上金融超市与全程网上交易模式相似，给客户提供一个交易场所，客户在此可享受到集储蓄、信贷、结算、投资和保险多功能于一身的"一条龙"服务。该模式的特点：有利于提高网站的知名度，培养客户的忠诚度；有利于实现规模经济。

综合来看，我国的保险网站可以分为以下三种模式。

① 保险公司自己开发的网站。这类网站主要在于推广自家公司的险种。例如用户可以在网上选择自己需要的险种，调用其相关资料进行阅读，阅读完有关该险种的资料后，如有特殊问题可在网上咨询解决。然后，用户在选定险种的电子意向书上填入保险金额、保费交付方式、被保险人、受益人和联系地址等项目。若条件符合，用户将在网上收到公司发来的已填好的保单，如果满意，用户只需通过网上银行将保费划拨到保险公司账户上，并输入密码，一份保险契约就完成了。当出险时，也可通过同样的方式在网上告知保险公司出险情况，保险公司派人进行调查、理赔、赔付金额，也可通过网上银行完成其结算。

目前，平安的 www.PA18.com，泰康在线 www.taikang.com，华泰保险公司的 www.ehuatai.com，新华人寿保险公司的 www.newchinalife.com 等等都属于这一种模式。

② 专业财经网站或综合门户网站开辟的保险频道，其目的在于满足其消费群的保险需求，例如和讯 www.homeway.com 和上海热线 www.online.sh.cn 的保险频道正是他们为增加网上的财经内容而开设的。

③ 独立的保险网，也称第三方网站，他们不属于任何保险公司或附属于某大型网站，他们是为保险公司、保险中介、客户提供技术平台的专业网络技术公司。目前国内较具有影响的独立保险网有：易保网上保险广场 www.ebao.com，中国保险网 www.3wins.com，吉利网 www.jilee.com 等。

国内独立的保险网站的定位有三类：一类为保险业内信息提供商，如中国保险网将自己定位为向保险从业人员提供资讯的一个内容提供商，它为保险的内外勤人员提供从保险新闻到行业知识的各类专业信息；一类为直销平台，如网险，它以代理的身份通过网络进行保险销售，从销售中提取佣金；另一类为网上技术平台，如以"网上保险广场"命名的易保网（www.ebao.com），易保网将自己定位为利用互联网技术为保险业各方提高效率的网上平台，它融合了 B2B、B2C 两种模式，致力于为行业中的各方提供一个交流和交易的技术平台。

事实上，许多网站只是给保险公司搭建了一个平台。"网险"的做法是，将用户的投保意向直接转给各保险公司，保费也直接打到保险公司的账号上，"网险"的收入是从每一笔保费中抽取的所谓的"网络使用费"，或者是保险公司一次性支付的年费。

[本章小结]

随着电子商务的快速发展，金融机构在网上银行、网上证券、网上保险等新兴金融活动中已经快速发展业务并将大有可为。现代金融服务正向着任何时间（Anytime）、任何地点（Anywhere）、任何方式（Anyhow）的 3A 目标发展，未来的金融业完全有能力与电子商务并肩发展，共享网络技术的巨大商机。网络金融不仅充当商品交易条件下的电子支付中介，而且其自身的交易活动是电子商务最集中、最典型的体现。本章主要介绍了网络银行的概念、特点，以及网络银行的功能和业务；关于网络证券，介绍了相关概念，网络证券给证券市场带来的优势，以及网络证券的发行与交易；最后介绍了网络保险的概念、优势，以及网络保险的各种模式，让我们进一步了解电子商务在金融领域中的应用。

[案例研讨]

网上银行案例招商银行

招商银行成立于 1987 年 4 月 8 日,是我国第一家完全由企业法人持股的股份制商业银行,总行设在深圳。经过近 20 年的发展,招商银行已从当初偏居深圳蛇口一隅的区域性小银行,发展成为一家具有一定规模与实力的全国性商业银行,初步形成了"立足深圳、辐射全国、面向海外"的机构体系和业务网络。目前在境内 30 多个大中城市及香港设有分行,网点总数 400 多家,在美国设立了代表处,并与世界 70 多个国家和地区的 900 多家银行建立了代理行关系。

1999 年 9 月在国内首家全面启动的网上银行——"一网通",无论是在技术性能还是在业务量方面,在国内同业中都始终处于领先地位。2003 年 6 月,"一网通"作为中国电子商务和网上银行的代表,登上了被誉为国际信息技术应用领域奥斯卡的 CHP 大奖的领奖台,这是中国企业首次获此殊荣。

招商银行秉承"因您而变"的经营理念,在国内业界率先通过各种方式改善客户服务,致力于为客户提供高效、便利、体贴、温馨的服务,带动了国内银行业服务观念和方式的变革,拉近了银行与客户的距离。招商银行在国内率先构筑了网上银行、电话银行、手机银行、自助银行等电子服务网络,为客户提供"3A"式现代金融服务。

1996 年,招商银行率先在国内推出了网上银行"一网通"的概念。1997 年 4 月,建立网上银行"一网通"并推出网上个人银行。1998 年 4 月,率先在国内推出网上企业银行,开通网上支付功能,成为国内首家提供网上支付服务的银行。网上企业银行是招商银行网上银行"一网通"的重要组成部分。招商银行已形成了以"一网通"为品牌的国内著名金融证券网站,功能包括"企业银行"、"个人银行"、"网上证券"、"网上商城"和"网上支付"五个系统。

招商银行网上个人银行的系统功能

招商银行网上个人银行业务依托于高科技网络技术,加大金融电子化的应用力度和服务范围,提供集新型银行和传统银行于一体的全方位的个人金融服务,适用于个人和家庭,只要在招行开立一卡通账户,无需另外申请,上网即可享受服务。其系统功能如下:

① 用户管理功能,包括增加用户、修改用户密码、日志查询等。

② 一卡通管理功能,包括安装一卡通、删除一卡通等。

③ 数字证书的管理功能,包括证书申请、证书下载、证书更新、证书查询、证书备份、证书恢复等。

④ 业务功能

a. 储蓄业务:存折、存单、个人支票、活期储蓄、定期储蓄、个人通知存款、教育储蓄、储蓄存款转存、自助转账、同城转账、境内汇款、境外汇款、存款托收、VISA/PLUS 外卡收单业务、个人结汇/购汇业务。

b. 居家服务:刷卡消费、网上支付、自助缴费、一卡通电信服务、神州行充值、航空电子客票、理财秘书服务、代理扣款保管箱业务、存款证明业务、招商银行账户证明书、一卡通账户余额、证明移民金融咨询服务。

c. 融资业务:个人汽车消费贷款、个人消费贷款、个人住房贷款、教育学资贷款、凭证式国债、质押贷款、全国个贷中心自助贷款。

d. 投资业务: 股票、开放式基金、外汇买卖、凭证式国债、个人黄金买卖、保险、人民币债券理财、外汇通理财、金卡外汇理财、外汇理财钻石系列。

e. 电子银行服务: 网上个人银行、电话银行、手机银行、掌上银行、自助银行、95555出行易、快易理财服务。

招商银行网上企业银行系统功能

"网上企业银行"是招商银行网上银行"一网通"的重要组成部分,它是通过 Internet 或其他公用信息网,将客户的电脑终端连接至银行主机,实现将银行服务直接送到客户办公室、家中或出差地点的银行对公服务系统,使客户足不出户就可以享受到招商银行的服务。其系统功能如下:

① 集团公司全国"网上结算中心"和"财务管理中心";
② 网上自助贷款;
③ 网上委托贷款;
④ 网上全国代理收付;
⑤ 个性化财务授权管理;
⑥ 网上安全账户管理;
⑦ 全流程透视与交易追踪服务;
⑧ 智能化操作向导;
⑨ 度身定制银行信息主动通知;
⑩ 商务信息海量传递;
⑪ 网上票据;
⑫ 网上信用证;
⑬ 网上外汇汇款业务。

（资料来源: http://china.findlaw.cn/gongsifalv/zhaoshang/zsal/42354.html; http://www.jiaoyanshi.com/index.php.）

问题:

1. "网上个人银行专业版"和"网上个人银行大众版"的区别。
2. 网上银行的内涵是什么?
3. 招商银行网上个人银行的功能和特点有哪些?

[思考与练习]

1. 网络银行的内涵是什么,如何区别网络银行与传统银行的特征?
2. 网络银行具有哪些功能?
3. 简要介绍网络银行的模式。
4. 简述网络路演的功能。
5. 网络证券交易的业务流程是什么?
6. 网络保险的特征是什么?

第7章 网络营销

[学习目标]

通过本章的学习，应了解网络营销的概念，掌握网络营销的基本理论，理解网络营销特有的内涵和特点，理解在网络营销环境下如何根据网络营销组合理论制定产品策略、价格策略、渠道策略和促销策略。

[引导案例]

网络直播：诺基亚 N8 的"创熠发布会"

随着视频网站技术支持的成熟以及微博的流行，"网络直播"现在几乎成为了各大发布会、典礼的"基本配备"。诺基亚就专门召开了一场的"科技，因人而熠"全社交网络发布会，作为其智能手机 N8 正式上市的首波宣传攻势。

有别于传统的媒体发布会，2010 年 8 月 25 日，诺基亚史无前例地在诺基亚官方网站、新浪微博、人人网、开心网和优酷网以社交媒体发布会的形式为中国消费者带来了诺基亚 N8 的详尽信息，也让无数网友成为了 N8 发布会的主体，亲自参与，并发布各具特色的 N8 最新观点。发布会于 8 月 25 日 10 点开始，长达 8 个小时，并引入了 3D 视频、微博专访等环节。此外诺基亚还通过新浪微博的平台，与全国的媒体、意见领袖和普通网友直接讨论了 N8 相关的各种问题，将发布会做到了全方位的展示。

（资料来源：http://b2b.toocle.com/detail--5642183.html）

7.1 网络营销简介

今天互联网正奇迹般地改变着人类生活的方方面面。坐在电脑前，轻轻点击鼠标，叩开一扇扇商店的大门，即可浏览和选购琳琅满目的各种商品，网上购物已不再是天方夜谭。以网络营销为中心的商业活动已成为互联网上最主要的内容，成为全人类共同关注的主要话题。

7.1.1 网络营销的含义

（1）网络营销的概念

简单来理解，网络营销就是企业利用网络媒体来开展的各类市场营销活动，是传统市场营销网络时代的延伸和发展。网络营销相对于传统的市场营销，在许多方面存在着明显的优势，对传统营销造成了巨大的冲击，带来了一场营销观念的革命。

（2）网络营销的英文表达

"网络营销"在英文中有多种表达方式。经过对网上有关数据库的检索表明，这些英文表述在文献和媒体上的使用频率有较明显的差异。常用的一些英文表达方式按使用频率的高低排列依次是：Internet Marketing，Online Marketing，Web Marketing，e-Marketing，Network

Marketing，Cyber Marketing 等。尽管它们都可以笼统地翻译为"网络营销"，但不同的单词含义略有不同。

① Internet Marketing，互联网营销。它强调的是以互联网为工具的市场营销。

② Online Marketing，在线营销。与互联网连接，在网上销售产品和服务。

③ Web Marketing，网站营销。重点在于网站本身的营销，如怎样推广网站，发展用户，通过站点与顾客沟通，保持顾客对站点的忠诚度等。

④ e-Marketing，电子营销。这种表述是为了与电子商务（e-Business）相对应。也是指通过互联网进行营销。

⑤ Network Marketing，网络营销。这里的网络不仅仅是互联网，还可以是其他一些类型的网络，如增值网 络 VAN（Value-Added Network）。

⑥ Cyber Marketing，虚拟的计算机空间营销。指借助联机网络、电脑通信和数字交互式媒体的营销方式。这里的网络主要还是互联网。

7.1.2 网络营销的内涵

根据我国网络营销专家冯英健的研究，对网络营销的认识要注意以下几个方面。

（1）网络营销是手段而不是目的

网络营销具有明确的目的和手段，但网络营销本身并不是目的。网络营销是营造网上经营环境的过程，也就是综合利用各种网络营销方法、工具、条件并协调其间的相互关系，从而更有效地实现企业营销目的的手段。

（2）网络营销不是孤立的

网络营销是企业整体营销战略的一个组成部分，网络营销活动不可能脱离一般营销环境而独立存在，在很多情况下网络营销理论是传统营销理论在互联网环境中的应用和发展。由此也确立了网络营销在企业营销战略中的地位，无论网络营销处于主导地位还是辅助地位，都是互联网时代市场营销中必不可少的内容。

（3）网络营销不是网上销售

网上销售是网络营销发展到一定阶段产生的结果，网络营销是为实现产品销售目的而进行的一项基本活动，但网络营销本身并不等于网上销售。这可以从三个方面来说明。

① 网络营销的效果表现在多个方面。例如提升企业品牌价值，加强与客户之间的沟通，拓展对外信息发布的渠道，改善对顾客服务等。

② 网站的推广手段通常不仅仅靠网络营销，往往还要采取许多传统的方式。如在传统媒体上做广告、召开新闻发布会、印发宣传册等。

③ 网络营销的目的并不仅仅是为了促进网上销售。很多情况下，网络营销活动不一定能实现网上直接销售的目的，但是可能促进网下销售的增加，并且增加顾客的忠诚度。

（4）网络营销不等于电子商务

网络营销和电子商务是一对紧密相关又具有明显区别的概念，许多人的认识还存在一定的误区。网络营销是企业整体营销战略的一个组成部分，无论传统企业还是互联网企业都需要网络营销，但网络营销本身并不是一个完整的商业交易过程，而只是促进商业交易的一种手段。电子商务主要是指交易方式的电子化，可以将电子商务简单地理解为电子交易，电子商务强调的是交易行为和方式。所以，可以说网络营销是电子商务的基础，开展电子商务离不开网络营销，但网络营销并不等于电子商务。

（5）网络营销不是"虚拟营销"

网络营销不是独立于现实世界的"虚拟营销"，而是传统营销的一种扩展，即传统营销向互联网上的延伸，所有的网络营销活动都是实实在在的。网络营销的手段也不仅仅局限于网上，而是注重网上和网下相结合，网上营销与网下营销并不是相互独立的，而是一个相辅相成、互相促进的营销体系。因此，一个完整的网络营销方案，除了在网上做推广之外，还很有必要利用传统营销方法进行网下推广。有必要说明的是，网络营销的内涵和手段都在不断发展演变中，关于网络营销的定义和理解也只能适用于一定的时期，随着时间的推移，这种定义可能显得不够全面，或者不能够反映新时期实际状况。因此，不要把网络营销理解为僵化的概念，需要在具体实践中根据本企业实际状况灵活运用。

7.1.3　网络营销的特点

互联网所创造的营销环境使得营销活动的范围更广，方式更灵活。网络营销着眼于利用网络媒体来开展的市场营销活动，这种营销方式在经营环境、范围、手段、运作形式以及沟通双方的沟通等方面，有着其他营销方式不可比拟的优势。

（1）跨时空

营销的最终目的是占有市场份额，互联网络具有的超越时间约束和空间限制进行信息交换的特点，使得脱离时空限制达成交易成为可能，企业能随时传递企业的形象、经营和产品等信息，可随时随地提供全球性营销服务。客户通过网络可以实时快捷地查询、浏览所需的各种产品和服务信息，并将自己的响应即使反馈给企业。

（2）交互式

互联网络可以展示商品目录，联结资料库，提供有关商品信息的查询，可以和顾客做互动双向沟通，可以收集市场情报，可以进行产品测试与消费者满意调查等，是产品设计、商品信息提供以及服务的最佳工具。比如，企业可建立网上社区（Online Community），以此作为企业与顾客之间、企业的顾客之间相互交流场所，通过提高顾客的价值来培养忠诚的顾客。

（3）虚拟性

网络营销本身依附于虚拟空间，业务的全过程是在一种"虚拟"的网络环境中，在没有实物和现场环境的气氛下进行的商务活动。这是网络营销区别于传统营销的一个显著特征。

（4）个性化

是网络营销区别于传统营销的一个特点。网络营销个性化体现在两个方面。一方面，消费者拥有比过去更大的选择自由，他们可根据自己的个性、特点和需求，进入自己感兴趣的网站，在全球范围内寻找自己需要的商品信息。另一方面，企业可通过互联网收集顾客信息，形成顾客数据库和数据仓库，再经过对顾客的个别特征和购买历史等信息的分析，为他们提供个性化产品和服务，实现一对一营销。例如，网上零售商亚马逊（www.amazon.com）储存了顾客购买的数据，并利用这种信息在他们下次访问网站时进行推荐。通过分析你的当前购买习惯的建议软件加上你已作出的对其他书的估量，屏幕上将建议你购买几种你可能喜欢的新书。而且，建议软件将记住你的个人信息，这样只要用鼠标点击就能买一本书。

（5）经济性

网络营销给交易双方均能带来经济利益上的好处。对企业而言，无店面租金成本，能实现产品直销，能帮助企业减轻库存压力，从而降低营销成本。对消费者而言，拥有比传统营销更大的选择自由，有利于节省消费者的时间与交易成本。戴尔计算机公司（Dell）和通用电气（GE）的商务活动都是通过互联网与供应商、生产商、分销商和顾客直接联系，这样可降低销售成本，让利于顾客。

（6）整合性

互联网上的营销可由商品信息的发布至交易操作的完成和售后服务一气呵成，因此也是一种全程的营销渠道。另一方面，企业可以借助互联网将不同的传播营销活动进行统一设计规划和协调实施，以统一的传播咨讯向消费者传达信息，避免不同传播中不一致性产生的消极影响。

（7）富媒体

互联网被设计成可以传输多种媒体的信息，如文字、声音、图像等信息，使得为达成交易进行的信息交换能以多种形式存在和交换，可以充分发挥营销人员的创造性和能动性。

（8）高效性

计算机可储存大量的信息，代消费者查询，可传送的信息数量与精确度，远超过其他媒体，并能因应市场需求，及时更新产品或调整价格，因此能及时有效了解并满足顾客的需求。

（9）成长性

互联网使用者数量快速成长并遍及全球，使用者多属年轻、中产阶级、高教育水准，由于这部分群体购买力强而且具有很强市场影响力，因此是一项极具开发潜力的市场渠道。

（10）技术性

网络营销是建立在高技术作为支撑的互联网的基础上的，企业实施网络营销必须有一定的技术投入和技术支持，改变传统的组织形态，提升信息管理部门的功能，引进懂营销与计算机技术的复合型人才，未来才能具备市场的竞争优势。

7.2　网络营销理论基础

在网络和电子商务环境下，网络营销较之传统的市场营销，无论是从理论到方法都有了很大的改变。然而这种改变并不是一种革命，只是一种变革和改良。网络营销并不是建立在颠覆传统营销的基础之上的、完全不同于传统营销的全新的营销理论和方式，它还是建立在传统的营销理论基础上的，从网络特性和消费者需求的演化这两个角度出发，对营销理论进行重新演绎和创新，是有关市场营销理论在网络环境下的应用和扩展。所以，下面首先介绍一下市场营销的相关理论。

7.2.1　市场营销组合理论

市场营销理论于 20 世纪初诞生在美国。它的产生是美国社会经济环境发展变化的产物。

（1）经典 4Ps

4Ps 营销策略自美国营销学者麦卡锡教授在 20 世纪的 60 年代提出以来，对市场营销理论和实践产生了深刻的影响，被营销经理们奉为营销理论中的经典。而且，如何在 4Ps 理论指导下实现营销组合，实际上也是公司市场营销的基本运营方法。这一理论认为，如果一个营销组合中包括合适的产品、合适的价格、合适的渠道策略以及合适的促销策略，那么这将是一个成功的营销组合，企业的营销目标也可以借以实现。4Ps 理论是传统市场营销策略的核心，包括了以下四个方面的内容。

① 产品策略（Product） 对企业来说，必须考虑产品能给目标市场的消费者带来想要的利益或产品价值，同时还需要有合适的产品线和产品深度来满足消费者个性化的消费需求。

② 价格策略（Price） 营销经理们不得不考虑到产品在销售中的另一个基本要素——价格，根据不同的市场定位，制定不同的价格策略，产品的定价依据是企业的品牌战略，注重品牌的含金量。

③ 渠道策略（Place） 所谓销售渠道是指在商品从生产企业流转到消费者手上的全过程中所经历的各个环节和推动力量之和。当消费者对你的产品产生兴趣的时候，必须让他能方便地得到你的产品，营销经理需要考虑如何才能以最低成本把产品尽可能地送到消费者手中。

④ 促销策略（Promotion） 企业必须找到自己的目标市场，并让消费者知道并接受自己的产品，这就需要寻求一个适合的产品推广方式，即说服和提醒消费者对公司产品和机构本身信任、支持和注意的任何沟通形式。

（2）4Cs

4Cs 理论是由美国营销专家劳特朋教授在 1990 年提出的，它以消费者需求为导向，重新设定了市场营销组合的四个基本要素：即消费者（Consumer）、成本（Cost）、便利（Convenience）和沟通（Communication）。它强调企业首先应该把追求顾客满意放在第一位，其次是努力降低顾客的购买成本，然后要充分注意到顾客购买过程中的便利性，而不是从企业的角度来决定销售渠道策略，最后还应以消费者为中心实施有效的营销沟通。与产品导向的4Ps 理论相比，4Cs 理论有了很大的进步和发展，它重视顾客导向，以追求顾客满意为目标，这实际上是当今消费者在营销中越来越居主动地位的市场对企业的必然要求，如图 7-1 所示。

图 7-1　4Cs 理论

① 顾客（Customer） 瞄准消费者需求，先不急于制定产品策略。也就是首先要了解、研究、分析消费者的需要与欲求，而不是先考虑企业能生产什么产品。

② 成本（Cost） 考虑消费者所愿意支付的成本，暂时把定价策略放到一边。首先了解消费者为满足需要与欲求愿意付出多少钱（成本），而不是先给产品定价，即向消费者要多少钱。

③ 方便（Convenience） 消费者的便利性。首先考虑如何给顾客方便以购买到商品，而不是先考虑销售渠道的选择和策略。

④ 沟通（Communication） 与消费者的沟通。企业应通过同顾客进行积极有效的双向沟通，建立基于共同利益的新型企业/顾客关系。这不再是企业单向的促销和劝导顾客，而是在双方的沟通中找到能同时实现各自目标的通途。

总体来看，4Cs 营销理论注重以消费者需求为导向，与市场导向的4Ps相比，4Cs 营销理论有了很大的进步和发展。但从企业的营销实践和市场发展的趋势看，4Cs 营销理论依然存在以下不足。

① 4Cs 营销理论是顾客导向，而市场经济要求的是竞争导向。顾客导向与市场竞争导向

的本质区别是：前者看到的是新的顾客需求；后者不仅看到了需求，还更多地注意到了竞争对手，冷静分析自身在竞争中的优、劣势并采取相应的策略，在竞争中求发展。

②　4Cs 营销理论虽然已融入营销策略和行为中，但企业营销又会在新的层次上同一化。不同企业至多是程度的差距问题，并不能形成营销个性或营销特色，不能形成营销优势，保证企业顾客份额的稳定性、积累性和发展性。

③　4Cs 营销理论以顾客需求为导向，但顾客需求有个合理性问题。顾客总是希望质量好，价格低，特别是在价格上要求是无界限的。只看到满足顾客需求的一面，企业必然付出更大的成本，久而久之，会影响企业的发展。所以从长远看，企业经营要遵循双赢的原则，这是4Cs 需要进一步解决的问题。

④　4Cs 营销理论仍然没有体现既赢得客户，又长期地拥有客户的关系营销思想。没有解决满足顾客需求的操作性问题，如提供集成解决方案、快速反应等。

⑤　4Cs 营销理论总体上虽是 4Ps 的转化和发展，但被动适应顾客需求的色彩较浓。根据市场的发展，需要从更高层次以更有效的方式在企业与顾客之间建立起有别于传统的新型的主动性关系，如互动关系、双赢关系、关联关系等。

菲利浦·科特勒归纳说：“4Ps 反映的是关于销售者能影响购买者的营销工具的观点；从购买者的观点来看，每一种营销工具都是为了传递顾客利益。”他还认为，4Ps 和与此相关的 4Cs 有着一一对应的关系，即 product-consumer, price-cost, place-convenience, promotion-communication。按科特勒的观点，4Ps 应向消费者提供价值，就是相应的 4Cs。

（3）4Rs

4Rs 营销理论（The Marketing Theory of 4Rs）是由美国整合营销传播理论的鼻祖唐·舒尔茨在 4Cs 营销理论的基础上提出的新营销理论。4Rs 理论以关系营销为核心，重在建立顾客忠诚。它既从厂商的利益出发又兼顾消费者的需求，是一个更为实际、有效的营销制胜术。

①　关联（Relevance）　即认为企业与顾客是一个命运共同体，在竞争性市场中，顾客具有动态性。顾客忠诚度是变化的，他们会转移到其他企业。要提高顾客的忠诚度，赢得长期而稳定的市场，重要的营销策略是通过某些有效的方式在业务、需求等方面与顾客建立关联，形成一种互助、互求、互需的关系，把顾客与企业联系在一起，这样就大大减少了顾客流失的可能性。

②　反应（Reaction）　在相互影响的市场中，对经营者来说最现实的问题不在于如何控制、制定和实施计划，而在于如何站在顾客的角度从过去推测性商业模式，转移成高度回应需求的商业模式。

③　关系（Relationship）　在企业与客户的关系发生了本质性变化的市场环境中，抢占市场的关键已转变为与顾客建立长期而稳固的关系。把交易转变成一种责任，建立起和顾客的互动关系。而沟通是建立这种互动关系的重要手段。

与此相适应产生 5 个转向：a. 现代市场营销的一个重要思想和发展趋势是从交易营销转向关系营销：不仅强调赢得用户，而且强调长期地拥有用户；b. 从着眼于短期利益转向重视长期利益；c. 从单一销售转向建立友好合作关系；d. 从以产品性能为核心转向以产品或服务给客户带来的利益为核心；e. 从不重视客户服务转向高度承诺。所有这一切其核心是处理好与顾客的关系，把服务、质量和营销有机地结合起来，通过与顾客建立长期稳定的关系实现长期拥有客户的目标。

如今建立稳定的顾客关系和顾客忠诚的重要性已经为许多企业所认识。美国哈佛商业杂志的一份研究报告指出，重复购买的顾客可以为公司带来 25%～85% 的利润，固定客户数每增长 5%，企业利润则增加 25%。所以，在发展企业客户的时候，必须优先与创造企业 80% 利润的 20% 的那部分重要顾客建立牢固关系。把 80% 的资源花在能出关键效益的 20% 的方面，这 20% 的方面又能带动其余 80% 的发展。

④ 回报（Reward） 回报是营销的源泉，任何交易与合作关系的巩固和发展，都是经济利益问题。因此，一定的合理回报既是正确处理营销活动中各种矛盾的出发点，也是营销的落脚点。

4Rs 理论是新兴的市场营销理念，也是今后市场营销活动发展的一个趋势。总体上说，4Rs 理论具有以下特点。

① 4Rs 营销以竞争为导向，在新的层次上提出了营销新思路 根据市场日趋激烈的竞争形势 4Rs 营销着眼于企业与顾客建立互动与双赢的关系，不仅积极地满足顾客的需求，而且主动地创造需求，通过关联、关系、反应等形式建立与它独特的关系，把企业与顾客联系在一起，形成了独特竞争优势。

② 4Rs 营销真正体现并落实了关系营销的思想 4Rs 营销提出了如何建立稳定关系、长期拥有客户、保证长期利益的具体操作方式，这是关系营销史上的一个很大的进步。

③ 4Rs 营销是实现互动与双赢的保证 4Rs 营销的反应机制为建立企业与顾客关联、互动与双赢的关系提供了基础和保证，同时也延伸和升华了营销便利性。

④ 4Rs 营销的回报使企业兼顾到成本和双赢两方面的内容 为了追求利润，企业必然实施低成本战略，充分考虑顾客愿意支付的成本，实现成本的最小化，并在此基础上获得更多的顾客份额，形成规模效益。这样一来，企业为顾客提供的产品和追求回报就会最终融合，相互促进，从而达到双赢的目的。

当然，4Rs 营销同任何理论一样，也有其不足和缺陷。如与顾客建立关联、关系，需要实力基础或某些特殊条件，并不是任何企业可以轻易做到的。但不管怎样，4Rs 营销提供了很好的思路，是经营者和营销人员应该掌握的。

7.2.2 网络营销理论

网络营销区别于传统营销的根本原因是网络本身的特性和消费者需求的个性化。在这两者的综合作用下，使得传统营销理论不能完全胜任对网络营销的指导。因此，需要在传统营销理论的基础上，从网络的特性和消费者的需求的演化这两个角度出发，对营销理论进行重新演绎和创新。但不管怎样，网络营销理论仍然属于市场营销理论的范畴，它是市场营销理论的延续和扩展。

（1）网络直复营销理论

根据美国直复营销协会（ADMA）为直复营销下的定义，直复营销是一种为了在任何地方产生可度量的反应和（或）达成交易而使用一种或多种广告媒体的相互作用的市场营销体系。比起传统的从批发商到零售商的分销方式，直复营销具有很多优点。如少中介，提供充分的商品信息，减少销售成本，无地域障碍，优化营销时机，以客户的反馈信息更好的开发和改善产品，控制、精确测定成本和业务量等。

直复营销中的"直"（direct）是指不通过中间分级渠道而直接通过媒体连接企业和消费者，利用网络进行销售，顾客可通过网络直接向企业订单付款；"复"（response），即回复，是指企业与顾客之间的交互，顾客对这种营销努力有一个明确的答复。企业可统计到这种明确回复的数据，由此对以往的营销努力做出评价。网络上销售的最大特点就是企业和顾客的交互，不仅可以使订单作为测试基础，还可获得顾客的其他数据甚至建议。直复营销具有以单个顾客为对象、以广告促销为媒介和送货上门为手段的特点。它的传统形式主要包括邮购、目录营销、电话营销和电视营销等方式。

新兴的网络信息技术，对直复营销的发展起了很大的作用。网络作为一种交互式的可以双向沟通的渠道和媒体，它可以很方便为企业与顾客之间架起桥梁，顾客可以直接通过网络订货和付款，企业可以通过网络接收订单、安排生产，直接将产品送给顾客。基于互联网的直复营销将更加吻合直复营销的理念。这表现在以下四个方面：

首先，直复营销的互动性。直复营销作为一种相互作用的体系，特别强调直复营销者与目标顾客之间的"双向信息交流"，以克服传统市场营销中的"单向信息交流"方式的营销者与顾客之间无法沟通的致命弱点。互联网作为开放、自由的双向式的信息沟通网络，企业与顾客之间可以实现直接的一对一的信息交流和直接沟通，企业可以根据目标顾客的需求进行生产和营销决策，在最大限度满足顾客需求的同时，提高营销决策的效率和效用。

其次，直复营销的一对一服务。直复营销活动的关键是为每个目标顾客提供直接向营销人员反应的渠道，企业可以凭借顾客反应找出不足，为下一次直复营销活动做好准备。互联网的方便、快捷性使得顾客可以方便地通过互联网直接向企业提出建议和购买需求，也可以直接通过互联网获取售后服务。企业也可以从顾客的建议、需求和要求的服务中，找出企业的不足，按照顾客的需求进行经营管理，减少营销费用。

第三，直复营销的跨时空特征。直复营销活动中，强调在任何时间、任何地点都可以实现企业与顾客的"信息双向交流"。互联网的全球性和持续性的特性，使得顾客可以在任何时间、任何地点直接向企业提出要求和反映问题，企业也可以利用互联网实现低成本的实现跨越空间和突破时间限制与顾客的双向交流，这是因为利用互联网可以自动的全天候提供网上信息沟通交流工具，顾客可以根据自己的时间安排任意上网获取信息。

第四，直复营销活动最重要的特性是直复营销活动的效果是可测定的。互联网作为最直接的简单沟通工具，可以很方便为企业与顾客进行交易时提供沟通支持和交易实现平台，通过数据库技术和网络控制技术，企业可以很方便地处理每一个顾客的订单和需求，而不用管顾客的规模大小、购买量的多少，这是因为互联网的沟通费用和信息处理成本非常低廉。因此，通过互联网可以实现以最低成本最大限度地满足顾客需求同时了解顾客需求，细分目标市场，提高营销效率和效用。

网络营销作为一种有效的直复营销策略，源于网络营销的可测试性、可度量性、可评价性和可控制性。因此，利用网络营销这一特性，可以大大改进营销决策的效率和营销执行的效用。

（2）网络关系营销理论

关系营销是 1990 年以来受到重视的营销理论，它主要包括两个基本点：首先，在宏观上认识到市场营销会对范围很广的一系列领域产生影响，包括顾客市场、劳动力市场、供应市场、内部市场、相关者市场，以及影响者市场（政府、金融市场）；在微观上，认识到企业与顾客的关系不断变化，市场营销的核心应从过去的简单的一次性的交易关系转变到注重保持长期的关系上来。企业是社会经济大系统中的一个子系统，企业的营销目标要受到众多外在因素的影响，企业的营销活动是一个与消费者、竞争者、供应商、分销商、政府机构和社会组织发生相互作用的过程，正确理解这些个人与组织的关系是企业营销的核心，也是企业成败的关键。

关系营销的核心是保持顾客，为顾客提供高度满意的产品和服务价值，通过加强与顾客的联系，提供有效的顾客服务，保持与顾客的长期关系。并在与顾客保持长期的关系的基础上开展营销活动，实现企业的营销目标。实施关系营销并不是以损伤企业利益为代价的，根据研究，争取一个新顾客的营销费用是老顾客费用的五倍，因此加强与顾客关系并建立顾客的忠诚度，是可以为企业带来长远的利益的，它提倡的是企业与顾客双赢策略。互联网作为一种有效的双向沟通渠道，企业与顾客之间可以实现低费用成本的沟通和交流，它为企业与顾客建立长期关系提供有效的保障。这是因为，首先，利用互联网企业可以直接接收顾客的订单，顾客可以直接提出自己的个性化的需求。企业根据顾客的个性化需求利用柔性化的生产技术最大限度满足顾客的需求，为顾客在消费产品和服务时创造更多的价值。企业也可以从顾客的需求中了解市场、细分市场和锁定市场，最大限度降低营销费用，提高对市场的反应速度。其次，利用互联网企业可以更好地为顾客提供服务和与顾客保持联系。互联网的不受时间和空间限制的特性能最大限度地方便顾客与企业进行沟通，顾客可以借助互联网在最短时间内以简便方式获得企业的服务。同时，通过互联网交易企业可以实现对整个从产品质量、服务质量到交易服务等过程的全程质量的控制。

另一方面，通过互联网企业还可以实现与企业相关的企业和组织建立关系，实现双赢发展。互联网作为最廉价的沟通渠道，它能以低廉成本帮助企业与企业的供应商、分销商等建立协作伙伴关系。

（3）网络软营销理论

软营销理论是针对工业经济时代的以大规模生产为主要特征的"强式营销"提出的新理论，它强调企业进行市场营销活动的同时必须尊重消费者的感受和体念，让消费者能舒服的主动接收企业的营销活动。传统营销活动中最能体现强势营销特征的是两种促销手段：传统广告和人员推销。在传统广告中，消费者常常是被迫的被动的接收广告信息的"轰炸"，它的目标是通过不断的信息灌输方式在消费者心中留下深刻的印象，至于消费者是否愿意接收需要不需要则不考虑；在人员推销中，推销人员根本不考虑被推销对象是否愿意和需要，只是根据推销人员自己的判断强行展开推销活动。

在互联网上，由于信息交流是自由、平等、开放和交互，强调的是相互尊重和沟通，网上使用者比较注重个人体验和隐私保护。因此，企业采用传统的强势营销手段在互联网上展开营销活动势必适得其反，如美国著名 AOL 公司曾经对其用户强行发送 E-mail 广告，结果招致用户的一致反对，许多用户约定同时给 AOL 公司服务器发送 E-mail 进行报复，结果使得 AOL 的 E-mail 邮件服务器处于瘫痪状态，最后不得不道歉平息众怒。因此，在网络中这种以企业为主动方的强势营销，无论是有直接商业目的的推销行为，还是没有直接商业目的的主动服务，都可能遭到唾弃和报复。

网络软营销恰好是从消费者的体验和需求出发，采取拉式策略吸引消费者关注企业来达到营销效果。在互联网上开展网络营销活动，特别是促销活动一定要遵循一定的网络虚拟社区构成规则，有的也称为"网络礼仪"。网络软营销就是在遵循网络礼仪规则的基础上巧妙运用达到一种微妙的营销效果。

概括地说，软营销和强势营销的根本区别在于：软营销的主动方是消费者，而强势营销的主动方是企业。作为一个网上的消费者，他们通常不欢迎不请自来的广告，但他们也会在某种个性化需求的驱动下，主动到网上去寻找相关的或商业广告。一旦消费者找到了某个企业的营销站点，企业就要积极行动起来，以各种策略来满足顾客的需求，挽留顾客达成交易甚至培养为忠诚顾客。

（4）网络营销整合理论

整合营销又称"整合营销传播"，它是欧美国家 20 世纪 90 年代以消费者为导向的营销思想在传播领域的具体应用。这一理论的出现与发展是市场营销适应社会环境变化的结果，这里最主要的影响因素是所谓"新人类"（20 世纪 70 年代以后出生，并在电脑时代与物质充分富裕的环境下成长起来的群体）的兴起导致的消费者的改变。这些消费者受过良好教育，并有独立思考问题的能力，喜欢标新立异，有很强的自主性。有两个因素使传统的市场营销策略效率在远离企业营销人员的期望值：一方面是因为科技知识的广泛普及使消费者拥有了更专业的产品理性认识能力，另一方面是在信息大爆炸的社会环境下，人们对媒介的信任度在不断下降。为了改变这种状况，营销学者们提出了整合营销理论，他们认为，制造商和经销商必须进行思想上的整合，两者要共同面向市场，协调使用各种不同的传播手段，发挥不同传播工具的优势，联合向消费者开展营销活动，寻找调动消费者购买积极性的因素，达到刺激消费者购买的目的。

整合营销是网络营销和传统营销的整合，实际上就是利用整合营销的策略来实现以消费者为中心的传播统一性和双向沟通，用目标营销的方法来开展企业的营销活动。整合营销理论主要有三个方面的含义。

① 传播资讯的统一性　即企业用一个声音说话（Speak with One Voice），消费者无论从哪种媒体所获得的信息都是统一的、一致的。其目的是运用和协调各种不同的传播手段，使其发挥出最佳、最集中统一的作用，最终实现在企业和消费者之间建立长期的、双向的、维系不散的关系。

② 互动性　即企业与消费者之间展开富有意义的交流，能够迅速、准确、个性化地获得信息和反馈信息。如果说传统营销理论的座右铭是"消费者请注意"的话，那么整合营销所倡导的格言即使"请消费者注意"，即消费者在营销过程中的地位发生了根本的变化，营销策略已从消极、被动的适应消费者向积极、主动地与消费者沟通和交流转化。

③ 目标营销　即企业的一切营销活动都应围绕企业目标来进行，实现全程营销。整合营销已从理论上离开了在传统营销理论中占中心地位的 4Ps 理论，逐渐转向 4Cs 理论，其所主张的内在关系就是围绕消费者为中心展开的。

互联网络对市场营销的作用，可以通过对 4Ps（产品/服务、价格、渠道、促销）结合发挥重要作用。利用互联网络传统的 4Ps 营销组合可以更好地与以顾客为中心的 4Cs（顾客、成本、方便、沟通）相结合，逐渐形成和完善网络营销中的整合营销理论。

网络互动的特性使顾客真正参与到整个营销过程中来成为可能，顾客不仅参与的主动性增强，而且选择的主动性也得到加强。这样，网络营销首先要求把顾客整合到整个营销过程中来，从他们的需求出发开始整个营销过程。不仅如此，在整个营销过程中要不断地与顾客交互，每一个营销决策都要从消费者出发而不是像传统营销理论如 4Ps 理论那样主要从企业自身的角度出发。企业如果从 4Ps 对应的 4Cs 出发（而不是从利润最大化出发），在此前提下寻找能实现企业利益的最大化的营销决策，则可能同时达到利润最大和满足顾客需求两个目标。这应该是网络营销的理想模式，即：营销过程的起点是消费者的需求，营销决策（4Ps）是在满足 4Cs 要求的前提下的企业利润最大化，最终实现的是消费者满足和企业利润最大化。由此，顾客的个性化需求不断地得到满足，建立起对公司产品的忠诚意识；同时由于这种满足是针对差异性很强的个性化需求，就使得其他企业的进入壁垒变得很高。这样，企业和顾客之间的关系就变得非常紧密，甚至牢不可破，这就形成了"一对一"的营销关系。有些营销学者把这个理论框架称为网络整合营销理论，它始终体现了以顾客为出发点及企业和顾客不断交互的特点，它的决策过程是一个双向的链，如图7-2所示。

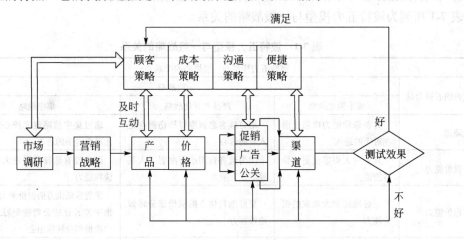

图 7-2　网络整合营销决策

7.3　网络营销策略

7.3.1　网络营销竞争战略分析

　　网络营销作为一种竞争手段，具有很多竞争优势。要了解这些竞争优势如何给企业带来战略优势以及如何选择竞争战略，就必须分析网络营销对组织的业务提供的策略机会和威胁。哈佛大学商学院波特（Porter）教授指出企业竞争中 面对五种力量（如图 7-3 所示）。企业面临的一系列外部威胁和机会有：新的进入者威胁、供应商要价能力、现有竞争者之间对抗、消费者要价能力、替代产品或服务威胁。企业必须加强自身能力对付新的进入者、供应商、现有竞争者、消费者、替代产品或服务带来的问题，改变企业与其他竞争者之间的竞争对比力量。企业可以采取以下几个竞争战略提供竞争力：

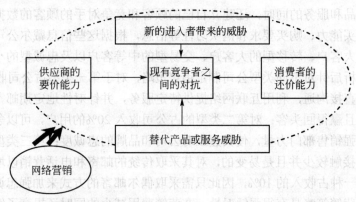

图 7-3　波特五种竞争力量模型

　　① 成本领先战略　提供低成本的产品或服务，降低与购买者和供应者之间的交易成本。

② 差异战略　提供与竞争者不同的产品和服务，定位于有差异的市场，保持竞争力。

③ 创新战略　开发新产品和服务，拓展新市场，建立新的商业联盟、新的分销网络等。

④ 目标聚集战略　采用前面的某一种战略优势占领某一细分市场。

表 7-1 所列为波特五力模型与一般战略的关系。

表 7-1　波特五力模型与一般战略的关系

行业内的五种力量	波特五力模型与一般战略的关系		
	一般战略		
	成本领先战略	产品差异化战略	集中战略
进入障碍	具备杀价能力以阻止潜在对手的进入	培育顾客忠诚度以挫伤潜在进入者的信心	通过集中战略建立核心能力以阻止潜在对手的进入
买方侃价能力	具备向大买家出更低价格的能力	因为选择范围小而削弱了大买家的谈判能力	因为没有选择范围使大买家丧失谈判能力
供方侃价能力	更好地抑制大卖家的侃价能力	更好地将供方的涨价部分转嫁给顾客方	进货量低供方的侃价能力就高，但集中差异化的公司能更好地将供方的涨价部分转嫁出去
替代品的威胁	能够利用低价抵御替代品	顾客习惯于一种独特的产品或服务因而降低了替代品的威胁	特殊的产品和核心能力能够防止替代品的威胁
行业内对手的竞争	能更好地进行价格竞争	品牌忠诚度能使顾客不理睬你的竞争对手	竞争对手无法满足集中差异化顾客的需求

其中，差异战略和创新战略属于同一类型，创新战略也属于差异战略。网络营销作为一种竞争战略，可以在下述几个方面加强企业在对抗某一股力量时的竞争优势。

（1）巩固公司现有竞争优势

市场经济要求公司的发展必须是市场导向的，公司制定的策略、计划都是为满足市场需求服务的，这就要求公司对市场现在和未来的需求有较多信息和数据作为决策依据和基础，避免公司的营销决策过多依赖决策者的主观意愿，使公司丧失发展机会和处于竞争劣势。利用网络营销公司可以对现在顾客的要求和潜在需求有较深了解，对公司的潜在顾客的需求也有一定了解，制定的营销策略和营销计划具有一定的针对性和科学性，便于实施和控制，顺利完成营销目标。如美国计算机销售公司戴尔（Dell）公司，通过网上直销与顾客进行交互，在为顾客提供产品和服务的同时，还建立自己的顾客和竞争对手的顾客的数据库，数据库中包含有顾客的购买能力、购买要求和购买习性等信息，根据这些信息戴尔公司将顾客分成四大类：摇摆型的大客户、转移型的大客户、交易型的中等客户以及忠诚型的小客户。公司通过对数据库的分析后针对不同类型公司制定销售策略，对于第一类型占公司收入 50%的大客户，加强与顾客直接沟通，利用互联网络提供特定服务，并针对性地定期邮寄有关资料，争取失去的顾客并且赢得回头客；对第二类型的占公司收入 20%的用户，可以争取，通过与它们加强沟通并增强销售部门力量，使其建立对公司和品牌的忠诚度；第三类型客户，占总收入的 20%，对其接触较少并且是易变的，对其采取传统的邮寄和电话营销以增强对公司的关系和联系；最后一种占收入的 10%，因此只需采取偶尔邮寄的方式来加强忠诚度。公司在数据库的帮助下，营销策略具有很强针对性，在营销费用减少的同时还提高了销售收入。

（2）加强与顾客的沟通

著名的二八法则公式指出公司的 80%的利润来自于 20%的老顾客，公司与新顾客的交易费用是与老顾客交易的 5 倍，培养顾客的忠诚度是公司营销中最大挑战。网络营销是以顾客为中心，其中网络数据库中存储了大量现在消费者和潜在消费者的相关数据资料，公司可以根据顾客需求提供特定的产品和服务，具有很强的针对性和时效性，可极大满足顾客需求。同时借助网络数据库可以对目前销售的产品满意度和购买情况作分析调查，及时发现问题、解决问题，确保顾客的满意，建立顾客的忠诚度。公司在改善顾客关系的同时，通过合理配置销售资源，可降低销售费用，增加公司收入，例如对高价值的顾客可以配置高成本销售渠道，对低价值顾客用低成本渠道销售。网络数据库营销是现在流行的关系营销的坚实基础，因为关系营销就是建立顾客忠诚和品牌忠诚，确保一对一营销，满足顾客的特定的需求和高质量的服务要求。顾客的理性和知识性，要求对产品的设计和生产进行参与，从而最大限度地满足自己需求。通过互联网络和大型数据库，公司可以低廉成本为顾客提供个性化服务，例如美国的通用汽车公司允许顾客在网上利用智能化的数据库和先进的 CAD 辅助设计软件，辅助顾客自行设计出自己需要的汽车，而且可以在短短几天内将顾客设计的汽车送到顾客家里。

（3）为入侵者设置障碍

虽然信息技术使用成本日渐下降，但设计和建立一个有效和完善的网络营销系统是一个长期的系统性工程，需要投入大量人力、物力和财力。因此，一旦某个公司已经实行了有效的网络营销，竞争者就很难进入公司的目标市场，因为竞争者要用相当多的成本建立一个类似的数据库，而且几乎是不可能的。从某种意义上说，网络营销系统是公司的难以模仿的核心竞争能力和可以获取收益的无形资产。这也正是为什么技术力量非常雄厚的 Compaq 公司没能建立起类似 Dell 公司的网上直销系统的原因，建立完善的网络营销系统需要企业从组织、管理和生产上进行配合。

（4）提高新产品开发和服务能力

公司开展网络营销，可以从与顾客的交互过程中了解顾客需求，甚至由顾客直接提出需求，因此很容易确定顾客要求的特征、功能、应用、特点和收益。在许多工业品市场中，最成功的新产品开发往往是由那些与公司相联系的潜在顾客提出的，因此通过网络数据库营销更容易直接与顾客进行交互式沟通，更容易产生新产品概念，克服了传统市场调研中的滞后性、被动性和片面性以及很难有效识别市场需求而且成本也高等缺陷。对于现有产品，通过网络营销容易获取顾客对产品的评价和意见，从而准确决定产品所需要的改进方面和换代产品的主要特征。目前，有很多大公司开始实行网络营销，数据库产品的开发研制和服务市场规模也越来越大。例如，美国通用汽车公司在网上允许用户通过公司提供的辅助 CAD 软件设计自己所需要的汽车，公司根据客户要求设计生产，一方面满足顾客不同层次需求，另一方面公司同时获得了许多市场上对新产品需求的新概念。在服务方面，美国联邦快递（FedEx.com）公司，通过互联网让用户查询了解其邮寄物品的运送情况，让用户不出门就可以获取公司服务，公司因此省去了许多接待咨询的费用，从而一举两得。

（5）稳定与供应商的关系

供应商是向公司及其竞争者提供产品和服务的公司或个人。公司在选择供应商时，一方面考虑生产的需要，另一方面考虑时间上需要，即计划供应量要依据市场需求，将满足要求的供应品在恰当时机送到指定地点进行生产，以最大限度地节约成本和控制质量。公司如果实行网络营销，就可以对市场销售进行预测，确定合理的计划供应量，确保满足公司的目标市场需求；另一方面，公司可以了解竞争者的供应量，制定合理的采购计划，在供应紧缺时能预先订购，确保竞争优势。如美国的大型零售商沃尔玛公司通过其网络营销系统根据零售店的销售情况，制订其商品补充和采购计划，通过网络将采购计划立即送给供应商，供应商必须适时送货到指定零售店；供应商既不能送货过早，因为公司实行零库存管理，没有仓库进行库存，同时不能过晚，否则影响零售店的正常销售；在零售业竞争日益白热化的情况下，公司凭借其与供应商稳定协调的关系，使其库存成本降到最低；供应商也因公司销售额的稳定增长获益匪浅，因此都愿意与沃尔玛公司建立稳定的紧密合作关系。

7.3.2　网络营销产品策略

（1）网络营销产品概述

市场营销学对产品作如下定义：产品是指人们为留意、获取、使用或消费而提供给市场的一切东西，以满足某种欲望和需要。产品包括有形的实物产品和无形的服务产品。但是，传统产品不仅仅是我们看到的实体产品或是感受到的服务本身，它还应是一个产品整体，包含三个层次：核心产品、有形产品和附加产品（延伸产品），如图7-4所示。

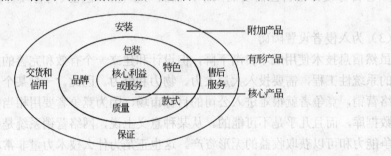

图7-4　传统产品的三个层次

在网络营销环境下，产品设计和开发的主体地位由企业向顾客转移，企业在设计和开发产品的时候首先要考虑消费者的个性化需求，因此网络营销产品在传统产品层次上还需要增加两个层次，即期望产品层次和潜在产品层次。如图7-5所示。

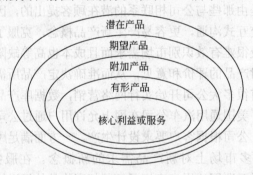

图7-5　网络营销产品层次

① 核心利益层　是指产品能够提供给消费者的基本效用或益处，是消费者真正想要购买的基本效用或益处。如消费者购买电脑是为了使用电脑，利用电脑作为上网工具等。由于网由于网络营销是一种以顾客为中心的营销，企业在设计和开发产品核心利益时要从顾客的角度出发，并根据此前的营销效果来确定当前产品的设计开发，同时还要注意网络营销的全球性，在提供核心利益和服务时要针对全球性市场，如医疗服务可以借助网络实现远程医疗。

② 有形产品层　有形产品层是产品在市场上出现时的具体物质形态。主要表现在品质、

特征、式样、商标、包装等方面，是核心利益的物质载体。对于物质产品来说，首先，产品的品质必须保障，因为网络营销是跨时空的，顾客对质量要求特别高；其次，必须注重产品的品牌，因为网上顾客对产品的认识和选择主要是依赖品牌；第三，注意产品的包装。网络营销的产品一般需要配送，范围是全球性的，因此包装必须标准化，而且要适宜全球运输；第四，在式样和特征方面要根据不同地区的亚文化来进行针对性加工，如在中国地区最好是标明简体汉字和繁体汉字。

③ 延伸产品层　延伸产品层（或称附加产品层）是指由产品的生产者或经营者为购买者提供的附加服务，主要是帮助用户更好地使用核心利益的服务。在网络营销中，对于物质产品来说，延伸产品层次要注意提供令用户满意的质量保证、送货、售后服务等。

④ 期望产品层　在网络营销中，顾客处于主导地位，消费呈现出个性化的特征，不同的消费者可能对产品的要求不一样，因此产品的设计和开发必须满足顾客这种个性化的消费需求。这种顾客在购买产品前对所购产品的质量、使用方便程度、特点等方面的期望值，就是期望产品。为满足这种需求，对于物质类产品，要求企业的设计、生产和供应等环节必须实行柔性化的管理。如 Dell 电脑公司为满足顾客对自己购买电脑的期望，它允许顾客通过互联网在网上组装和设计自己满意的电脑（硬件配置、软件配置、价格），然后以订单方式送到 Dell 公司的生产部门进行生产，并由配送公司将电脑送给顾客。对于无形产品如服务、软件等，则要求企业能根据顾客的需要来提供服务。如保险公司允许顾客通过网络来设计自己需要的保险险种；再如许多软件在销售给顾客后，允许顾客通过技术支持和服务对产品进行二次开发，以满足顾客自己独特的需要。

⑤ 潜在产品层　由企业提供能满足顾客潜在需求的产品层次，主要是指产品的增值服务，它与延伸产品的主要区别是顾客没有潜在产品层次仍然可以很好地使用顾客需要的产品的核心利益和服务。在高新技术发展日益迅猛的时代，有许多潜在需求和利益还没有被顾客认识到，这需要企业通过引导和支持，更好地满足顾客的潜在需求。例如购买电脑的时候，不仅仅是一台计算机，而是整个系统。

（2）适合在线销售的产品特性

由于网络销售是在虚拟市场上进行，购买者往往不接触产品的实体，这对网上产品提出了特定的要求。一般而言，适合在互联网络上销售的产品通常在以下几个方面具有特性。

① 产品特点　高新技术或与电脑、网络有关，无形化的产品皆适于通过网络传送。由于数字化技术和信息技术的发展，网络可以对许多数字化的产品直接通过网络进行配送。由于目前的网上产品主要与网络有关，所以它们首先必须符合网络的特性。

② 产品质量　因为网络免费的内容很多，一旦消费者产生购买的要求就说明对该产品需求的强烈。所以对产品实际解决问题的要求也相当的高。网上产品要具有很高的质量，这正是它们的生命所在。

③ 产品式样　由于网上消费者的个性化需求，网络营销产品的式样还必须满足购买者的个性化需求，这是造成产品差异的一种手段。这主要是对实体产品的要求，而对于虚体产品的要求不是很高。

④ 产品品牌　网络产品的品牌对于产品更为重要，因为在网络购买的时候几乎不能与产品先接触，这时品牌就成了一种无形的保证。对于产品延续购买选择起决定性的作用。

⑤ 产品包装　作为通过互联网络经营的产品，其包装必须适合网络营销的要求。例如通过网络传送的软件、游戏、信息等无形产品就可以没有任何包装；而其他的实体性的产品，

就应采用适合专业递送的包装。

⑥ 产品的目标市场　通过网络进行营销的商品所面临的市场是以网络用户为主要目标的市场，或者换言之，需要覆盖广大的地理范围的产品更适合于利用网络进行营销。

⑦ 产品的经营成本核算　通过互联网络进行销售的产品由于购买的不接触性，就决定产品的到达也是非消费者亲自取回。对于实体产品现实的物流成本也在网络产品的实际售价中。

从今后的发展趋势来看，适合于网络营销的产品，不在于其形态、价格或送货方式，而主要依据两个方面：即网上交易的难易程度和网络营销对该产品的附加价值大小。某些产品或服务，由于其自身的特点，运用传统的营销方式，交易过程复杂、成本高、消费者获得全面的信息比较困难，或产品信息不对称性问题较突出，如购房、购车、查询金融信息等，这类产品或服务就比较适合网络营销方式；而有些产品或服务，运用传统营销方式很简单，如书籍、计算机软件、订票服务等，若将这类商品和服务搬到网上，就必须设法增加这些商品的附加值，如提供更多的选择品种、更低的价格、可靠的质量以及良好的信誉等，这样才能吸引消费者。

（3）网络营销产品分类

在网络上销售的产品，按照产品性质的不同，可以分为两大类：实体产品和虚体产品。

① 实体产品　是指有具体物理形状的物质形态产品。我们使用的大多数产品属于这个形态。在网络上交易实体产品的过程与传统的购物方式有所不同。在这里已没有传统的面对面的买卖方式，网络上的交互式交流成为买卖双方交流的主要形式。消费者或客户通过卖方的主页考察其产品，通过填写表格表达自己对品种、质量、价格、数量的选择；而卖方则将面对面的交货方式改为邮寄产品或送货上门，这一点与邮购产品颇为相似。因此，贵重物品的网络销售也有问题，许多人对如此昂贵的产品总是心存疑虑，而不愿仅通过网络就简单草率地做出购买决定。

② 虚体产品　虚体产品与实体产品的本质区别在于虚体产品一般是无形的，而实体产品是有形的。虚体产品即使表现出一定的形态也是通过其载体体现出来的。如计算机软件是一些数字编码，这些有规则的数字编码存储在磁盘上，磁盘是软件的载体，用户购买磁盘是为了购买磁盘上保存的软件。在网络上销售的虚体产品可以分为两大类：软件和服务。

软件包括计算机系统软件和应用软件。假如计算机软件通过传统的渠道销售，则首先需要存到磁盘中或刻到光盘上，然后加以包装，通过批发商、零售商到达顾客手中。这个过程使成本大大增加，而直接通过网络传送软件，可以省去一切包装材料，而且迅速、方便。在用户购买实体软件时，往往对软件的性能搞不清楚，从而影响了他们的购买欲望。网上软件销售商常常可以提供一段时间的试用期，允许用户尝试使用并提出意见。好的软件能很快吸引顾客，使他们爱不释手并为此慷慨解囊，这既方便了客户，又大大增加了软件的销售量，从而实现软件销售商的网络营销目标。

服务可以分为普通服务和信息咨询服务两大类。普通服务包括远程医疗，法律救助，航空、火车订票，入场券预订，饭店、旅游服务预约，医院预约挂号，网络交友，电脑游戏等；而信息咨询服务包括法律咨询，医药咨询，股市行情分析，金融咨询，资料库检索，电子新闻，电子报刊等。对于普通服务来说，顾客不仅注重所能够得到的收益，还关心自身付出的成本。通过网络这种媒体，顾客能够尽快地得到所需要的服务，消除恼人的排队等候的时间成本。同时，消费者利用浏览软件，能够得到更多更快的信息，提高信息传递过程中的效率，增强促销的效果。以旅游服务为例，实现这种服务要具备三个条件：人们对旅游景点的了解，人们对饮食居住条件的了解以及人们对价格的认可。传统的旅游促销措施大部分是通过报刊的广告形式进行的，这种形式很难满足上述三个条件。电视台的广告具有声像兼顾的特点，但由于价格昂贵，很少有人问津。利用互联网进行旅游促销，则可以完全克服其他广告形式的缺陷。一方面，网络多媒体可以提供生动的图文和声像，另一方面，网上报价又可以为顾客提供多种选择，在大大方便了顾客的同时，也为旅行社提供了准确的旅游人数数据。对于信息咨询服务来说，网络是一种最好的媒体选择。用户上网的最大诉求就是寻求对自己有用的信息，信息服务正好提供满足这种需求的机会。通过计算机互联网络，消费者可以得到法律咨询、医药咨询、金融咨询、股市行情分析在内的咨询服务和包括资料库检索、电子新闻、电子报刊在内的信息服务。

（4）网络营销的新产品开发策略

新产品开发是许多企业在市场取胜的法宝。在网络时代，由于信息和知识的共享，科学技术扩散速度加快，企业的竞争从原来简单依靠产品的竞争转为拥有不断开发新产品能力的竞争。营销计划工作面临的主要挑战之一是发展新产品的各种观念和成功地把它们加以实施。一个企业必须为它的已进入衰退阶段的产品提供替换品。网络营销新产品开发策略也有下面几种类型，下面分别予以分析。

① 新问世的产品　新问世的产品即开创了一个全新市场的产品。这种策略一般主要由创新公司采用。网络时代使得市场需求发生了根本性变化，消费者的需求和消费心理也发生重大变化。这个产品的市场就是主产品市场。

② 新产品线　新产品线是指使得公司首次进入现有市场的新产品。互联网的技术扩散速度非常快，利用互联网迅速模仿和研制开发已有产品是一条捷径，这作为一种对抗性的防御性策略，能很好地维持原有的市场，有利于后期产品的研发与销售。

③ 现有产品线外新增加的产品　现有产品线外新增加的产品即补充公司现有产品线的新产品。由于市场不断细分，市场需求差异性增大，这种新产品策略是一个比较有效的策略。这样等同于企业有了两个主产品市场，可以增强企业的利润的稳定性，有利于企业参与竞争从而扩大市场占有率。

④ 现有产品的改良品或更新品　在网络营销市场中，由于消费者可以在很大范围内挑选商品，具有很大的选择权利，企业在面对消费者需求层次日益提高的驱动下，必须不断改进现有产品和进行升级换代，否则很容易被市场抛弃。目前，产品的信息化、智能化和网络化是必须考虑的，如电视机的数字化和上网功能。

⑤ 降低成本的产品　可能是由于技术更新的需要、竞争者的进入、产品的升级、规模化的生产等，当企业面临不同问题的时候会采取不同的对策。较低的成本提供同样性能的新产品，这类产品主要是增加利润或扩大占有率。

⑥ 重新定位产品　重新定位产品即以新的市场或细分市场为目标市场的现有产品。这种策略是网络营销初期可以考虑的，因为网络营销面对的是更加广泛的市场空间，企业可以突破时空限制，以有限的营销费用去占领更多的市场。在全球的广大市场上，企业重新定位产品，可以取得更多的市场机会。如在国内的中档家电产品通过互联网进入国际上其他发展中国家和地区市场，可以将产品重新定位为高档产品。

企业网络营销产品策略采取哪一种具体的新产品开发方式，可以根据企业的实际情况决定。但结合网络营销市场特点和互联网特点，开发新市场中的新产品是企业竞争的核心。相对成熟的企业采用后面几种新产品策略也是一种短期较稳妥的策略，但不能作为企业长期的新产品开发策略。

（5）网络营销的品牌策略

在传统中国的商业世界，品牌的概念就类似于"金字招牌"，但在现代西方的营销领域，品牌是一种企业资产，涵盖的意念比表象的标记或是注册商标更重要。品牌是一种信誉，由产品品质、商标、企业标志、广告口号、公共关系等混合交织形成。企业通常会用理性与感性兼具的营销活动，再配合公关造势，创建出价值无穷的品牌，让顾客一看到某个品牌，就会产生一种肯定的感觉，甚至立刻毫不犹豫地掏出钱包。

① 品牌价值（brand equity）是一个品牌的无形资产，可以用货币单位来计量。如表 7-2 所示，尼尔森在线公布 2009 年美国网络品牌排名前十名，2009 年 4 月份，谷歌仍占据网络品牌排名首位，独立访问人数超过 1.31 亿，雅虎、MSN、微软和 YouTube 挤进前五。2002 年，吉姆·格里高利提出，建立一个全球知名的品牌包括七个要素。这七个要素是：

a. 对企业的客户群体进行市场调查，信息的掌握在建立全球化品牌的过程中是非常关键的；

b. 对自己的企业有清晰的了解，基于建立全球市场的目标，制定企业发展策略；

c. 有前瞻性，明确企业希望建立的形象，制定经营战略来塑造企业形象，形成企业发展的市场定位战略文件；

d. 加强企业内的信息交流，通过企业内的信息交流共同促进品牌的发展；

e. 创建公共信息交流平台，在企业内外联合企业广告、公关、投资、人力资源等方面的专家，进行有效的沟通与交流，搭建信息交流平台；

f. 在信息组合中包括企业所有员工，他们在处理公共关系危机时尤其重要；

g. 绩效评估。对目标的实施和沟通效果进行跟踪评估。

表 7-2　2009 年 4 月美国网络品牌排名前十名

序　号	品　牌	访问人数/千人	序　号	品　牌	访问人数/千人
1	Google	131595	6	AOL Media Network	86809
2	Yahoo!	117939	7	Facebook	71287
3	MSN/Windows Live	100577	8	Fox Interactive Media	65828
4	Microsoft	98795	9	Wikipedia	58942
5	YouTube	87366	10	Apple	52965

注：资料来源于 Nielsen Online。

将著名品牌融入通俗文化中，让消费者有机会与之接触。通俗文化通常指音乐、娱乐、体育等，他们能帮助品牌与消费者经常接触。由于这个原因，许多企业请名人做品牌代言人，或策划运动赛事来引起目标市场的注意。例如，戴尔公司发现，为客户在线提供定制电脑是创立品牌的最佳时机。依照客户愿望定制其所需要的产品和信息，来满足客户需求，再加上将通俗文化融入企业的经营中，使得互联网能够以"全年无休"的形式为电子商务提供服务，如图 7-6 所示。

② 品牌关联　雅虎网站的经营十分成功，因此，网站的客户自发地创办了雅虎博客。而后，雅虎公司又将博客中的内容用在了公司的广告中。为忠诚的客户建立品牌社区，让他们在其中畅谈自己喜欢的品牌，这是为品牌开展营销活动的厂商梦寐以求的事情。哈雷摩托车的车主、苹果电脑爱好者、参与 eBay 网站拍卖活动的消费者、在谷歌网站上搜索信息的

用户等，都为厂商创立品牌做出了贡献。亚马逊网站也从客户那里获益，许多网络用户都希望自己能成为网站的顶级书刊评论家。一个品牌是如何从不知名到被大多数人接受的呢？

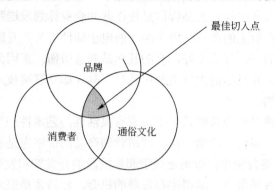

图 7-6　大品牌与通俗文化和消费者的碰撞

图 7-7 显示了消费者与品牌关联程度的五个层次。金字塔形的结构表明，只有很少的一部分消费者处于金字塔顶端，但是他们是品牌的倡导者，他们会主动告知其他消费者这个品牌有多么出色。在与品牌的接触过程中，实际的客户和潜在的客户了解了品牌，改变了对品牌的态度。一些消费者通过单向的媒体（如广告和产品包装）与品牌有了接触，而另一些则通过双向的沟通（如电话、展览会、网站、公司发送的电子邮件）与客服部门或销售人员进行接触。雅虎在员工之间开展竞赛，有 800 个参赛者讲述为什么雅虎会成为自己生活的原动力。在此基础上，雅虎网站将自己从"搜索引擎"的定位转变为"生活引擎"。这是一种企业内部的营销活动，但是，它有助于员工在与客户接触时，始终如一地传递同样的信息。

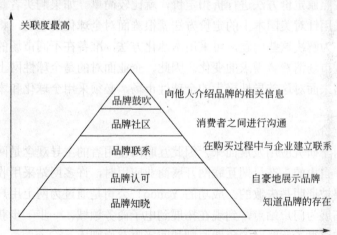

图 7-7　消费者与品牌的关联程度

③　网络产品的品牌决策　企业若有产品在线销售，就会面临一些品牌决策问题：新产品是沿用已有的品牌还是重新创造一个品牌；是否将自己的品牌和其他公司组成联合品牌；网站该使用怎样的域名，等等。当然，企业花费大量的时间和资金去开发有影响力的独特品牌，目的是为了创造品牌价值。如果一家企业想要创造一个新的网络品牌，就应该取一个好的名字。好名字应该是对产品的特征有所暗示，应该与竞争对手的产品有所区分，并且能够形成有效地法律保护。在互联网上一个商标的名字应该短小、易记、易拼写，并且能够很好地翻译成其他国家的语言。或者，为了吸引用户访问网站，使企业的营销沟通信息保持一致

性，选择恰当的域名也是至关重要的。

虽然互联网能够帮助企业将消费者推向品牌金字塔的顶端，但是它往往很难控制品牌形象，因为在互联网上消费者接收到的品牌信息往往并非企业计划发送和能够控制的信息（例如消费者之间在网络公告板上的留言，用于沟通的电子邮件等）。互联网上也会出现许多有关企业品牌的信息，有的好，有的不好，有的甚至是恶意中伤。正因为如此，厂商应该对品牌的网络信息实施监管，并且尽最大努力使用各种工具（如互联网技术）来塑造品牌形象。

7.3.3　网络营销价格策略

网络营销的价格策略是企业营销策略中最富有灵活性与艺术性的策略之一，是企业营销组合策略中的重要部分。与传统营销一样，网络营销产品的价格也是要由市场这只"看不见的手"来决定的。在网络营销中，市场还处于起步阶段的开发期和发展时期，企业进入网络营销市场的主要目标是占领市场，求得生存发展的机会，然后才是追求企业的利润。基于市场的这种特点，网络产品的定价具有以下特点。

（1）全球性

网络营销市场面对的是开放的和全球化的市场，用户可以在世界各地直接通过网站进行购买，而不用考虑网站是属于哪一个国家或者地区的。这种目标市场从过去受地理位置限制的局部市场，一下拓展到范围广泛的全球性市场，这使得网络营销产品定价时必须考虑目标市场范围的变化给定价带来的影响。

如果产品的来源地和销售目的地与传统市场渠道类似，则可以采用原来的定价方法。如果产品的来源地和销售目的地与原来传统市场渠道差距非常大，定价时就必须考虑这种地理位置差异带来的影响。如 Amazon 的网上商店的产品来自美国，购买者也是美国的消费者，那产品定价可以按照原定价方法进行折扣定价，就比较简单。如果购买者是中国或者其他国家的消费者，那采用针对美国本土的定价方法就很难面对全球化的市场，将影响网络市场全球性作用的发挥。为解决这些问题，可采用本地化方法，准备在不同市场的国家建立地区性网站，以适应地区市场消费者需求的变化。因此，企业面对的是全球性网上市场，但企业不能以统一市场策略来面对这差异性极大的全球性市场，必须采用全球化和本地化相结合的原则进行。

（2）低价位定价

互联网是从科学研究应用发展而来，因此互联网使用者的主导观念是网上的信息产品是免费的、开放的、自由的。在早期互联网开展商业应用时，许多网站采用收费方式想直接从互联网赢利，结果被证明是失败的。成功的 Yahoo！公司是通过为网上用户提供免费的检索站点起步，逐步拓展为门户站点，到现在拓展到电子商务领域，一步一步获得成功的，它成功的主要原因是它遵循了互联网的免费原则和间接收益原则。

网上产品定价较传统定价要低还有着成本费用降低的基础，互联网发展可以从诸多方面来帮助企业降低成本费用，从而使企业有更大的降价空间来满足顾客的需求。因此，如果在网上产品的定价过高或者降价空间有限的产品，在现阶段最好不要在消费者市场上销售。如果面对的是工业、组织市场，或者产品是高新技术的新产品，网上顾客对产品的价格不太敏感，主要是考虑方便、新潮，这类产品就不一定要考虑低价位定价的策略了。

直接低价定价策略就是在定价时大多采用成本加一定利润，有的甚至是零利润来定价。这种定价在公开价格时就比同类产品价格低。它一般是由制造业企业在网上进行直销时采用的定价方式，如 Dell 公司电脑定价比同性能的其他公司的产品价格低 10%～15%。

另外一种低价定价策略是折扣策略，它是以在原价基础上进行折扣来定价的。这种定价方式可以让顾客直接了解产品的降价幅度以促进顾客的购买。这类价格策略主要为一些网上商店采用，它通过对购买来的产品按照市面上流行价格进行折扣定价。如 8848 的图书价格一般都要进行折扣，而且折扣幅度达到 1～2 折。

如果企业是为拓展网上市场，但产品价格又不具有竞争优势时，则可以采用网上促销定价策略。由于网上的消费者广泛而且具有很大购买能力，许多企业为打开网上销售局面和推广新产品而采用临时促销定价策略。促销定价除了前面提到的折扣策略外，比较常用的是有奖销售和附带赠品销售。

在采用低价定价策略时要注意的是：首先，由于互联网是从免费共享资源发展而来的，因此用户一般认为网上商品比从一般渠道购买商品要便宜，在网上不宜销售那些顾客对价格敏感而企业又难以降价的产品；其次，在网上公布价格时要注意区分消费对象，一般要区分一般消费者、零售商、批发商、合作伙伴，分别提供不同的价格信息发布渠道，否则可能因价格策略混乱导致营销渠道混乱； 第三，网上发布价格时要注意比较同类站点公布的价格，因为消费者可以通过搜索功能很容易在网上找到最便宜的同类产品，从而使价格信息公布起到反作用。

（3）顾客主导定价

所谓顾客主导定价，是指为满足顾客的需求，顾客通过充足的市场信息来选择购买或者定制生产自己满意的产品或服务，同时以最小代价（产品价格、购买费用等） 获得这些产品或服务。简单地说，就是顾客的价值最大化，顾客以最小成本获得最大收益。顾客主导定价的策略主要有：顾客定制生产定价和拍卖市场定价。

顾客定制生产定价策略是在企业能实行定制生产的基础上，利用网络技术和辅助设计软件，帮助消费者选择配置或者自行设计能满足自己需求的个性化产品，同时承担自己愿意付出的价格成本。如 Dell 公司允许客户自由选择电脑配件，消费者可以自己根据实际需要和能承担的价格，配置出自己最满意的产品，使消费者能够一次性买到自己中意的产品。在配置电脑的同时，消费者也相应地选择了自己认为合适的价格，因此对产品价格有比较明确的认识，增加企业在消费者面前的信用。

网上拍卖是目前发展比较快的领域，经济学认为市场要形成最合理价格，拍卖竞价是最合理方式。网上拍卖时消费者通过互联网轮流公开竞价，在规定时间内价高者赢得。

根据国外拍卖网站 eBay.com 的分析统计，在网上拍卖定价产品，只有 20% 的产品拍卖价格低于卖者的预期价格，50% 的产品拍卖价格略高于卖者的预期价格，剩下 30% 产品拍卖价格与卖者预期价格相吻合，在所有拍卖成交产品中有 95% 的产品成交价格卖主比较满意。因此，网上拍卖这种顾客主导定价是一种双赢的发展策略，既能更好满足顾客的需求，同时企业的收益又不受到影响，而且可以对目标市场了解得更充分，企业的经营生产和产品研制开发可以更加符合市场竞争的需要。

根据供需关系，网上拍卖竞价方式有下面几种。

① 竞价拍卖 最大量的是 C2C 的交易，包括二手货、收藏品，也可以是普通商品以拍卖方式进行出售。如 HP 公司也将公司的一些库存积压产品放到网上拍卖。

② 竞价拍买 是竞价拍卖的反向过程，消费者提出一个价格范围，求购某一商品，由商家出价，出价可以是公开的或隐蔽的，消费者将与出价最低或最接近的商家成交。

③ 集体议价 在互联网出现以前，这一种方式主要是多个零售商结合起来，向批发商

（或生产商）以数量换价格的方式进行。互联网出现后，普通的消费者能使用这种方式购买商品。集合竞价模式，是一种由消费者集体议价的交易方式。集体议价模式的最大价值在于：它使消费者在价格上形成一种集体攻势，进而得到实实在在的利益。它充分体现了网络时代消费者在价格上的主导地位和价格交易中的一种革命性的变化。

上面介绍的网络产品定价特点是企业在利用网络营销拓展市场在制定价格策略时需要考虑的因素，企业应根据产品特性和网上市场发展状况来决定定价策略。不管采用何种策略，企业的定价策略都应与其他策略配合，以保证企业总体营销策略的实施。

7.3.4　网络营销渠道策略

（1）网络营销渠道功能

渠道，亦称销售渠道、分销渠道或营销渠道是指产品从企业向消费者转移时所经过的路线。在现代社会的大多数情况下，这种转移活动是借助于一系列中间商的购买辅助活动进行的，因此，渠道又可以定义为是促使产品或服务顺利地被使用或消费的一整套相互依存的组织，它涉及到信息沟通、资金转移和产品转移等。网上营销渠道就是借助互联网络将产品从生产者转移到消费者的中间环节，它一方面要为消费者提供产品信息，让消费者进行选择；另一方面，在消费者选择产品后要能完成一手交钱一手交货的交易手续，当然交钱和交货不一定要同时进行。因此，一个完善的网上营销渠道应有三大功能：订货功能、结算功能和配送功能。

① 订货系统　它为消费者提供产品信息，同时方便厂家获取消费者的需求信息以求达到供求平衡。一个完善的订货系统，可以最大限度地降低库存，减少销售费用。我国的联想电脑公司，在其开通网上订货系统的当天，订货额就高达 8500 万元。可见，网上订货系统发展潜力巨大。

② 结算系统　消费者在购买产品后，可以有多种方式方便地进行付款，厂家（商家）应有多种结算方式。目前国外流行的几种方式有：信用卡、电子货币、网上划款等几种方式。目前国内付款结算方式有：邮局汇款、货到付款、信用卡。我国很多银行也开通了网上支付手段，如招商银行的与"一卡通" 配套的"一网通"、中国银行的以信用卡为基础的"电子钱包"和中国建设银行提供的"网上银行"等。

③ 配送系统　一般来说，产品分为有形产品和无形产品。无形产品如服务、软件、音乐等产品可以直接通过网上进行配送，如现在许多软件都可以直接从网上购买和下载，再如现在流行的 MP3 格式音乐也可以直接从网上下载使用，通过网上提供服务也是如此，因此配送系统一般讨论的是有形产品的配送问题。有形产品的配送，要涉及到运输和仓储问题。国外已经形成了专业的配送公司，如著名的美国联邦快递公司，它的业务覆盖全球，实现全球快速的专递服务，以至于从事网上直销的 Dell 公司将美国国内的配送业务都交给它完成，因此国外的网上商店发展较为迅速的一个原因所在，是它们有良好的专业配送服务体系作为支撑。

（2）网络营销渠道类型

在传统的销售渠道中，中间层处在制造商和消费者之间，如批发商、分销商和零售商，如图 7-8 所示。在一些国家，比如日本，可以发现中间层可以是达 10 层的臃肿的分销网络。这些额外层次可能会是产品的销售价格比出厂价格增加 50%。

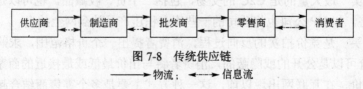

图7-8　传统供应链

——→ 物流；◄---► 信息流

利用互联网的信息交互特点，网上营销得到大力发展。网络分销渠道也可分为直接分销渠道和间接分销渠道，如图 7-9 所示。但与传统的分销渠道相比，网络分销渠道的结构要简单得多。网络的直接分销渠道和传统的直接分销渠道都是零级分销渠道，这方面没有大的区别；而对于间接分销渠道而言，电子商务的网络营销中只有一级分销渠道，即只有一个信息中介商（商务中心）来沟通买卖双方的信息，而不存在多个批发商和零售商的情况，所以也就不存在多级分销渠道。

图 7-9　网络营销的渠道模式

① 网络直接分销渠道　网上直销与传统直接分销渠道一样，都没有营销中间商。网上直销渠道一样也要具有上面营销渠道中的定货功能、支付功能和配送功能。网上直销与传统直接分销渠道不一样的是，生产企业可以通过建设网络营销站点，顾客可以直接从网站进行定货。通过与一些电子商务服务机构如网上银行合作，可以通过网站直接提供支付结算功能，解决资金流转问题。对于配送方面，网上直销渠道可以利用互联网技术来构造有效的物流系统，也可以通过互联网与一些专业物流公司进行合作，建立有效的物流体系。

企业网上直接销售产品，其优点在于以下四方面。

第一，能够促成产需方直接见面。企业可以直接从市场上收集到真实的第一手资料，合理安排生产。

第二，营销人员可以利用网络工具，如电子邮件、公告牌等，随时根据用户愿望和需要，开展各种形式的促销活动，迅速扩大产品的市场份额。

第三，网络直销对买卖双方都会产生直接的经济利益。由于网络营销使企业的销售成本大大降低，从而使企业能够以较低的价格销售自己的产品，同时，消费者也能够买到大大低于现货市场价格的产品。

第四，网络直销使企业能够及时了解用户对产品的意见、要求和建议，从而使企业针对这些意见、要求和建议向顾客提供技术服务，解决疑难问题，提高产品质量，改善企业经营管理。

网络直销固然有很多优势，但认为网络间接销售将被完全取代是片面的，因为网络直销也有其自身的缺点。由于越来越多的企业和商家在互联网上建站，使用户处于无所适从的尴尬境地。面对大量分散的域名，网络访问者很难有耐心一个个去访问有关的企业主页。特别是对于一些不知名的中小企业，大部分网络访问者不愿意在此浪费时间，或者只是在"路过"时走马观花地看一眼。据有关资料介绍，我国目前建立的众多企业网站，除个别行业和特殊企业外，大部分网站访问者寥寥，营销数额有限。为解决这个问题，必须从两方面入手：一方面需要尽快组建具有高水平的专门服务于商务活动的网络信息服务点；另一方面需要从间接分销渠道中去寻找解决办法。从近几年国外发展情况看，虽然几乎每个企业在网络上都有自己的站点，但绝大多数企业仍然委托知名度较高的信息服务商如美国的邓白氏、日本的帝国数据库等发布信息。由于这些信息服务商知名度高、信誉好、信息量大，用户一旦要查找企业商品信息，便会自然想到信息服务商，因此检索访问的人数非常多。我国在这方面刚刚起步，比较出色的是原外经贸部的中国商品交易市场网站。这个网站于 1998 年 3 月正式开通，同年 6 月迅速跃居互联网上中国经贸信息发布之首，每天访问人数稳定在 15 万人次以上。

② 网络间接分销渠道　它是通过融入互联网技术后的中间商提供网络间接营销渠道，把商品由中间商销售给消费者的营销渠道。网络的间接分销渠道则完全克服了传统的间接分销渠道的缺点。网络商品交易中心通过互联网强大的信息传递功能，完全承担着信息中介机构的作用，同时利用其在各地的分支机构承担起批发商和零售商的作用。网络商品交易中心把中介机构的数目减少到一个，从而使商品流通的费用降到最低限度。这种现代化的交易模式是对千百年来传统交易模式的一个根本性变革，必将会推动整个社会生产力的发展。

③ 双道法——企业网络销售渠道的最佳策略　在西方众多企业的网络营销活动中，双道法是最常见的方法，是企业网络分销渠道的最佳策略。所谓双道法，是指企业同时使用网络直销和网络间接销售渠道，以达到销售量最大的目的。在买方市场条件下，通过两条渠道销售产品比通过一条渠道更容易实现"市场渗透"。

目前，许多企业的网站访问者不多，有些企业的网络营销收效也不大，但是却不能据此就断言企业在网上建站的时机尚不成熟。企业在互联网上建站，一方面，为自己打开了一个对外开放的窗口，另一方面，也建立了自己的网络直销渠道。事实也充分证明了这一点，国外 Amazon、国内青岛海尔集团、东方网景网上书店的实践，都说明企业上网建站大有可为，建站越早，受益越早。不仅如此，一旦企业的网页和信息服务商链接，例如与外经贸部政府网站链接，其宣传作用更不可估量，不仅可以覆盖全国，而且可以传播到全世界，这种优势是任何传统的广告宣传都不能比的。对于中小企业而言，设立网站更具有优势，因为，在网络上所有企业都是平等的，只要网页制作精美，信息经常更换，一定会有越来越多的顾客光顾。在现代市场经济条件下，企业在网络营销活动中除了自己建立网站外，大部分都是积极利用网络间接销售渠道销售自己的产品，通过中间商的信息服务、广告服务和撮合服务，扩大企业的影响，开拓企业产品的销售空间，降低销售成本。因此，对于从事企业营销活动的企业来说，必须熟悉、研究国内外电子商务交易中间商的类型、业务性质、功能、特点及其他有关情况，必须能够正确地选择中间商，顺利地完成商品从生产到消费的整个转移过程。

（3）网络分销渠道建设时应注意的问题

在具体建设网络分销渠道时，还要考虑到以下几个方面。

首先，从消费者角度设计渠道。只有采用消费者比较放心、容易接受的方式才有可能吸引消费者网上购物，以克服网上购物的"虚"的感觉。如在中国，目前采用货到付款方式比较让人认可。

其次，设计订货系统时，要简单明了，不要让消费者填写太多信息，而应该采用现在流行的"购物车"方式模拟超市，让消费者一边看物品比较选择，一边让消费者选购。在购物结束后，一次性进行结算。另外，订货系统还应该提供商品搜索和分类查找功能，以便于消费者在最短时间内找到需要的商品，同时还应对消费者提供想了解的有关产品信息，如性能等重要信息。

在选择结算方式时，应考虑到目前实际发展状况，尽量提供多种方式方便消费者选择，同时还要考虑网上结算的安全性。对于不安全的直接结算方式，消费者可以自己通过信用卡终端自行转账，避免了网上输入账号和密码丢失的风险。

最后，关键是建立完善的配送系统。消费者只有看到购买的商品到家后，才真正感到踏实，因此建设快速有效的配送服务系统是非常重要的。在现阶段我国配送体系还不成熟的时候，在进行网上销售时要考虑到该产品是否适合于目前的配送体系。正因如此，目前网上销售的商品大多是价值较少的不易损坏的商品，如图书、小件电子类产品。

7.3.5　网络营销促销策略

（1）网络营销促销内涵

网络促销是指利用现代化的网络技术向虚拟市场传递有关产品和服务的信息，以引发需求，引起消费者购买欲望和购买行为的各种活动。它突出地表现为以下三个明显的特点：

第一，网络促销是通过网络技术传递产品和服务的存在、性能、功效及特征等信息的。它是建立在现代计算机与通信技术基础之上的，并且随着计算机和网络技术的不断改进而改进。因此，网络促销不仅需要营销者熟悉传统的营销技巧，而且需要相应的计算机和网络技术知识，包括各种软件的操作和某些硬件的使用。

第二，网络促销是在虚拟市场上进行的。这个虚拟市场就是互联网 。互联网是一个媒体，是一个连接世界各国的大网络，它在虚拟的网络社会中聚集了广泛的人口，融合了多种文化成分。所以，从事网上促销的人员需要跳出实体市场的局限性，采用虚拟市场的思维方法。

第三，互联网虚拟市场的出现，将所有的企业，不论是大企业还是中小企业，都推向了一个世界统一的市场。传统的区域性市场的小圈子正在被一步步打破，全球性的竞争迫使每个企业都必须学会在全球统一的大市场上做生意，否则，这个企业就会被淘汰。

（2）网络营销促销的方法

网络促销目前主要的方法有：网络广告、网络公关、站点推广。

首先是网络广告。网络广告主要是借助网上知名站点、免费电子邮件和一些免费公开的交互站点（如新闻组、公告栏）发布企业的产品信息，对企业以及企业产品进行宣传推广。网络广告作为有效而可控制的促销手段，被许多企业用在网上促销，但费用也不少。

由于网络营销的特点，使得传统营销的四项促销组合（人员推销、广告、营业推广和公共关系）的有些内容的重要性得到凸现，而另一部分内容却相应地萎缩了。如人员推销这种促销方法在网络营销中已经失去了原有的意义，而广告的重要性在网络营销中得到了扩展。对广告而言，网络广告已经形成了一个很有影响力的产业市场，其成本大幅度降低，指导思想彻底改变，传统广告的思路绝不能在网络上拿来就用，需要另一种版本的广告理论。网络广告的类型很多，根据形式的不同可以分为旗帜广告、电子邮件广告、电子杂志广告、新闻组广告、公告栏广告等。对公共关系而言，同样是因为企业在公共关系中的角色的重要性、主动性得以强化，企业借助于互联网的交互功能吸引客户与企业保持密切关系，培养顾客忠诚度，提高企业收益率。

凭借互联网具有的不同于传统媒体的交互、多媒体和高效的独有特性，网络广告呈现出不同于传统媒体广告的优势。

① 互动性　传统媒体广告的信息沟通是单向的，受众只能被动接受和选择信息。而网络广告是一种交互式的与受众进行双向沟通的"活"广告，受众可以对感兴趣的广告通过 Internet 深入了解更多信息，甚至可以与商家进行咨询和洽谈，它是"一对一"的直接沟通。因此，网络广告主要通过"拉"的方法吸引受众注意，受众可自由查询，可避免传统"推"式广告中受众注意力集中的无效性和被动性。

② 快捷性 在传统广告媒体上，从策划、制作到发布需要经过很多环节配合，广告一旦发布后，信息内容就很难改变，而且费用昂贵，因而难以实现信息的及时更改。而网络广告由于有自动化的软件工具进行创作和管理，能以低廉费用按照需要及时变更内容。其次，网络广告信息的反馈也非常快捷，受众可以直接与商家进行沟通，商家也可以从有关广告的统计数据了解网络广告的效果。

③ 丰富性 传统广告由于受媒体的时间和版面的限制，其内容只能删繁就简，突出重点。网络广告则基本上不受这样的限制，可以将广告做得十分详尽，以满足想进一步详细了解有关情况的用户的需要。其次，网络广告的表现形式可以采用动态影像、文字、声音、图像、表格、动画、三维空间、虚拟现实等，创作人员可以根据广告创意的需要进行任意的组合创作，从而有助于最大限度地调动各种艺术表现手段，制作出形式多样、生动活泼，能够激发消费者购买欲望的广告。

④ 广泛性 网络广告通过网络可以把广告传播到网络所覆盖的所有国家的所有用户中，突破了传统广告只能局限于一个地区、一个时间段的限制。

⑤ 可控性 运用传统媒体发布广告，广告的评价与控制比较困难，因为无法确切知道有多少人接收到了你所发布的广告信息和反馈情况。而发布的网络广告能很容易地及时统计每条广告被多少用户看过，以及这些用户浏览这些广告的时间分布、地理分布和反映情况等，广告主和广告商可以实时评估广告效果，进而审查他们的广告策略的合理性并进行相应的调整。另外，网络广告收费可根据有效访问量进行计费，广告发布者可以有效评估广告效果并按效果付费，避免过去传统广告的失控性和无效性。

其次是网络公关。公共关系是网络营销活动中一种重要的促销工具，它通过与企业利益相关者包括供应商、顾客、雇员、股东、社会团体等建立良好的合作关系，为企业的经营管理营造良好的环境。网络公共关系与传统公共关系功能类似，只不过是借助互联网作为媒体和沟通渠道。网络公共关系较传统公共关系更具有一些优势，所以网络公共关系越来越被企业的决策层所重视和利用。

网络公关和传统公关都能实现以下目标：a. 建立公司更有利的形象；b. 将产品显露给更多的公众；c. 在目标顾客中增强形象、提供信息并创造对产品的需求；d. 和新顾客建立关系；e. 巩固和老顾客之间的关系。

但网络公关与传统公关（这里指通过报纸、杂志、电视、广播等媒体进行的新闻传播）相比，有着更加明显的优势。首先，由于网络互动的特点，使企业能掌握公关的主动权，能够在对公众（客体）产生直接影响的同时与新闻记者建立良好关系。在传统的新闻传播中，编辑、记者、导演等人充当"守门员"的角色，他们决定企业的新闻风格和发布与否。与传统新闻传播的这种局限相比，网络给企业的公关活动提供了巨大无比的机会。网络使企业可以直接面向消费者发布新闻而不需要媒体的中介，这是一个极为重要的革命。网上企业通常是通过网络论坛、BBS、新闻组、Email 及其他方法直接发布企业新闻。运用适当的完全符合网络礼仪的网上公共关系，对企业和顾客来说都是一笔巨大的财富，同时它可以影响公众和记者。其次，互联网对新闻传播产生的另一个深远影响是期限的消失。不像报纸或杂志只能每天或每月发行一次，在网上可以全天 24 小时随时发布新闻，这有点类似于广播新闻，一有消息更新后即可播出，而不限制每天固定的发布时间或每天的发布次数。第三，由于 Email 的即时互动的特性使得网上公关还具有创建企业和顾客"一对一"关系的优势。

第三种网络营销促销方式是站点推广。网络营销站点推广就是利用网络营销策略扩大站点的知名度，吸引上网者访问网站，起到宣传和推广企业以及企业产品的效果。站点推广主要有两种方法，一类是通过改进网站内容和服务，吸引用户访问，起到推广效果；另一类是通过网络广告宣传推广站点，前一类方法费用较低，而且容易稳定顾客访问流量，但推广速度比较慢；后一类方法可以在短时间内扩大站点的知名度，但费用不菲。

作为企业在网上市场进行营销活动的阵地，网站能否吸引大量流量是企业开展网络营销成败的关键，也是网络营销的基础。网站推广就是通过对企业网络营销站点的宣传吸引用户访问，同时树立企业网上品牌形象，为企业的营销目标实现打下坚实的基础。网站推广是一个系统性的工作，它与企业营销目标是一致的。

网站推广与传统的产品推广一样，需要进行系统安排和计划。需注意的几个问题是：一是注意效益/成本原则，即每增加 1000 个访问者带来的效益与成本费用比较，当然效益包括短期利益和长期利益，需进行综合考虑；二是稳妥慎重原则，宁慢勿快，在网站还没有建设好而且不够稳定时，千万不要急于推广网站，因为网上资源太丰富了，第一印象是非常重要的，网民给你的机会只有一次，这就是通常所说的网上特有的"注意力经济"；三是综合安排实施原则，因为网上推广手段很多，不同方式可以吸引不同的网民，因此必须综合采用多种渠道以吸引更多网民到网站上来。

[本章小结]

网络营销是传统市场营销理论与信息技术结合的产物，而不是简单的营销网络化。4Ps 和 4Cs 原则仍在很大程度上适合网络营销理论。所谓网络营销是市场营企业整体营销战略的一个组成部分，是为实现企业总体经营目标所进行的、以互联网为基本手段营造网上经营环境、实施各种营销策略的各种活动。由此我们可以理解网络营销是手段而不是目的，也不是孤立的网上销售，它不等同于电子商务，因为网络营销本身并不是一个完整的商业交易过程，网络营销并不是虚拟的网络活动，而是传统营销的一种扩展，是企业整体营销策略的一部分。网络营销的理论是传统的市场营销理念的更新与发展，在 4Ps、4Cs 营销理论的基础上，融合包括了网络营销整合理论、关系营销理论、软营销理论以及直复营销理论。本章主要讲解网络营销的概念以及其特有的内涵和特点，网络营销的基本理论以及在网络营销环境下如何根据网络营销组合理论制定产品策略、价格策略、渠道策略和促销策略。

[案例研讨]

沃尔沃 S80L 上市 网络营销策略

案例背景

国产沃尔沃 S80L 加长版上市，这款车的上市将直接改变奥迪 A6L 及宝马 5 系 Li 占据的豪华车市场格局。伴随沃尔沃 S80L 加长版的到来，加长版豪华车市场上又将增加一个新的选择。沃尔沃 S80L 加长版将后来居上，挑战另外两个"老"车型的地位。尽管是后来者，但平心而论，沃尔沃的造车理念，比如对安全的坚持、对品质的追求、对环保理念理解等，都在世界汽车制造业中有着独特而深远的影响。

目标

网络传播的目标可以简单地概述为，建立和巩固沃尔沃汽车的豪华形象，为（4S 店的）销售带来高质量的销售机会，即给高质量的销售机会烙上"豪华"品牌的印记。

如果说品牌传播的目的就是为了要改变消费者对于一个品牌的印象，那么最彻底的做法则是将品牌的个性、定位和形象深深地烙印在消费者的脑海里。

时下流行的整合营销传播中，各个传播渠道分别承担着不同的任务，通过逻辑的、有机的，甚至于科学和巧妙的组合，合力达成传播的目标。互联网的直接营销作用从来不会被忽视。直接营销以实际销售为最终目标，以有明确购买意向的目标人群为销售机会。

所以，在同一次传播中兼顾品牌传播和直接营销绝对是对网络传播策划的挑战。

人群

在策略制定之前，必须需要思考的问题：S80L 的目标人群是什么？目标人群有哪些特征，尤其是网络行为特征？

定性而论：S80L 的潜在消费群是财富精英，有品位，不张扬。

定量而观：从调研数据来看，S80L 的目标消费群是互联网的重度使用者，互联网是媒体消耗时间最高的媒体。

具象划分：发现目标人群共性，将目标人群界定为不同族群，并在此基础上制定沟通策略，综合需求，社会阶层，消费能力，将目标人群细分为可定向群体：汽车人群、财经/商务人群、城市精英。

行为推测：目标人群信息需求量大；对信息判断力强；偏好清晰的信息和直接的互动方式，通过上述分析，网络营销的重要性突现，沟通方式也逐步明晰。

策略

一石二鸟之计——兼顾品牌和销售，源于对网络媒体的完全认识，对网络传播手法的全面掌握和随心所欲的灵活运用。传播手法的有机组合和协调是系统工程也是整合策略之本。

媒介组合：多层次的覆盖，多频次的有效到达。

内容营销：多渠道，高强说服力的渗透。

广告创意：视觉和心智的震撼。

交互设计：取舍目标受众的良好品牌体验。

优化体系：数据洞悉指导下的动态资源配置。

媒介组合：常驻网站，让品牌常驻于心。

常驻网站：网站的数量成千上万，网民集中访问的网站却只有了了几个，这些网站占据了网民绝大部分的上网时间，我们称之为常驻网站。在消费者被细分为不同需求类型时，其网站选择和浏览行为同样具有常住网站的特征。消费者不仅信任常驻网站，他们也相信这些网站上的广告，更愿意和这些网站的广告互动。说明："常驻网站"是在 Media Contacts（明锐互动）与 Yahoo 在全球诸多国家的联合调研中提出的，中国区报告于 2009 年 3 月在上海发布。

资源组合：用不同的常驻网站高效覆盖沃尔沃 S80L 的细分人群。无论是城市精英、购车人群、财经和商务人群，分别以相对应的常驻网站为核心，进行对目标消费群的交叉覆盖，提高传播效果和效率。

空间组合：主要媒体的路障式广告，针对细分人群在主要门户网站和垂直网站的高相关和高流量页面上以高冲击力广告形式同时曝光的方式，从而达成在对目标人群高覆盖和强化广告印象。

搜索媒体的组合拦截：搜索是任何媒体，电视、报纸、户外广告到达后，消费者在网络中最多的动作。选择目标人群常驻的搜索引擎，将各种搜索推广手法（关键字广告、基于核心关键字的百度品牌专区，百度精准广告），定向覆盖消费者直接和间接的搜索行为，最大化在搜索媒体中的覆盖，并用视觉广告增加品牌的曝光。

时间组合：上市启动期以门户类常驻媒体轮流的路障式广告主导上市强音，辅以垂直类网站前期的路障是广告强化覆盖针对性和频次，快速建立认知；上市持续期，以垂直类网站和频道为主导，提高传播的相关性，并保证持续曝光以带来连续不断的销售机会，通过多角度的配置和组合，保证了对目标人群最大化和高频次的覆盖，将品牌的豪华诉求和形象根植到目标人群的记忆中。

S80L 上市：路障式广告示意（Road-block）。

内容营销：多渠道，说产品，不炒作。

媒体专题合作：强化合作广度和内容深度，借助主流媒体的声音将产品卖点突出。在专题内容规划中，将产品亮点提炼并突出，使消费者更为直接和深入的了解产品；将沃尔沃品牌历史和文化整合入专题，提高品牌底蕴对新产品的说服力。

论坛舆论引导：只防范，不炒作。不做人为的发帖和话题炒作，充分尊重消费者，尊重论坛民意。只通过对论坛网友的疏导和引导，化解来自竞争对手在论坛中的恶意攻击。

名博强化品牌：某著名汽车网站主编（其人喜欢沃尔沃品牌并有独到见解），在个人博客上，为沃尔沃新车上市撰写系列文章，没有吹捧，只有意见领袖在深厚积累下的真知灼见，让消费者有了新的角度了解更多沃尔沃的品牌和文化。内容营销，以多渠道组合，充分展示品牌的独特卖点，完全比较竞争品牌的优势，营造最完全和高强度的说服力。

成功

于销售机会上烙印"豪华"，沃尔沃 S80L 成功上市。网络营销各个关键点的有效策略最终产生了良好的化学反应，S80L 不仅一炮打响，而且在业务层面为客户贡献了大量的销售机会。累计产生 14.25 亿次高质量的品牌曝光，1.5 倍于行业平均点击率，以 10% 的整合营销传播预算贡献 60% 的销售机会。

S80L 上市的网络营销策略的成功源于对于网络媒体本质的深度认识，对于网络传播手法的科学整合，对于目标人群的网络使用行为的独特洞悉，从而最大化网络传播的品牌传播效果，最大化网络直接营销的投资回报，完美兼顾品牌和销售，在每一个销售机会上烙印了"豪华"的品牌形象。

（资料来源：http://www.jiaoyanshi.com/index.php; http://www.bodao.org.cn/2010/E1.pdf）

问题：

1. 沃尔沃轿车的网络营销定位是什么？
2. 网络营销总体策划需要注意哪些问题？

[思考与练习]

1. 什么叫网络营销，网络营销的内涵是什么？
2. 网络营销与传统营销比较具有什么样的特点？
3. 4Ps 理论与 4Cs 理论相比有什么区别？
4. 网络营销的基本理论有哪些？
5. 论述对网络营销新产品的看法。
6. 简述网络营销的定价策略。
7. 建立网路分销渠道时，需要注意的问题有哪些？
8. 网络促销的主要方法有哪些？

第8章 电子商务物流

[学习目标]

通过本章的学习，重点掌握电子商务物流运作模式，以及电子商务物流的发展，并让学生从总体上认识物流对电子商务的重要性。

[引导案例]

现代物流业面临新机遇

在日前举行的 2011 中国城市物流发展高峰论坛上，不少与会专家表示，电子商务领域将是城市物流业发展的主要切入点之一。

在电子商务环境下，随着绝大多数的商店和银行的虚拟化，商务事物处理信息化，物流企业成了代表所有生产企业及供应商向用户进行实物供应的最集中、最广泛的供应者，是进行局部市场实物供应的唯一主体，可见电子商务把物流业提升到了前所未有的高度，物流企业应该认识到电子商务为他们提供了一个空前发展的机遇。

一方面，电子商务为物流企业提供了信息化的环境。在电子商务环境下，物流企业把供应商与零售商、消费者通过网络连在了一起，能更好地在供应链中的各个节点实现信息共享，通过各种先进的信息交换手及段时且准确掌握产品销售信息与顾客信息，加强供应链中的联系，节约交易成本，为产品提供更大的附加值，同时也大大提高了物流企业的工作效率。

另一方面，电子商务促进物流技术水平的提高。与物流要素活动有关的，实现物流目标的所有专业技术总称就是物流技术。现代物流技术包括物流规划、物流评价、物流设计、物流策略等，随着计算机网络技术的发展和应用，尤其是电子商务的飞速发展，物流技术中又综合了许多现代技术，如 GPS（全球卫星定位系统）、GIS（地理信息系统）等。

在电子商务蓬勃发展的大背景下，物流企业应当避免重复同质化以及单纯的价格竞争模式，将发展更适合城市物流需要的高端物流作为提高竞争力的手段，加速物流、商流、资金流和信息流的全面整合，提高物流企业的核心竞争力。

（资料来源：http://www.chinanews.com/it/2011/01-17/2791839.shtml）

8.1 电子商务物流概述

电子商务中的任何一笔交易，都包含着几种基本的"流"，即信息流、商流、资金流、物流。过去，人们对电子商务过程的认识往往只局限于信息流、商流和资金流的电子化、网络化，而忽略了物流的电子化过程，认为对于大多数商品和服务来说，物流仍可以由传统的渠道实现。但随着电子商务的进一步推广和应用，越来越多的传统企业开始介入电子商务领域。这些传统企业投入大量的资金和人力构建自己的电子商务，但是对于他们而言，在这些极具吸引力的网络前端的背后还存在着极大的挑战。如果没有一个高效、合理、畅通的物流配送体系，电子商务所具有的优势就难以得到有效的发挥。由此可见，物流的重要性对电子商务活动的影响日益明显。

8.1.1　电子商务物流产生背景

随着经济全球化和贸易自由化的逐步形成，特别是信息技术的快速发展，促进了电子信息技术与物流实际应用的结合。在现代物流管理过程中，信息化、网络化的特征越来越明显，现代物流越发体现出专业化、国际化、一体化的特点。

（1）电子商务物流产生的需求背景

电子商务的发展，使需求由大批量、标准化转变为小批量、个性化、快速化。企业需要根据客户的实际需要"量体裁衣"，生产也由传统的大规模、机械化转变为以时间成本为基础的弹性方式，整个生产作业过程呈现出柔性化的特征。如何在激烈的竞争中占据优势，生产企业必须对自己的供销业务作出决策，要么合作、要么外包。物流作为商务过程中的重要环节，担负着原材料提供商与产品生产商之间，以及商家与顾客之间的实物配送服务，高效的物流体系是使电子商务优势得以充分发挥的保证。然而，与物流重要作用形成鲜明对比的却是其自身管理的滞后，以至于成为制约电子商务发展的"瓶颈"。缺乏相应程度的物流体系支持，电子商务的运作效率将大大降低。物流管理已成为除支付认证、安全保密之外电子商务发展亟待解决的问题。物流管理旧有的模式已不能适应新的需求，进行管理创新无疑是解决这一矛盾的有效途径。

（2）电子商务物流产生的技术背景

网络时代信息技术可谓日新月异，在管理效率越来越备受重视的今天，技术与管理实务二者的关系越来越紧密。对于现代物流来说，现代化先进技术的支持至关重要。网络化是现代物流区别于传统货运的重要特征，高效畅通的网络设施是物流管理的基础，包括物流企业与上、下游企业；物流企业内部；物流企业之间的信息交换网络，以及物流实体配送地理网络等各方面的建设。物流管理技术方面，条形码技术、自动仓储管理技术、电子数据交换、电子定货系统、自动分拣/存取跟踪系统等为物流管理信息平台提供了强有力的支持。此外，多媒体技术也在物流活动中大显身手，实现可视化的货品排库功能，还可为客户提供物品运送的实时查询。

（3）电子商务物流的产生

电子商务的发展给物流提出了更高的要求，这在客观上促进了物流的发展，电子商务所代表的新的信息技术，直接作用于物流活动，提高了物流运作的水平。另一方面，物流的发展也为电子商务的发展创造了条件，这一点在现实的电子商务实施中表现的尤为突出。毫无疑问，物流效率影响着电子商务的发展，电子商务也将改变物流，而物流体系的完善将会进一步推动电子商务的发展，如此的良性循环推动了电子商务物流概念在物流业中应运而生。

8.1.2　电子商务物流概念

电子商务物流就是利用电子化的手段，尤其是利用互联网技术来完成物流全过程的协调、控制和管理，实现从网络前端到最终客户端的所有中间过程服务，最显著的特点是各种软件技术与物流服务的融合应用。电子商务物流概念的理解可以从以下几个方面入手。

（1）物流是电子商务的重要组成部分

不同的人会对电子商务的概念有着不同的理解和定义。由于业务范围的限制，一些美国的 IT 厂商往往把电子商务定位于"无纸贸易"。在这类电子商务的定义中，电子化工具主要指计算机和网络通信技术，而电子化对象主要针对信息流、商流和资金流，没有提到物流。

但我们必须注意到这样一个事实：电子商务概念的提出首先是美国，而美国的物流管理技术自1915年发展至今已有近百年的历史，通过利用各种机械化、自动化工具及计算机和网络通信设备，早已日臻完善。同时，美国作为一个发达国家，其技术创新的本源是需求，即所谓的需求拉动技术创新。开展电子商务的最终目的是为了解决信息流和资金流处理上的延迟。可见，美国在定义电子商务概念之初，就具有强大的现代物流作为支持，只需将电子商务与其进行对接即可，而并非电子商务过程不需要物流的电子化。中国作为一个发展中国家，物流业起步晚、水平低，在引进电子商务时，并不具备能够支持电子商务活动的现代化物流水平，所以，在引入时一定要注意配备相应的支持技术——现代化的物流模式，否则电子商务活动难以推广。

因此，中国一些专家在定义电子商务时，提出包括物流电子化过程的电子商务定义。在这一类电子商务定义中，电子化的对象是整个交易过程，不仅包括信息流、商流、资金流，还包括物流；电子化的工具也不仅指计算机和网络通信技术，还包括叉车、自动导向车、机械手臂等自动化工具。由此可见，物流电子化应是电子商务的组成部分，缺少了现代化的物流过程，电子商务过程就不完整。

（2）物流是电子商务概念模型的基本要素

电子商务是对现实世界中电子活动的一般抽象描述，它由电子商务实体、电子市场、交易事务和信息流、商流、资金流、物流等基本要素构成。在电子商务下，信息流、商流和资金流的处理都可以通过计算机和网络通信设备实现。对于少数商品和服务来说，可以直接通过网络传输的方式进行配送，如各种电子出版物、信息咨询服务、有价信息软件等。但对于大多数商品和服务来说，物流仍然要经由物理方式传输，但由于一系列机械、自动化工具的应用，准备、及时的物流信息对于物流过程的监控，将使物流的流动速度加快、准确率提高，能有效减少库存、缩短生产周期。

（3）电子商务中物流的作用

电子商务的一般流程是"寻找和发现产品信息——贸易磋商——订购——付款——送货、产品接收——服务与支持"，从中可以看出，"送货、产品接收"是实现电子商务的重要环节和基本保证。在整个电子商务的交易过程中，物流实际上是以商流的后续者和服务者的态度出现的。没有物流，生产无法进行，社会交换不能顺畅的开展；没有现代化的物流，任何轻松的商流活动都会退化为一纸空文。缺少了现代化的物流技术，电子商务给消费者带来的购物便捷等于零，消费者必然会转向他们认为更为安全的传统购物方式，网上购物便没有必要。因此，物流是电子商务重要的组成部分。我们必须摒弃原有的"重信息流、商流和资金流的电子化，而忽视物流电子化"的概念，大力发展基于网络技术的现代化物流，在推进电子商务的同时发展电子物流。

8.1.3 电子商务物流特点

电子商务时代的来临，给全球物流带来了新的发展，对于电子商务物流的特点，从不同的角度来分析有不同的答案，现在比较流行的是与传统物流相比较，电子商务物流具有以下特点。

（1）信息化

电子商务时代，物流信息化是电子商务的必然要求。物流信息化表现为物流信息的商品化、物流信息收集的数据库化和代码化、物流信息处理的电子化和计算机化、物流信息传递的标准化和实时化、物流信息存储的数字化等。

（2）自动化

自动化的基础是信息化，自动化的核心是机电一体化，自动化的外在表现是无人化。自动化可以扩大物流作业能力、提高劳动生产率、减少物流作业的差错等。物流自动化的设施非常多，如条码、语音、射频、自动识别系统、自动分拣系统、自动存取系统、自动导向车、货物自动跟踪系统等。自动化设施在发达国家已普遍用于物流作业流程中，而在我国由于物流业起步晚，发展水平低，自动化技术的普及还需要相当长的时间。

（3）网络化

物流领域网络化的基础也是信息化。这里指的网络化有两层含义：一是物流配送系统的计算机通信网络，包括物流企业与供应商或制造商的联系要通过计算机网络以及下游顾客之间联系的计算机网络。二是组织的网络化，即所谓的企业内部网(Intranet)。物流的网络化是物流信息化的必然，是电子商务下物流活动的主要特征之一。目前，国际互联网等全球网络资源的可用性及网络技术的普及为物流的网络化提供了良好的外部环境，物流网络化不可阻挡。

（4）智能化

这是物流自动化、信息化的一种高层次应用，物流作业过程大量的运筹和决策，如库存水平的确定、运输(搬运)路径的选择、自动导向车的运行轨迹和作业控制、自动分拣机的运行、物流配送中心经营管理的决策支持等问题都需要借助于大量的知识才能解决。在物流自动化的进程中，物流智能化是不可回避的技术难题。好在专家系统、机器人等相关技术在国际上已经有比较成熟的研究成果。为了提高物流现代化的水平，物流的智能化已成为电子商务下物流发展的一个新趋势。

（5）柔性化

柔性化本来是为实现"以顾客为中心"理念而在生产领域提出的，以便使企业能根据消费者的需求变化来灵活调节生产和工艺。但要真正做到柔性化，即真正地能根据消费者需求的变化来灵活调节生产工艺，没有配套的柔性化的物流系统是不可能达到目的的。另外，物流设施、商品包装的标准化，物流的社会化、共同化也都是电子商务下物流模式的新特点。

与其他电子商务活动相比较，电子商务物流具有的特点包括实体性与虚拟性并存、实时性与预测性并存、合作性与竞争性并存、个性化与大众化并存、安全性和开放性并存、信誉更加重要。

此外，从经营的角度来看，电子商务物流还具有专业化、社会化和一体化的特点。

8.2　电子商务物流的运作模式

电子商务下的物流配送是指物流配送企业采用网络化的计算机技术和现代化的硬件设备、软件系统及先进的管理手段，针对社会需求，严格地按用户的订货要求，进行一系列理货、配送工作，按时、按量地送交没有范围限度的各类用户，以满足其对商品的需求。这种新型配送方式能实现配送信息的商品化、信息收集的数据库化和代码化、信息处理的电子化和计算机化、信息传递的标准化和实时化、信息存储的数字化等功能。

与传统物流配送方式相比，电子商务的物流配送具有信息化、社会化、现代化、自动化等诸多特征，能使货畅其流、物尽其用，既降低物流成本，又提高物流效率，有利于整个社会经济效益的提高及宏观调控。

8.2.1　电子商务物流的配送模式

（1）企业自营配送模式

自营配送模式是指企业物流配送的各个环节由企业自身筹建并组织管理，实现对企业内部及外部货物配送的模式。这种模式有利于企业供应、生产和销售的一体化作业，系统化程度相对较高，既可满足企业内部原材料、半成品及成品的配送需要，又可满足企业对外进行市场拓展的需求。

这是目前国内生产、流通或综合性企业所广泛采用的一种物流模式。一般而言，采取自营性配送模式的企业大都是规模较大的集团公司。有代表性的是连锁企业（比如北京华联、沃尔玛、麦德龙等）的配送，其基本上都是通过组建自己的配送系统来完成企业的配送业务，包括对内部各场、店的统一采购、统一配送和统一结算以及对企业外部顾客的配送。

其不足之处表现在，企业为建立配送体系的投资规模将会大大增加，在企业配送规模较小时，配送的成本和费用也相对较高。这种物流模式中糅合了传统的"自给自足"的"小农意识"，形成了新型的"大而全"、"小而全"，造成了新的资源浪费。显然，这种模式还不能适应电子商务时代对物流的要求。但是就目前来看，在满足企业（集团）内部生产材料供应、产品外销、零售厂店供货或区域外市场拓展等企业自身需求方面却发挥了作用。

（2）第三方物流配送模式

自营配送模式大多是大型企业采用，对于大部分中小型企业来说，不可能具备雄厚的资金和技术实力建立自己的物流配送系统，必然会将物流配送业务委托给专业的第三方物流公司，这样一来，可以把企业的力量集中在自身核心业务上，还可以节约资金，大大提高配送的准确性。

具体说来，第三方物流配送模式是指交易双方把自己需要完成的配送业务委托给第三方来完成的一种配送运作模式。这一配送模式正逐渐成为电子商务网站进行货物配送的一个首选模式和方向。

与自营物流相比较，第三方物流在为企业提供上述便利的同时，也会给企业带来诸多不利。主要有：企业不能直接控制物流职能；不能保证供货的准确和及时；不能保证顾客服务的质量和维护与顾客的长期关系；企业将放弃对物流专业技术的开发等。

（3）物流一体化配送模式

物流一体化是在第三方物流的基础上发展起来的。所谓物流一体化就是以物流系统为核心，由生产企业，经由物流企业、销售企业，直至消费者的供应链的整体化和系统化。在这种模式下，物流企业通过与生产企业建立广泛的代理或买断关系，与销售企业形成较为稳定的契约关系，从而将生产企业的商品或信息进行统一组合，处理后，按部门订单要求，配送到店铺。这种配送模式还表现为在用户之间交流供应信息，从而起到调剂余缺，合理利用资源的作用。

在电子商务时代，这是一种比较完整意义上的物流配送模式，它是物流业发展的高级和成熟阶段。在国内，海尔集团的物流配送模式可以说已经是物流一体化了，并且是一个非常成功的案例。

（4）共同配送模式

共同配送是为提高物流效率对某一地区的用户进行配送时，由许多个物流企业联合在一起进行的配送。它是在配送中心的统一计划、统一调度下展开的。主要包括两种运作形式：一是由一个物流企业对多家用户进行配送，即由一个配送企业综合某一地区内多个用户的要求，统筹安排配送时间、次数、路线和货物数量，全面进行配送；二是仅在送货环节上将多家用户待运送的货物混载于同一辆车上，然后按照用户的要求分别将货物运送到各个接货点，或者运到多家用户联合设立的配送货物接收点上。

目前，大型现代化配送中心的建设跟不上电子商务物流的发展要求，实行共同配送是积极可行的选择。从微观角度来说，企业可以得到以下几个方面的好处：首先，达到配送作业的经济规模，提高物流作业的效率，降低企业营运成本；不需投入大量的资金、设备、土地、人力等，可以节省企业的资源。其次，企业可以集中精力经营核心业务，培养自己的核心竞争力，更好地适应激烈的市场竞争。第三，从社会的角度来讲，实现共同配送可以减少社会车辆总量，减少闹市区卸货妨碍交通的现象，改善交通运输状况；通过集中化处理，提高车辆的装载效率，节省物流处理空间和人力资源，实现社会资源的共享和有效利用。

共同配送也涉及一些难以解决的问题：首先，各业主经营的商品不同，不同的商品特点不同，对配送的要求也不同，共同配送存在一定的难度。其次，各企业的规模、商圈、客户、经营意识也存在差距，往往很难协调一致。还有费用的分摊，泄漏商业机密的担忧等。

8.2.2 B2B 物流运作模式

电子商务环境下，B2B 运营模式的不同主体形式（如生产商、批发商、零售商）所面对的物流问题是不一样的，因此，采用的物流模式也不一样，主要可以采用以下几种物流实现模式。

（1）企业自营物流

通常实力较强的企业能够独立承担电子商务物流任务，将电子商务和物流有效结合，一方面利用电子商务保证物流的畅通、连贯，简化业务流程，降低物流成本，另一方面以高效的物流运作支撑电子商务的快捷、顺利完成，达到物流与信息流的高度协调。按照企业性质和经营领域不同，自营物流会有以下两种情况。

① 电子商务企业自营物流 主营电子商务的企业可以建立自己的物流中心，从事电子商务销售的配送功能。该类型的企业既要从事电子商务的信息流、资金流、商流的网上服务业务，又要从事将商品送交需求方的物流业务。这是两种截然不同的业务，企业必须对跨行业经营可能产生的风险进行评估。并且，电子商务企业独自承担物流业务需要较高的投入成本，没有一定实力基础的电子商务企业是不能做到的。

② 生产制造型企业自营物流 生产制造型企业发展到一定规模时，不仅专注于产品的设计开发，同时还将物流业务整合到企业一体化作业中，自建以服务本企业为主的一套物流体系，从采购物流、生产物流到销售物流完全由企业一体化处理。对生产厂商来说，在经历了产品的竞争、质量的竞争和品牌的竞争阶段后，物流必然成为又一个有力的竞争武器。因此，国内外一些知名制造厂商都在进行企业物流管理的变革，以此提高物流管理水平，加强竞争力。

在我国专业物流企业出现前，生产制造型企业大多是从生产到销售实现自身垂直一体化，越来越多的制造商建立了庞大的销售网络，覆盖整个销售区域的物流、配送流，其物流设施普遍要比专业流通企业的物流设施先进。这些企业完全可以利用原有的物流网络和设施支持电子商务，不需要新增物流、配送方面的投资。此外，生产厂商还可以利用自己的物流网络和物流能力拓展物流范围，为其他企业提供物流服务，实现从企业物流到物流企业的转变，例如"海尔物流"。

（2）第三方物流

在 B2B 电子商务环境下，第三方物流方式的优点突出，很容易成为物流主体方式。在买方市场下，买方占主导地位，必然不愿意承担物流任务；而卖方若想赢得市场，必须答应买方的要求，承担送货服务，但如果通过卖方物流实现又是不划算和不经济的。在这种情况下，第三方物流是最容易与电子商务模式紧密结合的物流运作方式。

从目前存在的第三方物流运作看，第三方物流与 B2B 电子商务的整合主要有以下两种形式：其一是第三方物流作为企业间电子商务的组成要素，承担物流作业，组织完成 B2B 中的物流环节；其二是第三方物流通过建设自己的电子商务平台，为商家和客户之间提供信息交流、进行交易的电子市场，并全程追踪交易实现的物流过程，从而实现电子商务与物流的紧密配合。

（3）物流联盟

物流联盟是介于自营物流和第三方物流之间的一种物流组建模式，是以物流为合作基础的企业战略联盟。一般是指两个或多个具备专业特色与互补特征的物流组织，为了实现自己物流战略目标，通过各种协议、契约而结成的互相信任、优势互补、风险共担、利益共享的物流伙伴关系。例如，如果一家物流公司在运输设备、仓储、存货等方面具有加大的优势，但在订单处理系统、物流技术以及物流管理能力等方面比较欠缺，它就会寻找其他具有这些优势的伙伴来共同经营物流业务。建立一个物流战略联盟双方都会受益。

在现代物流中，是否组建物流联盟，作为企业物流战略的决策之一，其重要性是不言而喻的。在我国，物流水平还处于初级阶段，组建联盟便显得尤为重要。

企业间物流联盟主要有三种组建方式。

① 纵向一体化物流联盟　该方式是指上游企业和下游企业发挥各自的核心能力，从原材料到产品生产、销售、服务的全过程实施一体化合作，形成物流战略联盟。纵向一体化物流联盟能够按照最终客户的要求为其提供最大价值的同时，也使联盟总利润最大化，但这种联盟一般不太稳固，主要是在整个供应链上，不可能每个环节都能同时达到利益最大化，因此打击了一些企业的积极性，使之有随时退出联盟的可能。

② 横向一体化物流联盟　该方式是由处于平行位置的几个物流企业结成联盟，包括第三方物流。这种联盟能使分散物流获得规模经济和集约化运作，降低了成本，并且能够减少社会重复劳动。但也有不足的地方，如它必须有大量的商业企业加盟，并有大量的商品存在，才可发挥它的整合作用和集约化的处理优势，此外，这些商品的配送方式的集成化和标准化也不是一个可以简单解决的问题。

③ 混合模式　该方式是以一家物流企业为核心，联合一家或几家处于平行位置的物流企业和处于上下游位置的中小物流企业加盟组成。这些物流企业通过签订联盟契约，共同采购，共同配送，构筑物流市场，形成互相信任、共担风险、共享收益的集约化物流伙伴关系。

8.2.3　B2C 物流运作模式

目前，许多国家和地区的物流技术落后，物流管理理念不强、社会化物流体系的不健全，使得物流问题成为电子商务发展的瓶颈。在各种模式的电子商务中，B2C 电子商务在物流方面遇到的困难和阻力是最大的。B2B 电子商务在物流上的问题是如何利用现代化的手段提高效率，获取更大的利润；C2C 电子商务在物流上的问题是选择邮电局还是快递公司；而 B2C 电子商务在物流上的问题是怎样走完"最后一公里"，如何合理利用各种组合节约运送成本。

从物流配送的角度看，商品订购的随机性和分散性往往会导致配送的批量小、配送的频率高，这给配送路线规划、配送日程的调调度、配送车辆的合理利用带来更大的难题，容易造成物流成本的增加和物流服务水平的降低；商品在途损坏丢失以及售后退换货等问题带来的额外费用阻碍了其自身的发展。从整体上看，B2C 电子商务物流在发展中遇到的困难主要包括配送响应慢，时间长；配送成本高；服务区域有限等问题。落后的物流和快捷的电子手段之间的不协调导致了 B2C 电子商务的失败。因此想要取得 B2C 电子商务的成功，必须首先实现高效率、低成本、响应快、低错发率的物流配送体系。

我国 B2C 电子商务主要有以下几种物流模式。

（1）采用邮政特快专递（EMS）服务的物流模式

实现电子商务的企业或商家从网站或其他途径获得消费者的购物清单和家庭地址等信息，然后到附近的邮局办理特快专递手续将商品寄出，消费者收到邮局的取货通知，到所在地邮局将商品取回，或由邮递员直接将商品送到顾客家中。

采用 EMS 方式具有方便、快捷的特点。但是这种方式存在以下的问题。首先，EMS 服务收费偏高，如果这部分费用由企业或商家负担，则其经营利润会大大降低；如果由消费者承担，则对于小件低价商品，消费者肯定难以接受。其次，EMS 很难保证消费者在期望的时间内将商品送到。

（2）网站自建配送的物流模式

企业或网站在各地的网民密集地区设置自己的配送点，在获得消费者的购物信息后，由配送点的人员将商品为消费者送货上门。

这种物流模式可以满足消费者的"即购即得"购物心理需求。但它也存在如下的问题。首先是配送点的布局、人员的配备数量、商品的库存量等很难合理地确定。其次，由于要满足用户的即时需求，对配送时效有严格的要求。很显然，高配送费用需要更大的商品配送规模。

（3）借助第三方物流企业的模式

第三方物流就是电子商务主体将一部分或全部物流活动委托给外部的专业物流公司来完成。物流公司本身不拥有商品，而是与企业或商家签订合作协定或结成合作联盟。

采用这种物流管理方式，送达消费者的时间比前述两种方式都要快，而且服务是专业化的、多功能的和全方位的。但是如果送货量太小，送货费用一般比 EMS 服务还要高。这种管理模式要求专业物流公司要在基础设施、人员素质、信息系统等方面加强建设。

8.3　电子商务物流的发展

8.3.1　电子商务对物流的影响

近几年来，随着电子商务环境的改善以及电子商务所具备的巨大优势，电子商务受到了政府、企业界的高度重视，纷纷以不同的形式介入电子商务活动中，使电子商务在短短的几年中以惊人的速度在发展。有形商品的网上商务活动作为电子商务的一个重要构成方面，在近几年中也得到了迅速的发展。在这一发展过程中，人们发现作为支持有形商品网上商务活动的物流，不仅已成为有形商品上网商务的一个障碍，而且也已成为有形商品网上商务活动能否顺利进行和发展的一个关键因素。因为没有一个高效的、合理的、畅通的物流系统，电子商务所具有的优势就难以得到有效的发挥，没有一个与电子商务相适应的物流体系，电子商务就难以得到有效的发展。是电子商务改变物流，还是物流将影响电子商务的发展。对此，我们认为，物流将会影响电子商务的发展，但最终将会是电子商务改变物流，而物流体系的完善将会进一步推动电子商务的发展。作为电子商务活动对物流的影响，我们认为其主要表现在以下几个方面。

（1）电子商务改变传统物流观念

传统的物流和配送企业需要置备大面积的仓库，而电子商务系统网络化的虚拟企业将散置在各地的、分属不同所有者的仓库通过网络连接起来，使之成为"虚拟仓库"，进行统一管理和调配，服务半径和货物集散空间都放大了。这样的企业在组织资源的速度、规模、效率和资源的合理配置方面都是传统的物流和配送所不可比拟的，相应的物流观念也必须是全新的。

电子商务作为一新兴的商务活动，为物流创造了虚拟的运动空间。可以通过各种组合方式，寻求物流的合理化，使商品实体在实际的运动过程中，达到效率最高、费用最省、距离最短、时间最少的功能。

（2）电子商务改变物流的运作方式

传统的物流和配送过程是由多个业务流程组成的，受人为因素和时间影响很大。网络的应用可以实现整个过程的实时监控和实时决策，而且这种物流的实时控制是以整体物流来进行的。新型的物流和配送的业务流程都由网络系统连接。当系统的任何一个环节收到一个需求信息时，该系统都可以在极短的时间内作出反应，并拟定详细的配送计划，通知各相关环节开始工作。这一切工作都是由计算机根据人们事先设计好的程序自动完成的。

物流和配送的持续时间在电子商务环境下会大大缩短，对物流和配送速度提出了更高的要求。传统物流和配送的环节极为烦琐，在网络化的新型物流配送中心里可以大大缩短这一过程。

（3）电子商务改变物流企业的经营形态

首先，电子商务将改变物流企业对物流的组织和管理。在传统经济条件下，物流往往是从某一企业来进行组织和管理，为企业自身服务。而电子商务则要求物流以社会的角度来实行系统的组织和管理，以打破传统物流分散的状态。这就要求企业在组织物流的过程中，不仅要考虑本企业的物流组织和管理，更重要的是要考虑全社会的整体系统。

其次，电子商务将改变物流企业的竞争状态。在传统经济活动中，物流企业之间存在激烈的竞争，这种竞争往往是依靠本企业提供优质服务、降低物流费用等方面来进行的。在电子商务时代，这些竞争内容虽然依然存在，但有效性却大大降低了。原因在于电子商务需要一个全球性的物流系统来保证商品实体的合理流动。对于一个企业来说，即使它的规模再大，也是难以达到这一要求的。这就要求物流企业应相互联合起来，在竞争中形成一种协同竞争的状态，以实现物流高效化、合理化、系统化。

（4）电子商务促进物流基础设施改善和提高

电子商务高效率和全球性的特点，要求物流也必须达到这一目标。而物流要达到这一目标，良好的交通运输网络、通信网络等基础设施则是最基本的保证。

（5）电子商务将促进物流技术的进步

物流技术主要包括物流硬技术和软技术。物流硬技术是指在组织物流过程中所需的各种材料、机械和设施等；物流软技术是指组织高效率的物流所需的计划、管理、评价等方面的技术和管理方法。物流技术水平的高低是实现物流效率高低的一个重要因素。

（6）电子商务将促进物流管理水平的提高

物流管理水平的高低直接决定和影响着物流效率的高低，也影响着电子商务高效率优势的实现。只有建立科学、合理的管理制度，将科学的管理手段和方法应用于物流管理当中，才能确保物流的畅通进行，实现物流的合理化和高效化，促进电子商务的发展。

（7）电子商务对物流人才提出了更高的要求

电子商务不仅要求物流管理人员既具有较高的物流管理水平，而且也要求物流管理人员要具有较高的电子商务知识，并在实际的运作过程中，能有效地将二者有机地结合在一起。

8.3.2　电子商务物流的发展趋势

电子商务时代，由于企业销售范围的扩大，企业和商业销售方式及最终消费者购买方式的转变，使得送货上门等业务成为一项极为重要的服务业务，促使了物流行业的兴起。物流行业即能完整提供物流机能服务，以及运输配送、仓储保管、分装包装、流通加工、等以收取报偿的行业。主要包括仓储企业、运输企业、装卸搬运、配送企业、流通加工业等。信息化、全球化、多功能化和一流的服务水平，已成为电子商务下的物流企业追求的目标。

（1）多功能化——物流业发展的方向

在电子商务环境中，物流企业一体化的配送中心不应局限于仅提供仓储和运输服务，还应开展配货、配送和各种提高附加值的流通加工服务项目，或者按客户的需要提供其他服务。物流企业要通过从供应者到消费者供应链的综合运作，使物流服务达到最优化，这就要求物流企业要根据消费需求"多品种、小批量、多批次、短周期"的特色，灵活组织和实施物流作业。

（2）一流的服务——物流企业的追求

在电子商务领域，物流业是介于供货方和购货方之间的第三方，提供优质的服务是第一宗旨。优质和系统的服务有利于物流企业与货主企业结成长期的合作关系，获得稳定的客源。对物流企业而言，服务质量和服务水平正逐渐成为比价格更为重要的选择因素。

优质和系统的服务使物流企业与货主企业结成战略伙伴关系（或称策略联盟），一方面有助于货主企业的产品迅速进入市场，提高竞争力，另一方面则使物流企业有稳定的资源，对物流企业而言，服务质量和服务水平正逐渐成为比价格更为重要的选择因素。

（3）信息化——现代物流业的必由之路

在电子商务时代，要提供最佳的服务，物流系统必须要有良好的信息处理和传输系统。美国洛杉矶西海报关公司与码头、机场、海关信息联网。当货从世界各地起运时，客户便可以从该公司获得到达的时间、到泊（岸）的准确位置，使收货人与各仓储、运输公司等做好准备，使商品在几乎不停留的情况下，快速流动、直达目的地。良好的信息系统能提供极好的信息服务，以赢得客户的信赖。世界上最大的快地承运商与包裹递送公司 UPS 和专门提供全球性运输、电子商贸及供应链管理服务的 FedEx，以及中国的邮政快递 EMS 等国内外许多快递公司均提供网上货单查询系统，客户根据运单号可以进行货物自发送地到目的地的全程跟踪。

电子商务要求商品与生产要素在全球范围内快速自由流动。EDI 与 Internet 的应用，使物流效率的提高更多地取决于信息管理技术，电子计算机的普遍应用提供了更多的需求和库存信息，提高了信息管理科学化水平，使产品流动更加容易和迅速。物流信息化，包括商品代码和数据库的建立，运输网络合理化、销售网络系统化和物流中心管理电子化建设等，目前还有很多工作有待实施。可以说，没有现代化的信息管理，就没有现代化的物流。

（4）全球化——物流企业竞争的趋势

20世纪90年代早期电子商务的出现，加速了全球经济的一体化，使物流企业的发展达到了多国化。它从许多不同的国家收集所需要资源，再加工后向各国出口。

全球化的物流模式，使企业面临着新的问题。第一，随着贸易区域的扩大，其物流配送系统范围也在不断扩大。这里面有仓库建设问题也有运输问题。第二，较难找到素质较好、水平较高的管理人员，因为有大量牵涉到贸易合作伙伴的问题需要解决。如日本在美国开设了很多分公司，而两国存在着不小的差异，势必会碰到如何管理的问题。第三，还存在一个信息共享问题。很多企业有不少企业内部的秘密，物流企业很难与之打交道，因此，如何建立信息处理系统，以及时获得必要的信息，对物流企业来说是个难题。

全球化战略的趋势，使物流企业和生产企业更紧密地联系在一起，形成了社会大分工。生产厂集中精力制造产品、降低成本、创造价值；物流企业则花费大量时间、精力从事物流服务。物流企业的满足需求系统比原来更进一步了。例如，在配送中心里，对进口商品的代理报关业务、暂时储存、搬运和配送，必要的流通加工，从商品进口到送交消费者手中的服务实现一条龙。

8.4　第三方物流 3PL

第三方物流的产生是新型管理理念的要求进入20世纪90年代后，信息技术特别是计算机技术的高速发展与社会分工的进一步细化，推动着管理技术和思想的迅速更新，由此产生了供应链、虚拟企业等一系列强调外部协调和合作的新型管理理念，既增加了物流活动的复杂性，又对物流活动提出了零库存、准时制、快速反应。有效的顾客反应等更高的要求，使一般企业很难承担此类业务，由此产生了专业化物流服务的需求。第三方物流的思想正是为满足这种需求而产生的。它的出现一方面迎合了个性需求时代企业间专业合作（资源配置）不断变化的要求，另一方面实现了进出物流的整合，提高了物流服务质量，加强了对供应链的全面控制和协调，促进供应链达到整体最佳性。

8.4.1　第三方物流的概念

"第三方物流"（Third Party Logistics，3PL或TPL）是20世纪80年代中期欧美提出的。在1988年美国物流管理委员会的面向客户服务调查中，首次提到"第三方服务提供者"一词。第三方物流是指由物流的实际需求方（第一方）和物流的实际供给方（第二方）之外的第三方部分地或全部利用第二方的资源通过合约向第一方提供的物流服务，也称合同物流、契约物流。第三方是指提供部分或全部物流功能服务的一个外部提供者，是物流专业化和社会化的一种形式。

第三方物流是指独立于买卖之外的专业化物流公司，长期以合同或契约的形式承接供应链上相邻组织委托的部分或全部物流功能，因地制宜地为特定企业提供个性化的全方位物流解决方案，实现特定企业的产品或劳务快捷地向市场移动，在信息共享的基础上，实现优势互补，从而降低物流成本，提高经济效益。它是由相对"第一方"发货人和"第二方"收货人而言的第三方专业企业来承担企业物流活动的一种物流形态。第三方物流公司通过与第一方或第二方的合作来提供其专业化的物流服务，它不拥有商品，不参与商品买卖，而是为顾客提供以合同约束、以结盟为基础的、系列化、个性化、信息化的物流代理服务。服务内容包括设计物流系统、EDI能力、报表管理、货物集运、选择承运人、货代人、海关代理、信息管理、仓储、咨询、运费支付和谈判等。第三方物流企业一般都是具有一定规模的物流设施设备（库房、站台、车辆等）及专业经验、技能的批发、储运或其他物流业务经营企业。第三方物流是物流专业化的重要形式，它的发展程序体现了一个国家物流产业发展的整体水平。

8.4.2　第三方物流系统的组成要素

（1）硬件要素

硬件要素包括运输要素和储存要素。运输要素分为两种：一种是运输基础设施，它们固定在某一个地点或者线路上，比如铁路、公路、机场、港口、车站等；另一种是运行设备，它们是独立的设备，以基础设施为运行条件并与之相配套，比如集装箱装卸搬运车、汽车、火车、轮船、飞机等。储存要素包括基础设施和利用这些基础设施进行储存运作的设备，前者如仓库、货场、站台、堆场等，后者如仓库中的货架、托盘、叉车、分拣机、巷道车等。

（2）软件要素

软件要素是指第三方物流系统的支撑要素，包括物流系统的体制、制度、法律、法规，行政命令，标准化系统等，处于复杂的社会经济系统中，要协调与其他系统的关系这些要素是不可缺少的。

（3）人员要素

人员要素是指运作第三方物流所需要的各类物流技术人才、物流管理人才、物流基层操作人员，用以来完成装卸、搬运、配送、流通加工等物流功能于实务。

（4）信息技术要素

信息技术要素是指第三方物流企业完成物流整体规划、方案设计、信息搜寻、跟踪、反馈、满足客户个性化需求所需要的各种技术能力。

8.4.3　第三方物流的作用

第三方物流是一个新兴的领域，给企业或客户带来了众多益处，主要表现在以下几方面。

（1）集中主业

企业能够实现资源优化配置，将有限的人力、财力集中于核心业务，进行重点研究，发展基本技术，努力开发出新产品和服务参与世界竞争。

（2）节省费用，减少资本积压

专业的第三方物流提供者利用规模性获得专业优势和成本优势，通过整合各环节运作，实现费用节省。

（3）减少库存

第三方物流借助精心策划的物流计划和适时运送手段，最大限度地减少库存，改善企业的现金流量，实现成本优势。

（4）提高企业经营效率

首先，企业将自己的非核心业务外包给从事该业务的专业公司去做，企业能够有时间和精力放在自己的核心业务上，提供了供应链管理和运作效率。其次，第三方物流企业作为专门从事物流工作的企业，有丰富的专门从事物流运作的专家，有利于确保企业的专业化生产，提高企业的物流水平。第三，第三方物流系统不但可以提供运输服务，还可以提供其他服务，如仓储管理、客户订单处理等。

（5）提升企业形象

第三方物流提供者利益能够自身完备的设施和训练有素的员工帮助企业设计低成本高

效率的物流方案，减少物流复杂性，改进服务，树立自己的品牌形象，为企业在竞争中取胜创超有利条件。

8.4.4　第三方物流的发展现状

（1）国外第三方物流的发展

据资料显示，在欧洲，第三方物流约占物流服务市场的 1/4，其中德国 99%的运输业务和 50%以上的仓储业务已交给第三方物流，在商业领域已从货物配送发展到店内物流，即零售店将从开门到关门，从清扫店堂到补货上架等原先由商店营业员负责的一系列服务工作，全部交给第三方物流商完成。在美国，大型制造企业使用第三方物流的比例占到 70%以上，美国第三方物流业的收入以年 15%～20%的速度持续递增。

（2）我国第三方物流现状

我国目前提供第三方物流的企业主要是一些原来的国有大型仓储运输企业和中外合资、独资企业等。它们的营业范围都在不同程度上涉及全国配送、国际物流、多式联运等服务，并在不同程度上进行了综合物流代理运作模式的探索和实践。尤其是一些与外方合资或合作的物流企业还充分发挥国外公司在物流管理经验、人才、技术、观念和理论上的优势，率先进行综合物流代理运作。另外，随着物流市场的对外开放，邮件快递业务由中国邮政一统天下的时代已经过去。目前的国内物流行业处于内、外资企业群雄崛起的局面，这种多方竞争的格局，为国内的消费者和商家选择优秀第三方物流单位创造了有利条件。众多的物流企业采取送货上门的递送方式，提供了高质低价的物流服务，给广大的消费者带来的益处，也有力地支持了电子商务的顺利实施。与此同时，我国越来越多的企业也开始把物流业务外包出去。例如，上海通用汽车公司将全部物流外包给第三方，而自身集中于汽车的设计、生产和制造。

2005 年我国第三方物流市场规模超过 1000 亿元，比上年增长了 30%左右。但是，由于石油价格的上涨和在基础设施、设备和技术上投入的增加，物流企业的运营成本大幅提高；另一方面，行业竞争加剧又导致物流服务收费普遍降低，因此 2005 年第三方物流市场的利润率普遍下降。与此同时，我国企业对于第三法物流的市场需求潜力巨大。中国巨大的物流市场已经吸引了国际上各大货运集团的目光，外国]物流企业纷纷进军中国市场，预测未来几年中国物流业将保持快速增长态势，第三方物流市场发展前景广阔。

8.5　第四方物流 4PL

8.5.1　第四方物流的概念

第四方物流的首要倡议者是安盛咨询公司。安盛公司甚至注册了该术语的商标，并定义为"一个调配和管理组织自身的及具有互补性服务提供商的资源、能力与技术，来提供全面的供应链解决方案的供应链集成商"。通过第四方物流这一中心，将第三方物流和技术服务供应商结合起来，充当了管理和指导多个第三方物流的角色。也就是说，第四方物流是在第三方物流的基础上对管理和技术等物流资源进一步整合，为客户提供全面意义上的供应链物流解决方案。

第四方物流主要是指由咨询公司提供的物流咨询服务，但咨询公司并不就等于第四方物流公司。目前，第四方物流在中国还停留在仅是"概念化"的第四方物流公司，南方的一些物流公司、咨询公司甚至软件公司纷纷宣称自己的公司就是从事"第四方物流"服务的公司。

这些公司将没有车队、没有仓库当成一种时髦；号称拥有信息技术，其实却缺乏供应链设计能力；只是将第四方物流当作一种商业炒作模式。第四方物流公司应物流公司的要求为其提供物流系统的分析和诊断，或提供物流系统优化和设计方案等。所以第四方物流公司以其知识、智力、信息和经验为资本，为物流客户提供一整套的物流系统咨询服务。它从事物流咨询服务就必须具备良好的物流行业背景和相关经验，但并不需要从事具体的物流活动，更不用建设物流基础设施，只是对于整个供应链提供整合方案。第四方物流的关键在于为顾客提供最佳的增值服务，即迅速、高效、低成本和个性化服务等。

8.5.2　第四方物流的优势

第一，它对整个供应链及物流系统进行整合规划。第三方物流的优势在于运输、储存、包装、装卸、配送、流通加工等实际的物流业务操作能力，在综合技能、集成技术、战略规划、区域及全球拓展能力等方面存在明显的局限性，特别是缺乏对整个供应链及物流系统进行整合规划的能力。而第四方物流的核心竞争力就在于对整个供应链及物流系统进行整合规划的能力，也是降低客户企业物流成本的根本所在。

第二，它具有对供应链服务商进行资源整合的优势。第四方物流作为有领导力量的物流服务提供商，可以通过其影响整个供应链的能力，整合最优秀的第三方物流服务商、管理咨询服务商、信息技术服务商和电子商务服务商等，为客户企业提供个性化、多样化的供应链解决方案，为其创造超额价值。

第三，它具有信息及服务网络优势。第四方物流公司的运作主要依靠信息与网络，其强大的信息技术支持能力和广泛的服务网络覆盖支持能力是客户企业开拓国内外市场、降低物流成本所极为看重的，也是取得客户的信赖，获得大额长期订单的优势所在。

最后，具有人才优势。第四方物流公司拥有大量高素质国际化的物流和供应链管理专业人才和团队，可以为客户企业提供全面的卓越的供应链管理与运作，提供个性化、多样化的供应链解决方案，在解决物流实际业务的同时实施与公司战略相适应的物流发展战略。

发展第四方物流可以减少物流资本投入、降低资金占用。通过第四方物流，企业可以大大减少在物流设施（如仓库、配送中心、车队、物流服务网点等等）方面的资本投入，降低资金占用，提高资金周转速度，减少投资风险。降低库存管理及仓储成本。第四方物流公司通过其卓越的供应链管理和运作能力可以实现供应链"零库存"的目标，为供应链上的所有企业降低仓储成本。同时，第四方物流大大提高了客户企业的库存管理水平，从而降低库存管理成本。发展第四方物流还可以改善物流服务质量，提升企业形象。

8.5.3　中国发展第四方物流的局限性

中国正处在发展第三方物流的初始期。第三方物流企业有的是传统物流企业转变而来，有的来源于国外独资和合资企业，还处在转型发展时期。尽管政府和媒体一直在推动这个行业的发展，但第三方物流在整个供应链市场上的占有率很低，短期内不具备整合物流资源的能力。

第三方物流尚且如此，第四方物流的现状就可想而知了。此外，中国供应链管理技术尚未发育成熟，企业组织变革管理的能力较差，同时整个物流的基础设施落后，客户的规模较小，还承担不起第四方物流的服务。第四方物流的发展必须在第三方物流高度发达和业务外包极为流行的基础上才能发展起来。我国第四方物流的发展需要一些早期的领先者的探索和试点行动，需要市场上的信誉和信息系统的高度透明才能够实现。但是，由于经济发展过程中的一些独特的机遇，我国还有可能会出现一些大型的第四方物流公司。

　　无论如何，正如电子商贸的潮起潮落所带给人们的教训那样，新概念不会解决物流的瓶颈，只有实实在在地运作和对行业的扎实深厚的功底才能推动整个物流产业的发展和促进中国流通行业的变革。

[本章小结]

　　电子商务物流是物流与电子商务相结合的产物，与传统的物流相比，电子商务物流具有信息化、自动化、网络化、柔性化和智能化的特点，并向着多功能化、一流的服务、全球化等目标发展。不同类型的电子商务，可选择不同的配送模式。其中第三方物流市场需求巨大，发展前景广阔。此外第四方物流的提出也进一步推动着整个物流产业的发展。

[案例研讨]

网上书店 Amazon

　　总部位于美国西雅图的亚马逊网上书店于 1995 年 7 月开业，到 1999 年底全球已有 160 个国家的 1300 万网名在亚马逊书店购买了商品。亚马逊 1999 年第三季度的净销售额为 3.56 亿美元，比 1998 年同期增长 132%，虽然取得了如此好的业绩，但此时，亚马逊仍然处于亏损状态。在历经了 7 年的发展后，到 2002 年底，全球已有 220 个国家的 4000 万网民在亚马逊书店购买了商品，亚马逊为消费者提供的商品总数已达到 40 多万种。2002 年第四季度的销售额为 14.3 亿美元，实现净利润 300 万美元，是第二个盈利的季度。亚马逊的扭亏为盈无疑是对 B2C 电子商务公司的巨大鼓舞。

　　亚马逊为何能扭亏为盈，创造令人振奋的业绩呢？分析之后，不难发现，物流在其中的重要作用。

　　（1）拥有完整的物流、配送网络

　　到 1999 年，Amazon 在美国、欧洲和亚洲共建立了 15 个配送中心，面积超过 350 万平方英尺，1999 年配送中心的面积是 1998 年的十多倍。这一规模足以与一个大型的传统零售公司的配送系统相媲美。此外，亚马逊的配送中心按商品类别设立，不同的商品由不同的配送中心进行配送。这样做有利于提高配送中心的专业化作业程度，使作业组织简单化、规范化，既能提高配送中心作业的效率，又可降低配送中心的管理和运转费用。

　　（2）以全资子公司的形式经营和管理配送中心

　　Amazon 认为，配送中心是能接触到客户订单的最后一环，同时也无疑是实现销售的关键环节，他们不想因为配送环节的失误而损失任何销售机会。这一做法未必可以推广，但这说明，对电子商务来讲，物流配送对整个电子商务系统具有决定性的意义。

　　（3）在配送模式的选择上采取外包的方式

　　在电子商务中亚马逊将其国内的配送业务委托给美国邮政和 UPS，将国际物流委托给国际海运公司等专业物流公司，自己则集中精力去发展主营和核心业务。这样可以减少投资，降低经营风险，又能充分利用专业物流公司的优势，节约物流成本。

　　（4）亚马逊提供了多种送货方式和送货期限供消费者选择，对应的送货费用也不相同

　　在送货方式上有以陆运和海运为基本运输方式的"标准送货"，也有空运方式。送货期限上，根据目的地是国内还是国外的不同，以及所订的商品是否有现货而采用标准送货、2 日送货和 1 日送货等。交货时间的长短反映了配送系统的竞争力，亚马逊设计了比较灵活的送货方案，使用户有更大的选择性，受到了用户的欢迎。根据送货方式和送货期限及商品品

类的不同，采取不同的收费标准，有按固定费率收取的批次费，也有按件数收取的件数费，亦有按重量收取的费用。

（5）为邮局发送商品提供便利减少送货成本

在送货中亚马逊采取一种被称之为"邮政注入"减少送货成本。所谓"邮政注入"就是使用自己的货车或由独立的承运人将整卡车的订购商品从亚马逊的仓库送到当地邮局的库房，再由邮局向顾客送货。这样就可以免除邮局对商品的处理程序和步骤，为邮局发送商品提供便利条件，也为自己节省了资金。据一家与亚马逊合作的送货公司估计，靠此种"邮政注入"方式节省的资金相当于头等邮件普通价格的 5%～17%，十分可观。

（6）高层管理人员经验丰富

为了加强亚马逊物流、配送系统的规划与管理，亚马逊 1998 年 7 月任命世界上最大的零售商 Wal-Mart 的前任物流总裁怀特（Wright）为亚马逊的副总裁，这说明亚马逊的配送中心的高层管理人员具有极高的素质和丰富的经验。

（资料来源：http://news.chinawutong.com/xueyuan/lwjj/97334.asp）

问题：

1. 亚马逊采用何种物流运作模式？
2. Amazon 网上销售为何能取得成功？

[思考与练习]

1. 为什么说物流是电子商务的重要组成部分？
2. 为什么说物流是实现电子商务的保证？
3. 试列举电子商务物流的主要特点。
4. B2B，B2C 模式适用的物流运作模式有哪些？
5. 什么是 3PL？什么是 4PL？说说这两者的异同。

第9章 客户关系管理

[学习目标]

通过本章的学习，了解客户关系管理产生的背景，掌握和理解客户关系管理的概念，并对客户关系管理基本理论有一定程度的认识，在此基础上了解 CRM 系统的一般模型和组成。

[引导案例]

康佳 CRM 系统——紧随市场而行

近年来，国内家电行业的市场竞争越来越激烈，价格大战、技术大战一浪高过一浪，如何了解市场发展、如何满足客户需求、如何有效回避经营风险成为每个家电企业急需解决的问题。正是在这样的竞争压力下，康佳集团决定启动 CRM 系统项目，以信息系统建设带动企业的革新，增强企业竞争力。CRM 系统项目正式启动于 1999 年，该项目是康佳集团为了解市场发展、满足客户需求、有效回避经营风险进行的有益尝试。

康佳集团 CRM 系统的实施可分为两个阶段，一是建立销售系统。所谓销售系统是企业营销自动化（MA）和销售过程自动化（SFA）两个系统功能的集成；一是客户服务系统，即实现全国服务机构的管理和支持。至 2000 年 6 月，康佳在全国 60 个分公司全部采用新的集中式的销售系统。康佳集团计划于 2001 年完成 CRM 系统第二阶段客户服务系统的开发与实施工作。客户服务系统完成后，将为客户信息的分析利用提供帮助，为康佳集团的市场、开发、制造、销售等各个环节提供准确的信息，从而增强客户和服务管理，提高客户满意度。据悉，康佳集团 CRM 系统项目预计整体投资额将超过 1500 万元。

CRM 销售系统的实施为康佳带来了更高的市场跟踪和反应能力。据康佳集团信息中心副总经理王练先生介绍，2000 年初，康佳集团与麦肯锡咨询公司合作，制定了企业内部业务重组的整体方案，这个方案的实施不仅仅为康佳带来了更高的经营效率和市场适应能力，还完成了 CRM 系统实施所必需的企业业务重组和机构整合，为 CRM 系统的建设铺垫了道路。

康佳 CRM 销售系统可完成以下功能。

① 销售业务流程自动化，包括订单处理、仓库管理、客户信息、信用管理、业务统计等功能，可实现销售信息和客户信息的实时互动传送，以优化销售过程来提高效率，防范风险，增加销售收入。

② 客户信息和风险控制功能，这里的客户是指分销商，该功能可实现分销商业务信息的及时反馈，可为分销商提供市场信息和促销支持，快速建立统一的营销机制。

③ 市场分析与决策支持功能，即通过销售业务数据的实时收集和统计分析，产生销售、库存、发货、回款等业务报表，为公司管理人员提供决策依据。

谈到 CRM，许伟宜认为康佳将谨慎地采取分步实施的策略：第一阶段，主要是将业务数据和客户信息收集起来，即对客户的数据、反馈信息等进行收集；第二阶段则是客户信息到达一定规模后，通过数据仓库或挖掘技术对这些数据进行分析和提炼，以提供一些有用的决策信息，例如预测用户行为的趋势，开发更有竞争力的产品。

在实施 CRM 系统中，康佳集团取得了宝贵的经验。

① CRM 系统的实施需要企业领导支持。康佳集团为此成立了专门的领导小组，动员了包括 IT 技术部、销售部、财务部等各个部门的负责人参与系统的设计、实施、试用等整体过程，各部门协作有利于对企业业务的统筹考虑。

② CRM 系统不是原有手工工作流程的 IT 复制版，它是根据新的理念和规范化流程将企业传统的业务流程重组、调整，真正的 CRM 系统必须严格按照 CRM 思想来重组企业管理架构。

③ CRM 系统建设要外部力量和自身力量相结合。在建设初期，要适当借助外部力量，和外面专业公司合作，在合作过程中积累经验同时培养自己的各种人才。在 CRM 系统实施过程中，一定有客户化的过程，需要客户的支持，根据客户需求不断修改和测试。康佳集团采用试点的方式，选择几个条件比较好的分支机构试推行 CRM 系统。在试用过程中，分支机构提出了许多修改建议，为 CRM 系统在公司内部的全面实施建立了示范工程。

④ CRM 系统建设要以实用为原则。对企业而言，没有最先进的系统，只有最实用的系统，所以 CRM 系统的建设要以详细的需求为前提、明确的目标为目的，选择最实用但不一定最先进的技术。

（资料来源：http://www.ctiforum.com/technology/CRM/10/crm1006.htm）

9.1　客户关系管理概述

电子商务时代，信息技术革命极大地改变了我们的商业模式，尤其对企业与客户之间的互动关系产生了巨大的影响。在一切都随手可及的信息化社会，客户可以极方便地获取信息，并且更多地参与到商业过程中。这表明，我们已经进入了客户导向的时代，深入了解客户需求，及时将客户意见反馈到产品、服务设计中，为客户提供更加个性化、深入化的服务，将成为企业成功的关键。在这种环境下，现代企业的客户关系管理应运而生。

9.1.1　客户关系管理的产生和发展

（1）客户关系管理产生的背景

① 需求的拉动　面对竞争日益激烈的市场，很多企业在信息化方面已经做了大量工作，收到了很好的经济效益。然而，一个普遍的现象是，在很多企业，销售、营销和服务部门的信息化程度越来越不能适应业务发展的需要，越来越多的企业要求提高销售、营销和服务的日常业务的自动化和科学化，将面向客户的各项信息和活动进行集成，组建一个以客户为中心的企业，实现对面向客户的活动的全面管理。这是客户关系管理应运而生的需求基础。

② 技术的推动　计算机、通信技术、网络应用的飞速发展使得上述管理理念不再停留在理论阶段。"客户是上帝"的口号真正落到了实处，信息技术的发展使得围绕客户展开的各种信息应用成为可能。办公自动化程度、员工计算机应用能力、企业信息化水平、企业管理水平的提高都有利于客户关系管理的实现。

从技术的发展看，信息技术的发展，特别是互联网技术的进步推动了 CRM 的发展。科学技术的突飞猛进为 CRM 的实现和功能的扩张提供了前所未有的手段，也使企业与客户之间进行交流的渠道越来越多，除了面对面的交谈、电话外，还有呼叫中心、移动通信、掌上电脑、电子邮件等。可以说，以互联网为核心的技术进步是 CRM 的加速器。

　　电子商务在全球范围内正开展得如火如荼,正在改变着企业做生意的方式。通过 Internet,可开展营销活动,向客户销售产品,提供售后服务,收集客户信息。客户信息是客户关系管理的基础。数据仓库、商业智能、知识发现等技术的发展,使得收集、整理、加工和利用客户信息的质量大大提高。

　　③ 管理理念的更新　企业管理的中心理念经历了五个阶段,分别是产值中心论、销售额中心论、利润中心论、客户中心论以及客户满意中心论。而最终消费者价值选择的变迁经历了三个阶段,从理性消费时代到感觉消费时代,再到感情消费时代。

　　在西方的市场竞争中,企业领导者发现传统的以 4P 为核心由市场部门实现的营销方法越来越难以实现营销的目标。而 CRM 就是工业发达国家对客户为中心的营销的整体解决方案,它在注重 4P 关键要素的同时,将营销重点从客户需求进一步转移到客户保持上,并且保证企业将适当的时间、资金和管理资源直接集中在这两个关键任务上,反映出在营销体系中各种交叉功能的组合。

　　(2) 客户关系管理的发展

　　最早发展客户关系管理的国家是美国,在 1980 年初便有所谓的"接触管理"(Contact Management)专门收集客户与公司联系的所有信息。到 1990 年则演变成包括电话服务中心支持资料分析的客户关怀(Customer care)。

　　最初的 CRM 应用在 20 世纪 90 年代初投入使用,主要是基于部门的解决方案。如自动销售系统(Sales Force Automation,SFA)和客户服务支持(Customer Service Support,CSS),虽然增强了特定的商务功能,但未能为公司提供完整的加强与个体客户间关系的手段。于是,20 世纪 90 年代中期推出了整合交叉功能的 CRM 解决方案,把内部数据处理、销售跟踪、国外市场和客户服务请求融为一体,不仅包括软件,还包括硬件、专业服务和培训,为公司雇员提供全面的、及时的数据,让他们清晰地了解每位客户的需求和购买历史,从而提供相应的服务。

　　CRM 这一概念直到 20 世纪 90 年代末才开始深入到一些公司。IBM 调查显示,大多数组织,特别是中小规模企业,仅对企业客户关系管理的应用有一般了解,对特定的解决方案一无所知。虽然这些公司大多数都收集客户数据,但这些数据通常还是分别存储在不同的部门中,没有很好地在全公司内整合与共享。

　　20 世纪 90 年代后期,Internet 技术的迅猛发展加速了 CRM 的应用和发展。Web 站点、在线客户自助服务和基于销售自动化的电子邮件让每一个 CRM 解决方案的采纳者进一步拓展了服务能力,CRM 真正进入了推广时期。

9.1.2　客户关系管理的概念和理解

　　(1) 客户关系管理的概念

　　关于 CRM 的定义,不同的学者或商业机构都从不同角度提出自己的看法。下面我们对各种不同的定义进行分析,以便对 CRM 有一个比较全面的了解。

　　定义一:Gartner Group 认为 CRM 是一种商业策略,它按照客户的分类情况有效地组织企业资源,培养以客户为中心的经营行为以及实施以客户为中心的业务流程,并以此为手段来提高企业赢利能力、利润以及客户满意度。此定义明确指出了 CRM 并非某种单纯的 IT 技术,而是企业的一种商业策略,注重企业赢利能力和客户满意度。

　　定义二:CRMguru.com 认为 CRM 是在营销、销售和服务业务范围内,对现实的和潜在的客户关系以及业务伙伴关系进行多渠道管理的一系列过程和技术。该定义重点指出了 CRM

的管理手段，即过程和技术，比较适用于 CRM 开发系统，并界定了 CRM 的业务领域。但此定义过分弱化了 CRM 的策略性，简单归纳为一种技术处理。

定义三：IBM 公司认为 CRM 通过提高产品性能，增强顾客服务，提高顾客交付价值和顾客满意度，与客户建立起长期、稳定、相互信任的密切关系，从而为企业吸引新客户、维系老客户，提高效益和竞争优势。这个定义兼顾了各种因素的影响。对顾客来说，CRM 关心一个顾客的"完整的生命周期"；对企业来说，CRM 涉及企业"前台"和"后台"，需要整个企业信息集成和功能配合；对具体操作来说，CRM 体现在企业与客户的每次交互上，这些交互都可能加强或削弱客户参与交易的愿望。

定义四：SAP 公司认为 CRM 系统的核心是对客户数据的管理，客户数据库是企业最重要的数据中心，记录了企业在整个市场营销与销售的过程中和客户发生的各种交互行为，以及各类有关活动的状态，并提供各类数据的统计模型，为后期的分析和决策提供支持。这个定义强调 CRM 系统主要具备了市场管理、销售管理、销售支持与服务以及竞争对象的记录与分析等功能。

定义五：NCR（the National Cash Register Corporation）认为，客户关系管理是企业的一种机制。企业通过与客户不断地互动，提供信息和客户作交流，以便了解客户并影响客户的行为，进而留住客户，不断增加企业的利润。通过实施客户关系管理，能够分析和了解处于动态过程中的客户状况，搞清楚不同客户的利润贡献度，从而选择应该提供何种产品给何种客户，以便在合适的时间，通过合适的渠道来完成交易。该定义认为，在客户关系管理中，管理机制是主要的，而技术应用只是一个部分，是实现管理机制的手段而已。实施客户关系管理，主要是企业的组织、流程以及文化等方面的变革。

定义六：美国机械制造技术协会（The Association For Manufacturing Technology，AMT）把 CRM 理解为一种以客户为中心的经营策略，它以信息技术为手段，对业务功能进行重新设计，对业务流程进行重组。此种定义其实只是对 CRM 的作用进行了定位。提出上述定义的，有的是 IT 厂商，有的是管理咨询人才，有的是商业机构，也有的是学者。所从事的领域不同，侧重点也有所不同，但总的来说是一致的，即他们都认为"客户关系"是公司与客户之间建立的一种相互有益的、互动的关系，并由此把 CRM 上升到企业的战略高度，同时都认为技术在 CRM 中起到了很重要的驱动作用。

在总结以上相关经典定义的基础上，从营销理念、业务流程和技术支持三个层面将 CRM 定义为：CRM 是现代信息技术、经营理念和管理思想的结合体，它以信息技术为手段，通过对以"客户为中心"的业务流程的重新组合和设计，形成一个自动化的解决方案，以提高客户的忠诚度，最终实现业务操作效益的提高和利润的增长。

（2）客户关系管理的理解

客户关系管理是一种倡导企业以客户为中心的管理思想和方法。其含义可以分为三个层次，即：

① 面向企业前台业务应用的管理标准，其实质是在关系营销、业务流程重组（Business Process Reengineering，BRP）等基础上进一步发展而成的以客户为中心的管理思想；

② 综合应用了数据库和数据仓库技术、OLAP、数据挖掘技术、Internet 技术、面向对象技术、客户/服务器体系、图形用户界面、网络通信等信息产业成果，以 CRM 管理思想为灵魂的软件产品；

③ 整合了管理思想、业务流程、人及信息技术于一体的管理系统。

进一步来说，对 CRM 可以有如下三种理解。

① 客户关系管理是一种管理理念，通过客户分析和客户定位及客户服务，预测客户行为，实现企业和客户的双赢。

客户关系管理的核心思想是将企业的客户(包括最终客户、分销商和合作伙伴)作为最重要的企业资源，通过完善的客户服务和深入的客户分析来满足客户的需求，保证实现客户的终生价值。现在是一个变革的时代、创新的时代，比竞争对手领先一步，就可能意味着成功。业务流程的重新设计为企业的管理创新提供了一个工具。在引入客户关系管理的理念和技术时，不可避免地要对原来的管理方式进行变革，创新的思想将有利于企业员工接受变革，而业务流程重组则提供了具体的思路和方法。在互联网时代，仅凭传统的管理思想已经不够了。互联网带来的不仅是一种手段，它触发了企业组织架构、工作流程的重组以及整个社会管理思想的变革。所以，客户关系管理首先是对传统管理理念的一种更新。

② 客户关系管理是一种旨在改善企业与客户之间关系的新型管理机制，通过实施营销、服务、提供个性化资料、跟踪服务建立一对一关系。

客户关系管理实施于企业的市场营销、销售、服务与技术支持等与客户相关的领域，通过向企业的销售、市场和客户服务的专业人员提供全面、个性化的客户资料，并强化跟踪服务、信息分析的能力，使他们能够协同建立和维护一系列与客户和生意伙伴之间卓有成效的"一对一关系"。一方面使企业得以提供更快捷和周到的优质服务、提高客户满意度、吸引和保护更多的客户，从而增加营业额;另一方面则通过信息共享和优化商业流程来有效地降低企业经营成本。

③ CRM 是一种管理技术，通过呼叫中心、数据仓库和数据挖掘提供自动化解决方案。

客户关系管理将最佳的商业实践与数据挖掘、数据仓库、一对一营销、销售自动化以及其他信息技术紧密结合在一起，为企业的销售、客户服务和决策支持等领域提供了一个业务自动化的解决方案，使企业有了一个基于电子商务的面对客户的前沿，从而顺利实现由传统企业模式到以电子商务为基础的现代企业模式的转化。

9.1.3　客户关系管理的效益

实施 CRM 的最大好处是能帮助企业赢得收益与未来，从而提高企业的竞争优势。CRM 的应用有助于进行市场活动自动化过程管理、市场策略投资回报评估、客户线索发掘和分配、有针对性的个性化的市场推广活动等。CRM 之所以能帮助企业赢得收益与未来，主要是由于它能帮助企业在以下三个方面取得领先于对手的竞争优势。

（1）提高效率

由于 CRM 采用了新的技术手段，提高了业务处理流程的自动化程度，实现了企业范围内的信息共享，因此提高了企业员工的工作能力，使企业内部能够更高效地运转。在销售方面，CRM 还可以缩短销售周期，整合销售渠道，提高销售效率，抓住每个可能机会做成订单。

（2）拓展市场

CRM 系统拥有对市场活动、销售活动的分析能力，能够从不同角度提供成本、利润、生产率和风险率等信息，并对客户、产品、职能部门和地理区域等进行多维分析。因此借助于 CRM，企业可以对市场活动进行规划、评估，对整个市场活动进行全方位的透视;能够对各种销售活动进行追踪;通过新的渠道和业务模式（电话、网络）扩大企业经营活动范围，及时把握新的市场机会，占领更多的市场份额。

（3）保留客户

利用 CRM 系统，客户可以选择自己喜欢的方式（电话、传真和网络等）同企业进行交流和业务往来，方便地获取信息，得到更好的服务。系统用户可不受时空限制，随时随地访问企业的业务处理系统，获得客户信息。同时，CRM 能帮助企业全面了解客户，根据客户需求进行交易，巩固旧客户，赢得新客户，提高客户的忠诚度，增进客户的贡献度。

有一些数字，可以让我们明确了解 CRM 带来的效益：将产品销售给一位新客户的成本是现有客户的 6 倍；每年将客户保留率提升 5%，就可以提升利润的 85%；将产品向新客户推销的成交机会只有 15%，旧客户则高达 50%。

由此可见，CRM 的应用可以帮助企业提高效率和收益，获得并保持长久和忠诚的客户，从而把握未来竞争的主动权。特别是它能使企业尽快地掌握市场需求状况，并通过高效率的业务流程以最低的成本满足客户的需求，这就使企业具有波特教授所说的差异化与低成本的双重优势。

9.2 客户关系管理基本理论

9.2.1 客户与客户关系

客户是企业最宝贵的资源，没有客户资源，企业就丧失了生存和发展的土壤。全世界的供应商、服务提供商都在千方百计地取悦自己的顾客，尽他们最大的能力满足顾客的需求，力图赢得顾客的欣赏和忠诚、获取利润。商业竞争日趋激烈，无数事实证明，只有不断发现和利用机会，了解客户喜好，满足客户需求，赢得顾客的信赖，企业才能够在瞬息万变的竞争环境下求得生存和不断发展。

（1）客户的概念

在客户关系管理中，客户是对企业产品和服务有特定需求的群体，它是企业经营活动得以维持的根本保证。客户大致可以分成两种类型，消费者（consumer）和企业客户（business consumer）。理解企业客户和消费者的概念是容易的：消费者的身份就是购买最终产品和服务，而企业客户的身份是向最终消费者行销、出售、提供产品和服务。许多例子已经证实，市场营销中的间接关系，使客户的关系变得异常复杂。很多公司都需要和其他供货商合作，才能争取到客户。企业客户和普通消费者之间有显著的差异，通常会将两者分而治之。普通消费者和企业客户的最大区别在于有没有账户管理团队的存在，然而对每个消费者而言，提供专用账户管理的成本支出过大，除非是对公司最有利的客户。而企业客户比普通消费者的消费数量要大得多，因此值得为他们提供专门的服务。

（2）客户细分

企业的盈利和发展取决于客户的价值水平、客户满意度和客户忠诚度等因素。如何吸引和锁定客户，如何赢得进而提高顾客的满意度、忠诚度，这成为企业最为关心的问题，为此有必要进行客户细分。

① 根据客户与企业的关系进行细分　企业产品或服务的众多购买者，其购买的目的并不相同，因此与企业的关系也就不相同。这一点可以作为对客户进行细分的依据。这样的细分可以帮助企业充分认识到自己客户的特点，从而可以对不同的客户采取不同的策略、更大限度地实现资源最优化和有效的管理运营。

根据客户和企业的关系，可以把客户细分为如下几种类型。

a. 一般客户——这里的"客户"更确切地说应当是零售消费者。一般是指个人或家庭，主要购买企业最终产品或服务。这类客户特点是：**数量众多、但消费额一般不高**，是企业往往最为关注，花费精力最多，却总是吃力不讨好的客户群。

b. 企业客户——这些客户购买企业的产品或服务的目的并非用于自身消费，而是在其企业内部将购得的产品附加到自己的产品上，再销售给其他客户或企业。

c. 内部客户——指企业（联盟企业）内部的个人或业务部门，需要企业的产品或服务来达到其商业目的。这种类型的客户往往最容易被忽略，但同时他们又是最具长期获利性的客户。企业雇员应该是企业最重要的内部客户之一。

d. 渠道分销商和代销商——他们一般是直接为企业工作的个人或机构，通常无需企业为他们支付工资，他们购买企业产品的目的就是进行销售获利，或是作为该产品或服务在一个地区的代表或代理。

② 根据客户的价值进行细分　客户对企业的价值是不尽相同的，很多公司或企业 90% 的盈利，只来自 20% 的客户。或者说其 80% 的客户让公司或企业赚不到多少钱，有的甚至让公司、企业赔钱，这就是所谓帕雷托 80/20 法则。因此，企业要能够找出自己最有价值的客户资源，发现最为珍贵的客户，以便有的放矢地开展营销，有针对性地实施客户关系管理。

依据客户的价值及其在企业总客户中所占的比例，可以将客户细分为以下几类，并形成一个金字塔形，如图 9-1 所示。

图 9-1　客户金字塔

a. VIP 客户——这种类型的客户数量不多，但消费额在企业的销售额中占有的比例很大，他们位于金字塔的顶层，对企业贡献的价值最大。一般情况下占企业客户总量的 1%左右。

b. 主要客户——指的是除 VIP 客户外，消费金额所占比例较多，能够为企业提供较高利润的客户。这种类型的客户约占企业客户总量的 4%。

c. 普通客户——这些客户的消费额所占比例一般能够为企业提供一定的利润，占企业客户总量的 15%左右。

d. 小客户——这类客户人数众多，但是能为企业提供的盈利却不多，甚至企业不盈利或亏损，他们位于金字塔的底层。

③ 从企业产品服务的角度看客户细分　我们依据企业对客户的不同反应，可以将客户分为四种类型。

a. 屈从型。企业应当屈从于最有价值的客户，比如 VIP 客户，了解甚至是预测他们的需求，满足他们的需求，培养他们的兴趣，赢得他们的信任，努力与他们建立一种稳定的信任关系。企业的产品应当向这些客户倾斜，尽可能地取悦他们，锁定他们，**赢得他们的忠诚**，因为只有这样才能获得稳定而高额的利润。

b. 关怀型。对于主要客户，企业当然不能放弃，但是从"屈从"转变成了"关怀"。企业应当跟踪调查这类客户的需求，随时与他们保持联系，在企业的产品中反映出这类客户的需求，以赢得他们的满意，并进一步强化与他们的关系，获取他们的忠诚。

c. 适应型。企业不需要为这类客户的特殊要求而兴师动众，只需要使自身的产品适应他们的需要，能够引起其兴趣即可，这时企业应当说是以自身为主的。

d. 冷漠型。有一些客户根本就不能为企业带来利润，甚至只能让企业亏本，这类客户属于被淘汰的范围，企业不必为他们浪费资源，对其只需要采取冷漠的态度即可。

不是为了细分客户才进行客户的细分，我们将客户进行细分的目的是为了更好地进行运营，更好地将有限的资源加以优化利用。细分不是目的，通过细分认清客户类型，找到最有价值的客户才是我们真正的目的。

（3）客户满意

客户满意是 20 世纪 80 年代中后期出现的一种经营理念，其基本内容是：企业的整个经营活动要以客户满意度为指针，要从客户的角度、用客户的观点而不是企业自身的利益和观点来分析客户的需求，尽可能全面尊重和维护客户的利益。菲利普·科特勒认为，顾客满意是指一个人通过对一个产品的可感知效果与他的期望值相比较后，所形成的愉悦或失望的感觉状态。亨利·阿塞尔也认为，当商品的实际消费效果达到消费者的预期时，就导致了满意，否则，则会导致顾客不满意。由此可以看出，满意水平是可感知效果和期望值之间的差异函数。如果效果低于期望，顾客就会不满意；如果可感知效果与期望相匹配，顾客就满意；如果可感知效果超过期望，顾客就会高度满意、高兴或欣喜。

客户满意度是客户对某种产品或服务可感知的实际体验与他们对产品或服务的期望值之间的比较。满意度：客户满意的程度的度量。由此可见，客户的满意度是由客户对产品或服务的期望值与客户对购买的产品或服务的所感知的实际体验两个因素决定的。

（4）客户忠诚

客户忠诚度是指客户对某一特定产品或服务产生了好感，形成了偏好，进而重复购买的一种趋向。忠诚的客户通常会拒绝竞争者提供的折扣、经常性的购买本公司的产品或服务，甚至会向其家人或朋友推荐的客户。尽管满意度和忠诚度之间有着不可忽视的正向关系，但即使是满意度很高的客户，如果不是忠诚客户，面对更便利或更低的价钱，也会毫不犹豫的转换品牌。

（5）客户满意和客户忠诚的差异

客户满意和客户忠诚是一对相互关联的概念，两个概念经常同时出现。但从客户满意和客户忠诚的定义来看，两个概念却有着明显的差异。

客户满意主要是一种心理状态，尽管不满意之后的牢骚和高度满意之后的愉悦都能够从外部观察到，但与客户忠诚行为所表现出的重复购买，其可见性就相差很多。

客户满意与否是对曾经有过的消费经历的判断，是期望值与实际感知的比较，大于则满意，小于则不满意，相同则表示没有不满意。而客户忠诚则是现实期望与预期期望的相比较。客户满意和客户忠诚都受到竞争对手的影响，但是其程度却相差很大。如本来客户对一次消费体验感觉很满意，但是在得知他人使用其他商家的产品后获得了更多的贴心服务，该客户就会想为什么自己没有从企业获得这种高价值服务呢？从而导致客户满意度的改变。客户是否表现出忠诚行为发生在重复购买的时候。在买方市场条件下，客户为了获取更多的客户价值，在购买决策时会对不同供应商提供的产品、服务、价格等进行比较，也就是说对不同的厂家进行比较是进行购买决策的必要环节。而在客户满意中，这种比较却不是必要的环节。显然忠诚受到竞争对手的影响程度大得多。

（6）客户关系

客户关系是指企业为达到其经营目标，主动与客户建立起的某种联系。这种联系可能是单纯的交易关系，也可能是通信联系，也可能是为客户提供一种特殊接触机会，还可能是为双方利益而形成某种买卖合同或联盟关系。

9.2.2　客户识别与客户服务

（1）客户识别

客户识别就是通过一系列技术手段，根据大量客户的特征、购买记录等可得数据，找出谁是企业的潜在客户，客户的需求是什么、哪类客户最有价值等，并把这些客户作为企业客户关系管理的实施对象，从而为企业成功实施 CRM 提供保障。

客户识别是在确定好目标市场的情况下，从目标市场的客户群体中识别出对企业有意义的客户，作为企业实施 CRM 的对象。由于目标市场客户的个性特征各不相同，不同客户与企业建立并发展客户关系的倾向也各不相同，因此他们对企业的重要性是不同的。

（2）客户服务

客户服务（Customer Service），是指一种以客户为导向的价值观，它整合及管理在预先设定的最优成本——服务组合中的客户界面的所有要素。广义而言，任何能提高客户满意度的内容都属于客户服务的范围之内。（客户满意度是指：客户体会到的他所实际"感知"的待遇和"期望"的待遇之间的差距。）

（3）客户关怀

客户关怀（Customer Care）实际上是来源于市场营销理论的概念。在"以产品为中心"向"以客户为中心"的经营模式转变的情况下，客户关怀成为企业经营理念的重要组成部分。客户关怀既有操作的内涵，更重要的是具有友情或感受的内涵，正确的客户关怀体现尊重和诚信。

9.3　客户关系管理系统简介

集成了CRM管理思想和最新信息技术成果的 CRM 软件系统，是帮助企业最终实现以客户为中心的管理模式的重要手段。本节首先描述了 CRM 软件系统的一般模型，然后根据模型，进一步对 CRM 软件系统的结构和功能作详细分析。

9.3.1　CRM 系统的一般模型

CRM 软件系统的一般模型反映了 CRM 最重要的一些特性，如图 9-2 所示。

这一模型阐明了目标客户、主要过程以及功能之间的相互关系。CRM 的主要过程由营销、销售和服务构成。首先，在市场营销过程中，通过对客户和市场的细分，确定目标客户群，制定营销战略和营销计划。而销售的任务是执行营销计划，包括发现潜在客户、信息沟通、推销产品和服务、收集信息等，目标是建立销售订单，实现销售额。在客户购买了企业提供的产品和服务后，还需对客户提供进一步的服务与支持，这主要是客户服务部门的工作。产品开发和质量管理过程分别处于 CRM 过程的两端，提供必要的支持。

在 CRM 软件系统中，各种渠道的集成是非常重要的。CRM 的管理思想要求企业真正以客户为导向，满足客户多样化和个性化的需求。而要充分了解客户不断变化的需求，必然要求企业与客户之间要有双向的沟通，因此拥有丰富多样的营销渠道是实现良好沟通的必要条件。

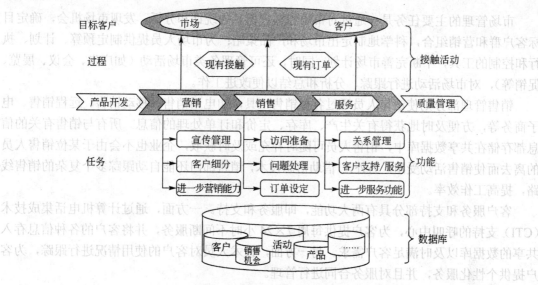

图 9-2　CRM 系统的一般模型

CRM 改变了企业前台业务运作方式，各部门间信息共享、密切合作。位于模型中央的共享数据库作为所有 CRM 过程的转换接口，可以全方位地提供客户和市场信息。过去，前台各部门从自身角度去掌握企业数据，业务是割裂的。而对于 CRM 模型来说，建立一个相互之间联系紧密的数据库是最基本的条件。这个共享的数据库也被称为所有重要信息的"闭环"（closed-loop）。由于 CRM 系统不仅要使相关流程实现优化和自动化，而且必须在各流程中建立统一的规则，以保证所有活动在完全相同的理解下进行。这一全方位的视角和"闭环"形成了一个关于客户以及企业组织本身的一体化蓝图，其透明性更有利于与客户之间的有效沟通。这一模型直接指出了面向客户的目标，可作为构建 CRM 系统核心功能的指导。

9.3.2　CRM 系统的组成

根据 CRM 系统的一般模型，可以将 CRM 软件系统划分为接触活动、业务功能及数据库三个组成部分。

（1）接触活动

CRM 软件应当能使客户以各种方式与企业接触，典型的方式有 Call Center、面对面的沟通、传真、移动销售（mobile sales）、电子邮件、Internet 以及其他营销渠道，如金融中介或经纪人等，CRM 软件应当能够或多或少地支持各种各样的接触活动。企业必须协调这些沟通渠道，保证客户能够采取其方便或偏好的形式随时与企业交流，并且保证来自不同渠道的信息完整、准确和一致。今天，Internet 已经成为企业与外界沟通的重要工具，特别是电子商务的迅速发展，促使 CRM 软件与 Internet 进一步紧密结合，发展成为基于 Internet 的应用模式。

（2）业务功能

企业中每个部门必须能够通过上述接触方式与客户进行沟通，而市场营销、销售和服务部门与客户的接触和交流最为频繁，因此，CRM 软件主要应对这些部门予以支持。然而，并不是所有的 CRM 软件产品都能覆盖所有的功能范围。一般地，一个软件最多能够支持两至三种功能，如市场营销和销售。

CRM 软件系统的业务功能通常包括市场管理、销售管理、客户服务和支持三个部分。

市场管理的主要任务是：通过对市场和客户信息的统计和分析，发现市场机会，确定目标客户群和营销组合，科学地制定出市场和产品策略；为市场人员提供制定预算、计划、执行和控制的工具，不断完善市场计划；同时，还可管理各类市场活动（如广告、会议、展览、促销等），对市场活动进行跟踪、分析和总结以便改进工作。

销售管理部分则使销售人员通过各种销售工具，如电话销售、移动销售、远程销售、电子商务等，方便及时地获得有关生产、库存、定价和订单处理的信息。所有与销售有关的信息都存储在共享数据库中，销售人员可随时补充或及时获取，企业也不会由于某位销售人员的离去而使销售活动受阻。另外，借助信息技术，销售部门还能自动跟踪多个复杂的销售线路，提高工作效率。

客户服务和支持部分具有两大功能，即服务和支持。一方面，通过计算机电话集成技术（CTI）支持的呼叫中心，为客户提供每周 7×24 小时不间断服务，并将客户的各种信息存入共享的数据库以及时满足客户需求。另一方面，技术人员对客户的使用情况进行跟踪，为客户提供个性化服务，并且对服务合同进行管理。

其实，上述三组业务功能之间是相互合作的关系，如图 9-3 所示。

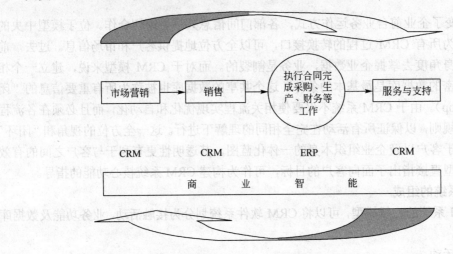

图 9-3　客户关系管理的业务功能

（3）数据库

一个富有逻辑的客户信息数据库管理系统是 CRM 系统的重要组成部分，是企业前台各部门进行各种业务活动的基础。从某种角度来说，它甚至比各种业务功能更为重要。其重要作用体现在以下几点：帮助企业根据客户生命周期价值来区分各类现有客户；帮助企业准确地找到目标客户群；帮助企业在最合适的时机以最合适的产品满足客户需求，降低成本，提高效率；帮助企业结合最新信息和结果制定出新策略，塑造客户忠诚。运用数据库这一强大的工具，可以与客户进行高效的、可衡量的、双向的沟通，真正体现了以客户为导向的管理思想；可以与客户维持长久的，甚至是终身的关系来保持和提升企业短期和长期的利润。可以这样说，数据库是 CRM 管理思想和信息技术的有机结合。

一个高质量的数据库包含的数据应当能全面、准确、详尽和及时地反映客户、市场及销售信息。数据可以按照市场、销售和服务部门的不同用途分成三类：客户数据、销售数据、服务数据。客户数据包括客户的基本信息、联系人信息、相关业务信息、客户分类信息等，它不但包括现有客户信息，还包括潜在客户、合作伙伴、代理商的信息等。销售数据主要包括销售过程中相关业务的跟踪情况，如与客户的所有联系活动、客户询价和相应报价、每笔业务的竞争对手以及销售订单的有关信息等。服务数据则包括客户投诉信息、服务合同信息、售后服务情况以及解决方案的知识库等。这些数据可放在同一个数据库中，实现信息共享，以提高企业前台业务的运作效率和工作质量。目前，飞速发展的数据仓库技术（如 OLAP、数据挖掘等）能按照企业管理的需要对数据源进行再加工，为企业提供了强大的分析数据的工具和手段。

9.3.3　CRM 系统的技术功能

信息技术以及电子商务的快速发展，使客户在购买方式、服务要求等方面有更多的选择和要求，因此现代企业管理中应用的 CRM 应当具备与之适应的基本能力。

（1）信息分析能力

客户关系管理系统有大量关于客户和潜在客户的信息，企业应该充分利用这些信息，对其进行分析，使决策者所掌握的信息更加完全，从而可以更及时地作出决策。良好的商业情报解决方案应能使得客户关系管理和 ERP 协同工作，这样企业就能把利润创造过程和费用管理联系起来。

（2）对客户互动渠道进行集成的能力

不管客户是通过 Web 与企业联系，或是与具有 SFA 功能的手提电脑的销售人员联系，或是与呼叫中心的代理联系，与客户的互动都应该是无缝、统一和高效的。统一的渠道还能带来内外部效率的提高。

（3）支持网络应用的能力

在支持企业内外的互动和业务处理方面，Web 的作用越来越大，这使得客户关系管理的网络功能越来越重要。以网络为基础的功能对一些应用（如网络自主服务、自主销售）是很重要的。为了使客户和企业员工都能方便地使用客户关系管理，需提供标准化的网络浏览器。这样，用户只需很少的训练或不需训练就能使用这个系统。另外，业务逻辑和数据维护是集中化的，减少了系统的配置、维护和更新的工作量，这可以大大节省基于互联网系统的配置费用。

（4）建设集中的客户信息仓库能力

客户关系管理解决方案采用集中化的信息库，所有与客户接触的雇员都可获得实时的客户信息，而且各业务部门和功能模块间的信息能够统一起来。

（5）对工作流进行集成的能力

工作流是指把相关文档和工作规则自动地（不需人工的干预）安排给负责特定业务流程中的特定步骤的人。客户关系管理解决方案应该能具有很强的功能，为跨部门的工作提供支持，使这些工作能动态地、无缝地完成。

（6）与 ERP 功能的集成

客户关系管理要与 ERP 在财务、制造、库存、分销、物流和人力资源等方面连接起来，从而提供一个闭环的客户互动循环。这种集成不仅包括低水平的数据同步，而且还应包括业务流程的集成，这样才能在各系统间维持业务规则的完整性，工作流也就可以在系统间流动。同时，这两者的集成使得企业能够在系统间收集商业情报。

[本章小结]

在需求的拉动、技术的推动和管理理念的更新下，客户关系管理应运而生。在总结相关经典定义的基础上，从营销理念、业务流程和技术支持三个层面客户关系管理进行定义。实施 CRM 的最大好处是能帮助企业赢得收益与未来，从而提高企业的竞争优势。集成了 CRM 管理思想和最新信息技术成果的 CRM 软件系统，是帮助企业最终实现以客户为中心的管理模式的重要手段。

[案例研讨]

中圣 CRM 助力传统邮电企业

（1）项目背景

1998 年邮政和电信分家的时候，邮政亏损达 142 亿元，中国邮政蓦然间被推进了残酷的市场竞争中。如今的邮政企业已经被很多的公司，大到联邦快递、UPS、敦豪、OCS 这样的世界级物流企业，小到私营的同城快递公司等众多的国内外竞争对手包围了，邮政业务分流非常严重。随着中国加入 WTO，未来的市场竞争将变得更加残酷。

北京市东区邮电局是北京市邮政管理局所属的二级通信企业，它地处北京商业竞争最为激烈的地区之一，这一带有国贸、朝外大街、亚运村等三个重要的商务区。东区邮电局管辖区内众多的商务办公楼中蕴涵着无限的商机，同时也受到来自各个方面的竞争的威胁。由于没有及时准确的客户信息管理系统，客户流失的情况时有发生，客户的维系对于东区邮局而言显得尤为重要。邮政这一传统企业，需要引入更加贴近客户的经营理念、管理制度和技术手段。而此时，CRM 系统的应用，对于东区邮电局而言无疑就是一剂对症的良药。从 2000年 3 月份开始，北京市东区邮电局开始研究并着手进行 CRM 系统的引入工作。

（2）系统选型

在计划实施 CRM 的初期，东区邮电局就成立了以市场部为核心，计算机中心为技术支持，东四邮电局、双井邮电局和商函中心为业务示范点的项目实施小组。考察了众多的国内外 CRM 软件系统，东区邮电局发现，国外 CRM 软件汉化程度较低，所体现的管理风格和企业文化与国内实际情况之间存在着一定的差异，其所描述和遵循的业务流程有别于邮政企业的实际情况。在售后服务和业务咨询方面，国内厂商无论在语言上还是在地域上以及时效上都有国外厂商所无法比拟的优势。此外，价格问题也是东区邮电局选择中圣公司产品的原因之一。为使客户关系管理与邮电企业的实际经营决策紧密结合，北京市东区邮电局最终选用了中圣公司的 SellWell2000 CRM 系统。

中圣公司的 SellWell2000 是一套分析型 CRM 系统，其主要特征是分析客户关系管理中的各种数据，进而为企业的经营、决策提供可靠的量化依据。此类分析需要用到许多先进的数据管理和数据分析工具，如数据仓库、OLAP 分析和数据挖掘等等，这些正是中圣公司的技术优势所在。这套系统的工作流程如图 9-4 所示。

（3）项目实施

北京东区邮电局技术框架的搭建：东区邮局共有 26 个支局，经过与中圣公司的多次探讨，邮局领导决定在信息化程度较高、参与市场竞争较早的几个部门率先使用 CRM，如果尝试成功，再向全局甚至全国邮政系统推广。具体说来分为分三步：

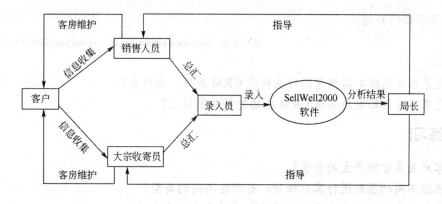

图 9-4　中圣 CRM 系统流程

① 以东四邮局、双井邮局和商函中心为试点引进 CRM 系统;

② 在前期工作的基础上进行第二期 12 个支局的系统引进工作;

③ CRM 系统在全局的推广。

（4）实施效果

通过实施 CRM 项目，东区邮局的实际工作流程已得到了很大的改观，客户信息的收集工作也已进入了一个有序自觉进行的状态。通过报表分析工具，企业领导可以即时查看各项业务数据，包括各地区、各产品、各组织机构的销售情况，并通过系统的计划工具给不同的机构和人员制定销售计划和目标。管理人员可以掌握营销人员的整个销售跟踪过程，而不仅仅像以前那样只知道营销结果，无法跟踪整个销售流程，第一线的销售信息也都通过系统完整地体现出来了，营销人员通过系统提供的自动商机挖掘工具，找到了原先遗漏的商机，获得了更多的利益，而利用自动报价工具则提高了销售的效率。同时，SellWell2000 的分析功能，也为东区邮局目标市场的细分提供了坚实的数据基础。

（5）经验总结

中圣公司在为东区邮电局实施 CRM 的过程中，以下六个关键因素将起到决定性作用。

① 领导层意识超前，善于接受新的事物和理念，敢于进行新的尝试。CRM 在国内毕竟还是一个新概念，可循的经验非常少，花费也相当可观，因此投入是否值得、何时见效并收回成本等问题都考验着邮局管理层的决心。

② 企业上下保持一致，资源支持到位，各业务部门共同参与产品选型和试用，充分重视人员培训工作。中圣公司通过组建项目小组，重点吸收业务部门和第一线销售人员参与 CRM 项目小组，并承担重要角色，获得了显著成效。

③ 选择产品时决断正确，用户与厂商双方的准备工作充分，配合默契，彼此充分信任和理解。在实施过程中会常常遇到计划与实际偏离的情况，往往需要对计划进行调整，这时实施人员一定要分析出现偏差的原因，并对调整的必要性和可行性进行确认，以最大限度地降低项目实施的风险。

④ 针对具体需要进行的二次开发比较成功。中圣公司组成项目调研人员，专赴北京进行业务调研，周期为 3 个星期。在这 3 个星期中，调研人员需要做培训、用户业务需求调研、用户业务流程调研、和用户共同探讨解决方案并形成最终解决方案。

⑤ 项目实施过程中的每一个文档都必须妥善保管好，以加强对整个实施过程的控制。

⑥ 具备一定的软硬件基础。东区邮局的 CRM 实施首先从信息化程度较高、参与市场竞

争较早的几个部门开始。

（资料来源：http://www.topoint.com.cn/html/anli/yzdx/2002/03/114383.html）

问题：

1. 北京市东区邮电局选用的什么样的 CRM 系统，为什么？
2. 北京市东区邮电局实施 CRM 成功的经验是什么？

[思考与练习]

1. 客户关系管理产生的背景？
2. 根据不同的原则进行客户细分，有哪些不同的类型？
3. 客户满意和客户忠诚是什么？两者的差异在哪些方面？
4. CRM 系统的组成是什么？

第10章 供应链管理

[学习目标]

通过本章的学习，了解供应链管理产生的背景，掌握供应链管理的概念和内容，对供应链的类型和集成化的供应链管理的不同阶段有比较深入的认识，掌握电子商务供应链的特点。

[引导案例]

沃尔玛的供应链管理

沃尔玛2010年以4050.46亿美元的销售收入和144.14亿美元的利润重返美国财富杂志全球500强第一名，该公司囊括2002～2005年和2007年、2008年、2010年的第一，在2000年、2001年、2006年和2009年稳居第二。一家零售企业，在销售收入上超过世界能源核心的石油化工企业，超过"制造业之王"的汽车工业，超过全世界所有的银行、保险公司等金融机构，成为本世纪以来占据榜首时间最长的企业，靠的是什么呢？

究其成功的原因，发现沃尔玛始终将高质量、高效的供应链管理作为自己的核心竞争力在努力经营。沃尔玛拥有一整套先进、高效的物流和供应链管理系统。在全球各地的配送中心、连锁店、仓储库房和货物运输车辆，以及合作伙伴（如供应商等），都被这一系统集中、有效地管理和优化，形成了一个灵活、高效的产品生产、配送和销售网络。

首先，和供应商之间"无缝"合作是整个供应链管理中的第一环。沃尔玛有一个非常好的系统，可以让供货商们能够直接进入到沃尔玛的系统，沃尔玛把它叫做零售链接。供货商们可以在沃尔玛的每个店铺当中及时了解到相关情况。任何一个供货商可以进入这个系统当中来了解他们的产品卖得怎么样，昨天、今天、上个月甚至上一年卖得怎么样。他们知道这种商品卖了多少，而且可以在24小时内就进行更新。通过零售链接，供货商们就可以了解销售情况，来决定生产计划，这样他们的产品成本得以降低，从而使整个过程是一个"无缝"的过程。具体作业流程是：沃尔玛的各个店铺都制定了一个安全库存水平，一旦现有库存低于这个水平，设在沃尔玛的计算机通过通信卫星自动向供应商定货。供应商在接到定货后，将订购商品配送到各店铺，并实施在库管理。

其次，灵活高效的物流配送实现沃尔玛供应链管理的有效保证。20世纪70年代沃尔玛提出了新的零售业配送理论：集中管理的配送中心向各商店提供货源，而不是直接将货品运送到商店。其独特的配送体系，大大降低了成本，加速了存货周转，形成了沃尔玛的核心竞争力。沃尔玛的配送系统由三部分组成，包括高效率的配送中心、迅速的运输系统和先进的卫星通信网络。沃尔玛可以保证，商品从配送中心运到任何一家商店的时间不超过48小时，沃尔玛的分店货架平均一周可以补货两次，而其他同业商店平均两周才补一次货。通过维持尽量少的存货，沃尔玛既节省了存储空间又降低了库存成本。

再次，提供让顾客满意的服务是沃尔玛供应链管理的首要目标。顾客满意是保证未来成功与成长的最好投资，这是沃尔玛数十年如一日坚持的经营理念。为此，沃尔玛为顾客提供

"高品质服务"和"无条件退款"的承诺绝非一句漂亮的口号。在美国只要是从沃尔玛购买的商品，无需任何理由，甚至没有收据，沃尔玛都无条件受理退款。沃尔玛每周都有对顾客期望和反映的调查，管理人员根据计算机信息收集信息，以及通过直接调查收集到的顾客期望即时更新商品的组合，组织采购，改进商品陈列拜访，营造舒适的购物环境。沃尔玛能够做到及时地将消费者的意见反馈给场上，并帮助厂商对产品进行改进和完善。过去，商业零售企业只是作为中间人，将商品从生产厂商传递到消费者手里，反过来再将消费者的意见通过电话或书面形式反馈到厂商那里。看起来沃尔玛并没有独到之处，但是结果却差异很大。原因在于，沃尔玛能够参与到上游厂商的生产计划和控制中去，因此能够将消费者的意见迅速反映到生产中，而不是简单地充当二传手或者电话话筒。

　　最后，信息共享是实现供应链的基础。20世纪90年代初，沃尔玛在总部建立了庞大的数据中心，沃尔玛公司总部只是一座普通的平房，但与其相连的计算机控制中心，却是一座外貌形同体育馆的庞然大物，公司的计算机系统规模仅次于五角大楼甚至超过了联邦航天局。全集团的所有店铺、配送中心每天发生的一切与经营有关的购销调存等详细信息，都通过主干网和通信卫星传送到数据中心。沃尔玛每销售一件商品，都会即时通过与收款机相连的电脑记录下来，每天都能清楚地知道实际销售情况，管理人员根据数据中心的信息对日常运营与企业战略作出分析和决策。沃尔玛4000千兆容量的数据库、5500多个工作站以及不计其数的服务器和PC机，保证了沃尔玛能在一个小时内对全球4500多个店铺内每种商品的库存、上架、销售量全部盘点一遍。依靠这套庞大的信息系统，总部的经理们再也不用专心致志地研读来自每个商店或地区上个月或者上个星期的报告了，他们可以轻而易举地跟踪任何一件商品的销售情况，比如某款服装或者某类钓鱼竿，并在各个地区之间进行比较，这使得依据当地习惯选择商品品种和进行实验性销售更容易。他们可以把同样的商品在不同的商店里以不同的方式摆放，然后很快告知所有的商店都采用效果最好的那种。而各分店的经理则依靠历史数据适时调整订货数量和品种。数据中心还与全球供应商建立了联系，实现了快速反应的供应链管理库存VMI。供应商通过这套系统可以进入沃尔玛的电脑配销系统和数据中心，直接从POS得到其供应的商品流通动态状况；或查阅沃尔玛产销计划。这套信息系统为生产商和沃尔玛两方面都带来了巨大的利益。1995年，沃尔玛及其供应商WarnerLambert，以及沃尔玛的管理软件开发商一起联合成立了零售供应和需求链工作组，进行合作计划、预测与补给，即CPFR（Collaborative Planning Forecasting and Replenishment）研究和应用获得很大成功。在供应链运作的整个过程中，CPFR应用一系列技术模型，对供应链不同客户、不同节点的执行效率进行信息交互式管理和监控，对商品资源、物流资源进行集中的管理和控制。通过共同管理业务过程和共享信息来改善零售商和供应商的伙伴关系，提高采购订单的计划性、提高市场预测的准确度，提高全供应链运作的效率，控制存货周转率，并最终控制物流成本。

　　先进的商业管理思想和信息技术的结合，使沃尔玛摆脱了传统零售业分散、弱小的形象，并创造了零售业工业化经营的新时代。

（资料来源：http://www.chinawuliu.com.cn/oth/content/200409/200414788.html）

10.1　供应链管理概述

　　进入20世纪90年代以来，由于科学技术不断进步和经济的不断发展、全球化信息网络和全球化市场形成及技术变革的加速，围绕新产品的市场竞争也日趋激烈。技术进步和需求多样化使得产品寿命周期不断缩短，企业面临着缩短交货期、提高产品质量、降低成本和改进服务的压力。所有这些都要求企业能对不断变化的市场作出快速反应，源源不断地开发出满足用户需求的、定制的"个性化产品"去占领市场以赢得竞争，市场竞争也主要围绕新产品的竞争而展开。毋庸置疑，这种状况将延续到 21 世纪，使企业面临的环境更为严峻。

供应链管理利用现代信息技术，通过改造和集成业务流程、与供应商以及客户建立协同的业务伙伴联盟、实施电子商务，大大提高了企业的竞争力，使企业在复杂的市场环境下立于不败之地。供应链管理经过几年的发展，现已在发达国家的企业中得到了较为成功的应用，而且随着人们对供应链管理认识的不断深入，供应链管理本身也得到了发展。

10.1.1　供应链管理产生的背景

（1）市场竞争加剧

科学技术的进步为经济全球化提供了各种必要的手段和物质保证，而其中信息技术的日新月异更成为推动经济全球化的一大动力。信息技术的发展，打破了时间和空间对经济活动的限制，为国家、企业间的经济关系的发展提供了新的手段和条件。运用网络通信、数据库、标准化等技术可以很容易地实现信息网络化、全球化，使得各种信息能够很快超越国家和个人的界限，在世界范围内有效地传递和共享，任何一个企业都可以从网上得到自己所需要的各种信息。正是在经济全球化高速发展的基础上，世界上的每个企业都被各种经济纽带更紧密地联系在一起，既互相依存，又互相补充。而同时，每个企业也都有机会占领更大的市场，但也有可能因竞争失利而被市场所淘汰，企业面对的将是日益激烈，甚至是残酷的市场竞争。

（2）市场竞争呈现出的特点增加了企业管理的复杂性

随着经济的发展，影响企业在市场上获取竞争优势的主要因素也发生着变化。认清主要竞争因素的影响力，对于企业管理者充分利用、获取最大竞争优势具有非常重要的意义。与 20 世纪的市场竞争特点相比，21 世纪的竞争又有了新的特点。首先，产品寿命周期越来越短。其次，产品品种数飞速膨胀。再次，对交货期的要求越来越高。最后，对产品和服务的期望越来越高。

企业面临外部环境变化带来的不确定性，包括市场因素（顾客对产品、产量、质量、交货期的需求和供应方面）和企业经营目标（新产品、市场扩展等）的变化。这些变化增加了企业管理的复杂性，企业要想在这种严峻的竞争环境下生存下去，必须具有较强的处理环境的变化和由环境引起的不确定性的能力。

（3）企业管理模式的转变

从管理模式上看，在 20 世纪的 40～60 年代，企业处于相对稳定的市场环境中，企业出于对制造资源的占有要求和对生产过程直接控制的需要，传统上常采用的策略是，或扩大自身规模，或参股到供应商企业，与为其提供原材料、半成品或零部件的企业是一种所有关系。这就是人们所说的"纵向一体化（Vertical Integration）"管理模式。我国企业（特别是过去的国有企业）一贯采取"大而全"、"小而全"的经营方式，可以认为是"纵向一体化"的一种表现形式。90 年代以来，科技迅速发展、世界竞争日益激烈、顾客需求不断变化，"纵向一体化"模式则暴露出种种缺陷。如增加企业投资负担、增大企业的行业风险、容易丧失市场时机等。

有鉴于"纵向一体化"管理模式的种种弊端，从 20 世纪 80 年代后期开始，国际上越来越多的企业放弃了这种经营模式，随之是"横向一体化（Horizontal Integration）"思想的兴起，即利用企业外部资源快速响应市场需求，本企业只抓最核心的东西：产品方向和市场。

至于生产，只抓关键零部件的制造，甚至全部委托其他企业加工。例如，福特汽车公司的Festiva 车就是由美国人设计，在日本的马自达生产发动机，由韩国的制造厂生产其他零件和装配，最后再在美国市场上销售。制造商把零部件生产和整车装配都放在了企业外部，这样做的目的是利用其他企业的资源促使产品快速上马，避免自己投资带来的基建周期长等问题，赢得产品在低成本、高质量、早上市诸方面的竞争优势。

"横向一体化"形成了一条从供应商到制造商再到分销商的贯穿所有企业的"链"。由于相邻节点企业表现出一种需求与供应的关系，当把所有相邻企业依此连接起来，便形成了供应链（Supply Chain）。这条链上的节点企业必须达到同步、协调运行，才有可能使链上的所有企业都能受益。于是便产生了供应链管理（SCM，Supply Chain Management）这一新的经营与运作模式。试想一下，如果制造商从产品开发、生产到销售完全自己包下来，不仅要背负沉重的投资负担，而且还要花相当长的时间。采用了供应链管理模式，则可以使企业在最短时间里寻找到最好的合作伙伴，用最低的成本、最快的速度、最好的质量赢得市场，受益的不止一家企业，而是一个企业群体。因此，供应链管理模式吸引了越来越多的企业。

（4）ERP 功能的缺陷

20 世纪 60 年代开始，制造业企业逐步地广泛采用制造资源计划软件进行库存、采购和财务的管理，编制和控制生产进度计划等繁重工作都依赖于 MRP-MRPⅡ-ERP 的集成和精确的处理能力。ERP 软件与管理人员的丰富经验相结合，至 20 世纪 90 年代中后期创造了 ERP实践的辉煌时期。在 1998 年以前，企业资源计划 ERP 被看作是采用数据库技术和专门的用户界面控制业务信息的企业系统，是面向整个企业的、统一的事物处理系统。ERP 软件支持和加快定单的整个执行过程，使业务和生产过程管理实现数据共享和集成，实现事物处理自动化和对财务、制造和分销资源进行跟踪。企业实施 ERP 还意味着业务流程再造、改进企业的灵活性和提高应变的响应能力。

ERP 无力承担企业之间的集成和协同。但是从 20 世纪 80 年代开始，一些重要的化学工业企业如 BASF，DOW，DuPont 发现，单靠企业自身生产过程的优化、改进企业内部的管理所获得的收效变得越来越有限，开始分析为他们供应物料的上下游企业的活动。20 世纪 90年代，随着商品市场国际化和竞争加剧，形成了产品用户化和交付期多变的环境，某些大型制造企业改进管理的焦点转移到相关的独立企业之间的协调和企业外部的物流和信息流的集成和优化。

但 ERP 仅仅是当时多数企业应用的制造资源计划 MRPⅡ而已，推出 ERP 的术语是为了反映当时的系统比原来有所进步，如加强了按行业的解决方案和扩展了需求管理、产品构型、电子数据交换、现场服务等功能；以及它采用的是 client/server 结构、关系数据库和开放平台等新的计算机技术等。20 世纪 90 年代中期，ERP 虽然增强了与客户和供应商业务的交互和Internet 能力，但无论在计划技术基础或功能方面都不具备协调多个企业间资源的观念和能力，ERP 仍旧是面向企业内部的事物处理系统。

ERP 计划模型落后。众所周知，ERP 的计划管理的模型仍然是 MRPⅡ，其编制计划的方法仍然采用 MRP 和 MPS 计算物料的需求、发布补充定单等。这种于 20 世纪 60 年代出现的用最朴素逻辑、在计算机帮助下按产品 BOM 和工艺流程逐级推演，得到了在一般平稳生产条件下可以应用的生产计划方法，流行了近 40 年。但是 MRP 方法存在着以下重要的弱点：MRP 算法假定提前期是已知的固定值；系统要求固定的工艺路线；仅仅根据交付周期或日期来安排生产的优先次序；所有工作都是在假定无限能力的前提下进行；重复计划过程要花费相当多的时间。而相关计划的更改十分困难。

另外，MRP 极为贫乏的决策支持能力令制造企业的上层管理人员甚为不满。30 多年来 MRP 的这些缺陷虽然不断有些技巧性的改进、虽然 ERP 系统在做生产计划时考虑了能力资源的约束，但仍旧是一种串行过程的校验处理，始终没有实质性的改变。

在国际化多变的市场面前，MRP 的上述缺点显得愈加突出，传统 ERP 的计划模型越来越不能适应企业变化的需求。对于行业领先的大企业和重要的国际化制造商，替代 MRP 和扩展 ERP 是势在必行的。直至 20 世纪 90 年代中期，寻求克服 ERP 缺点的努力开始有了成果，这就是高级计划与排产技术的实用化和供应链管理。

10.1.2　供应链管理的概念

要了解供应链管理 SCM，应当首先了解供应链（Supply Chain）。企业从原材料和零部件采购、运输、加工制造、分销直至最终送到顾客手中的这一过程被看成是一个环环相扣的链条，这就是供应链。

供应链其实是一种业务流程，它是围绕核心企业，通过对信息流、物流、资金流的控制，从采购原材料开始，制成中间产品以及最终产品，最后由销售网络把产品送到消费者手中的将供应商、制造商、分销商、零售商、直到最终用户连成一个整体的功能网链结构模式。

供应链管理是一种集成的管理思想和方法，它执行供应链中从供应商到最终用户的物流的计划和控制等职能。例如，伊文斯（Evens）认为：供应链管理是通过前馈的信息流和反馈的物料流及信息流，将供应商、制造商、分销商、零售商，直到最终用户连成一个整体的管理模式。菲利浦（Phillip）则认为供应链管理不是供应商管理的别称，而是一种新的管理策略，它把不同企业集成起来以增加整个供应链的效率，注重企业之间的合作。国家标准（GB/T 18354—2001)对供应链管理的定义：利用计算机网络技术全面规划供应链中的商流、物流、信息流、资金流等，并进行计划、组织、协调与控制等。全球供应链论坛（global supply Chain forum，GSCF）将供应链管理定义成：为消费者带来有价值的产品、服务以及信息的，从源头供应商到最终消费者的集成业务流程。

以上定义虽然表述不同，但基本含义是一致的，都强调一种集成的管理思想和方法，把供应链上的各环节有机结合起来，实现供应链整体效率最高的目标。在此，我们给出如下定义：供应链管理（Supply Chain Management）则是对供应链中的信息流、物流和资金流进行设计、规划和控制，从而增强竞争实力，提高供应链中各成员的效率和效益。SCM 帮助管理人员有效分配资源，最大限度提高效率和减少工作周期。内部供应链和外部供应链共同组成了企业产品从原材料到成品到消费者的供应过程。

SCM 实质上就是以现代信息技术为支撑，对供应链所涉及的物流、信息流及资金流进行合理优化和管理，以期达到最佳组合，使效率达到最高，迅速以最小的成本为客户提供最大的附加值，并使一个松散连接着的独立企业群体变为一种致力于提高效率和增加竞争力的合作力量。

最早人们把供应链管理的重点放在管理库存上，作为平衡有限的生产能力和适应用户需求变化的缓冲手段，它通过各种协调手段，寻求把产品迅速、可靠地送到用户手中所需要的费用与生产、库存管理费用之间的平衡点，从而确定最佳的库存投资额。因此其主要的工作任务是管理库存和运输。现在的供应链管理则把供应链上的各个企业作为一个不可分割的整体，使供应链上各企业分担的采购、生产、分销和销售的职能成为一个协调发展的有机体。

供应链管理与传统的物料管理和控制有着明显的区别，主要体现在以下几个方面。

① 供应链管理把供应链中所有节点企业看作一个整体，供应链管理涵盖整个物流的、从供应商到最终用户的采购、制造、分销、零售等职能领域过程，如图 10-1 所示。

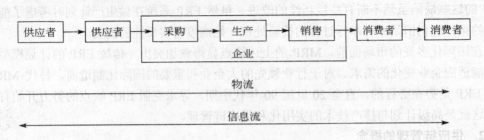

图 10-1　供应链管理的范围

② 供应链管理强调和依赖战略管理。"供应"是整个供应链中节点企业之间事实上共享的一个概念（任两节点之间都是供应与需求关系），同时它又是一个有重要战略意义的概念，因为它影响或者可以认为它决定了整个供应链的成本和市场占有份额。

③ 供应链管理最关键的是需要采用集成的思想和方法，而不仅仅是节点企业、技术方法等资源简单的连接。

④ 供应链管理具有更高的目标，通过管理库存和合作关系去达到高水平的服务，而不是仅仅完成一定的市场目标。

10.1.3　供应链管理的内容

供应链管理包括以下五大基本内容。

（1）计划

这是 SCM 的策略性部分。企业需要有一个策略来管理所有的资源，以满足客户对产品的需求。好的计划是建立一系列的方法监控供应链，使它能够有效、低成本地为顾客递送高质量和高价值的产品或服务。

（2）采购

选择能为企业提供货品和服务的供应商，和供应商建立一套定价、配送和付款流程，创造方法监控和改善管理，并把对供应商提供的货品和服务的管理流程结合起来，包括提货、核实货单、转送货物到企业制造部门并批准对供应商的付款等。

（3）制造

安排生产、测试、打包和准备送货所需的活动，这是供应链中测量内容最多的部分，包括质量水平、产品产量和工人的生产效率等的测量。

（4）配送

配送也称为"物流"，包括调整用户的订单收据、建立仓库网络、派递送人员提货并送货到顾客手中、建立货品计价系统、接收付款等过程。

（5）退货

这是供应链中的问题处理部分。建立网络接收客户退回的次品和多余产品，并在客户应用产品出问题时提供支持。

10.2　供应链管理基本理论

10.2.1　供应链管理类型

根据不同的划分标准，可以将供应链分为以下几种类型。

（1）稳定的供应链和动态的供应链

根据供应链存在的稳定性划分，可以将供应链分为稳定的和动态的供应链。基于相对稳定、单一的市场需求而组成的供应链稳定性较强，而基于相对频繁变化、复杂的需求而组成的供应链动态性较高。在实际管理运作中，需要根据不断变化的需求，相应地改变供应链的组成。

（2）平衡的供应链和倾斜的供应链

根据供应链容量与用户需求的关系可以划分为平衡的供应链和倾斜的供应链。一个供应链具有一定的、相对稳定的设备容量和生产能力（所有节点企业能力的综合，包括供应商、制造商、运输商、分销商、零售商等），但用户需求处于不断变化的过程中，当供应链的容量能满足用户需求时，供应链处于平衡状态，而当市场变化加剧，造成供应链成本增加、库存增加、浪费增加等现象时，企业不是在最优状态下运作，供应链则处于倾斜状态。

平衡的供应链可以实现各主要职能（采购/低采购成本、生产/规模效益、分销/低运输成本、市场/产品多样化和财务/资金运转快）之间的均衡。

（3）有效性供应链和反应性供应链

根据供应链的功能模式（物理功能和市场中介功能）可以把供应链划分为两种：有效性供应链（Efficient Supply Chain）和反应性供应链（Responsive Supply Chain）。有效性供应链主要体现供应链的物理功能，即以最低的成本将原材料转化成零部件、半成品、产品，以及在供应链中的运输等；反应性供应链主要体现供应链的市场中介的功能，即把产品分配到满足用户需求的市场，对未预知的需求做出快速反应等。

（4）推动式供应链和拉动式供应链

按照供应链的驱动方式来划分，可将供应链划分为推动式供应链和拉动式供应链，如图10-2所示。推动式供应链是以制造商为核心企业，根据产品的生产和库存情况，有计划地把商品推销给客户，其驱动力源于供应链上游制造商的生产。在这种运作方式下，供应链上各节点比较松散，追求降低物理功能成本，属卖方市场下供应链的一种表现。由于不了解客户

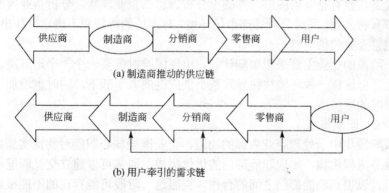

(a) 制造商推动的供应链

(b) 用户牵引的需求链

图 10-2　推动式供应链和拉动式供应链

需求变化，这种运作方式的库存成本高，对市场变化反应迟钝。拉动式供应链是以客户为中心，比较关注客户需求的变化，并根据客户需求组织生产。在这种运作方式下，供应链各节点集成度较高，有时为了满足客户差异化需求，不惜追加供应链成本，属买方市场下供应链的一种表现。这种运作方式对供应链整体素质要求较高，从发展趋势来看，拉动方式是供应链运作方式发展的主流。

10.2.2　集成化的供应链管理

要成功地实施供应链管理，使供应链管理真正成为有竞争力的武器，就要抛弃传统的管理思想，把企业内部以及节点企业之间的各种业务看做一个整体功能过程，形成集成化供应链管理体系。通过信息、制造和现代管理技术，将企业生产经营过程中有关的人、技术、经营管理三要素有机地集成并优化运行。通过对生产经营过程的物料流、管理过程的信息流和决策过程的决策流进行有效地控制和协调，将企业内部的供应链与企业外部的供应链有机地集成起来进行管理，达到全局动态最优目标，以适应在新的竞争环境下市场对生产和管理过程提出的高质量、高柔性和低成本的要求。

企业从传统的管理模式转向集成化供应链管理模式，一般要经过五个阶段，包括从最低层次的基础建设到最高层次的集成化供应链动态联盟，各个阶段的不同之处主要体现在组织结构、管理核心、计划与控制系统、应用的信息技术等方面，其步骤如图 10-3 所示。

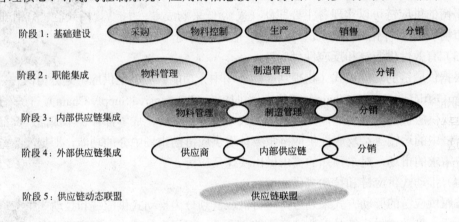

图 10-3　集成化供应链管理的实现

（1）阶段 1：基础建设

这一阶段是在原有企业供应链的基础上分析、总结企业现状，分析企业内部影响供应链管理的阻力和有利之处，同时分析外部市场环境，对市场的特征和不确定性作出分析和评价，最后相应地完善企业的供应链。

处于这一阶段的企业主要采用短期计划，出现困难时需要一个一个地解决。虽然企业强调办公自动化，但这样一种环境往往导致整个供应链的效率低下，同时也增加了企业对供应和需求变化影响的敏感度。

（2）阶段 2：职能集成

职能集成阶段集中于处理企业内部的物流，企业围绕核心职能对物流实施集成化管理，对组织实行业务流程重构，实现职能部门的优化集成，通常可以建立交叉职能小组，参与计划和执行项目，以提高职能部门之间的合作，克服这一阶段可能存在的不能很好满足用户订单的问题。

职能集成强调满足用户的需求。事实上，用户需求在今天已经成为驱动企业生产的主要动力，而成本则在其次，但这样往往导致第二阶段的生产、运输、库存等成本的增加。在集成化供应链管理的第二阶段一般采用 MRP 系统进行计划和控制。对于分销网，需求得不到准确的预测和控制，分销的基础设施也与制造没有有效地连接。由于用户的需求得不到确切的理解，从而导致计划不准确和业务的失误，所以在第二阶段要采用有效的预测技术和工具对用户的需求做出较为准确的预测、计划和控制。

但是，以上采用的各项技术之间、各项业务流程之间、技术与业务流程之间都缺乏集成，库存和浪费等问题仍可能困扰企业。

（3）阶段 3：内部供应链集成

这一阶段要实现企业直接控制的领域的集成，要实现企业内部供应链与外部供应链中供应商和用户管理部分的集成，形成内部集成化供应链。集成的输出是集成化的计划和控制系统。为了支持企业内部集成化供应链管理，主要采用供应链计划（Supply Chain Planning，SCP）和 ERP 系统来实施集成化计划和控制。这两种信息技术都是基于客户/服务（Client/Server）体系在企业内部集成中的应用。有效的 SCP 集成了企业所有的主要计划和决策业务，包括：需求预测、库存计划、资源配置、设备管理、优化路径、基于能力约束的生产计划和作业计划、物料和能力计划、采购计划等。ERP 系统集成了企业业务流程中主要的执行职能，包括订单管理、财务管理、库存管理、生产制造管理、采购等职能。SCP 和 ERP 通过基于事件的集成技术联结在一起。

本阶段企业管理的核心是内部集成化供应链管理的效率问题，主要考虑在优化资源、能力的基础上，以最低的成本和最快的速度生产最好的产品，快速地满足用户的需求，以提高企业反应能力和效率。这对于生产多品种或提供多种服务的企业来说意义更大。投资于提高企业的运作柔性也变得越来越重要。在第二阶段需构建新的交叉职能业务流程，逐步取代传统的职能模块，以用户需求和高质量的预测信息驱动整个企业供应链的运作。因满足用户需求而导致的高服务成本是此阶段管理的主要问题。

这一阶段可以采用 DRP 系统、MRP Ⅱ 系统管理物料，运用 JIT 等技术支持物料计划的执行。JIT 的应用可以使企业缩短市场反应时间、降低库存水平和减少浪费。

在这个阶段，企业可以考虑同步化的需求管理，将用户的需求与制造计划和供应商的物料流同步化，减少不增值的业务。同时企业可以通过广泛的信息网络（而不是大量的库存）来获得巨大的利润。

（4）阶段 4：外部供应链集成

实现集成化供应链管理的关键在于第四阶段，将企业内部供应链与外部的供应商和用户集成起来，形成一个集成化供应网链。

而与主要供应商和用户建立良好的合作伙伴关系，即所谓的供应链合作关系（Supply Chain Partnership），是集成化供应链管理的关键之关键。

此阶段企业要特别注重战略伙伴关系管理。管理的焦点要以面向供应商和用户取代面向产品，增加与主要供应商和用户的联系，增进相互之间的了解（产品、工艺、组织、企业文化等），相互之间保持一定的一致性，实现信息共享等，企业通过为用户提供与竞争者不同的产品/服务或增值的信息而获利。供应商管理库存（VMI，Vendor Management Inventory）和共同计划预测与库存补充（CPFR，Collaborative Planning Forecasting and Replenishment）的应用就是企业转向改善、建立良好的合作伙伴关系的典型例子。通过建立良好的合作伙伴关系，企业就可以很好地与用户、供应商和服务提供商实现集成和合作，共同在预测、产品设计、生产、运输计划和竞争策略等方面设计和控制整个供应链的运作。对于主要用户，企业一般建立以用户为核心的小组，这样的小组具有不同职能领域的功能，从而更好地为主要用户提供有针对性的服务。

处于这个阶段的企业，生产系统必须具备更高的柔性，以提高对用户需求的反应能力和速度。企业必须能根据不同用户的需求，既能按订单生产（Make-To-Order），按订单组装、包装（Assemble or Package-To-Oder），又能按备货方式生产（Make-To-Stock），这样一种根据用户的不同需求对资源进行不同的优化配置的策略称为动态用户约束点策略。延迟技术（Postponement）可以很好地实现以上策略。延迟技术强调企业产品生产加工到一定阶段后，等待收到用户订单以后根据用户的不同要求完成产品的最后加工、组装，这样企业供应链的生产就具有了很高的柔性。

为了达到与外部供应链的集成，企业必须采用适当的信息技术为企业内部的信息系统提供与外部供应链节点企业的很好的接口，达到信息共享和信息交互，达到相互操作的一致性。这些都需要采用 Internet 信息技术。

本阶段企业采用销售点驱动的同步化、集成化的计划和控制系统。它集成了用户订购数据和合作开发计划、基于约束的动态供应计划、生产计划等功能，以保证整个供应链中的成员同步化地进行供应链管理。

（5）阶段 5：集成化供应链动态联盟（供应链管理的发展趋势）

在完成以上四个阶段的集成以后，已经构成了一个网链化的企业结构，我们称之为供应链共同体，它的战略核心及发展目标是占据市场的领导地位。为了达到这一目标，随着市场竞争的加剧，供应链共同体必将成为一个动态的网链结构，以适应市场变化、柔性、速度、革新、知识等需要，不能适应供应链需求的企业将从供应链联盟中被淘汰。供应链从而成为一个能快速重构的动态组织结构，即集成化供应链动态联盟。企业通过 Internet 网络商务软件等技术集成在一起以满足用户的需求，一旦用户的需求消失，它也将随之解体。而当另一需求出现时，这样的一个组织结构又由新的企业动态地重新组成。在这样的一个环境中求生存，企业如何成为一个能及时、快速满足用户需求的供应商，是企业生存、发展的关键。

集成化供应链动态联盟是基于一定的市场需求、根据共同的目标而组成的，通过实时信息的共享来实现集成。主要应用的信息技术是 Internet/Intranet 的集成，同步化的、扩展的供应链计划和控制系统是主要的工具，基于 Internet 的电子商务取代传统的商务手段。这是供应链管理发展的必然趋势。

10.3　供应链管理与 e-SCM

10.3.1　电子商务供应链管理

（1）电子商务对 SCM 的影响

电子商务的兴起是由科学技术手段飞速发展而引发的商业运作模式的巨变，它改变了传统经济活动的生存基础、运作方式和管理机制，因而对供应链发展产生了深远的影响。

① 对供应链角色的影响　电子商务的应用加强了各个供应链角色的一体化倾向，特别是加强了生产商的前向一体化倾向，这种一体化行为能够提高供应链的效率。

② 消除了供应链上不必要的中间环节　通过 Internet 可不经分销商或零售商就快捷地将产品卖给消费者，并可以合理安排库存，提高信息的及时性和准确性，消除了一些不必要

的中间环节组织，从而节约了库存、销售和运输等费用。

③ 企业的组织边界趋于模糊化　随着电子商务的发展，组织之间的信息流和资金流更频繁，组织之间的联系也由单一渠道转变为多渠道进行，为提供客户满意的产品和服务而共同努力。最终整个价值链重新整合，形成一个虚拟的大企业。

④ 企业销售模式由生产者推动型转变为消费者拉动型　当前消费者对商品的个性化、差异化提出了更高的设计要求，生产商和供应商组成的虚拟企业共同完善产品设计，以最大限度地满足消费者。此时销售模式由生产者推动型转变为消费者拉动型。

⑤ 实现经营的网络化　交易物流系统的网络化，物流配送中心与供应商、制造商通过网络连接，上下游企业之间的业务往来也通过网络来实现，大部分专业性业务活动交给外部企业运作，内部管理层次和人员减少，经营趋于网络化。

（2）电子商务供应链管理的特点

① 更个性化的服务　在电子商务模式下，企业突破了时空的界限，生产过程和消费过程达到了和谐的统一，使得企业的供应链更加简洁、高效、开放和灵活，为个性化服务创造了完美的条件。应用电子商务交换有关消费者的信息成为企业获得消费者和市场需求信息的有效途径。

② 独特的管理方式　与传统的供应链相比，基于电子商务的供应链中的企业员工必须有较高的主动性和积极性，因为多变的环境需要员工自发的工作，供应链计划也不再只是由企业少数几个高层领导来决定。

③ 高度共享和集成的信息系统　电子商务使整个交易过程实现电子化、数字化、网络化。电子商务大系统包含三个关键组成要素，即信息网、金融网和运输网。与其对应的信息流、资金流、物流交换的质量和效率是实施供应链管理的关键。三者之间的动态联系，为建立基于供应链管理的虚拟企业提供了前提和基础。供应链管理的运作在很大程度上依赖于网链上的信息交换质量，电子商务的运用为实施供应链管理提供了信息处理的有效手段，极大提高了信息传递的效率和准确率。

④ 高效率的营销集道　企业利用电子商务与它的经销商协作建立零售商的订单和库存系统。通过自己的信息系统可以获知有关零售商商品销售的消息，企业可以在这些消息的基础上，进行连续库存补充和销售指导，从而与零售商一起改进营销渠道的效率，提高顾客满意度。

（3）电子商务供应链管理的基本框架

① 电子供应链管理的基本框架　电子商务包括的内容相当广泛，有电子邮件(E-mail)、电子数据交换(EDI)、增值网(VAN)、快速响应系统(QRS)、电子转账(EFT)、交易事物处理(Transaction Processing)、联机服务以及多媒体导购等。

电子供应链管理主要通过电子商务与供应链的整合来实现，整合的角度包含企业的整个组织流程，如产品开发设计、采购和资源搜索、营销及客户服务、生产制造及日常安排、物流供应、人力资源等。通过对上文电子供应链管理相关内容的阐述，本文给出电子供应链管理的基本框架，如图 10-4 所示。

从图中我们可以看出，电子供应链管理的实施，有助于企业与其供应商采购实务的协调、物料人员与仓储运输公司之间的协调、销售机构与其批发商的协调，以及公司日常活动和客户服务的协调。

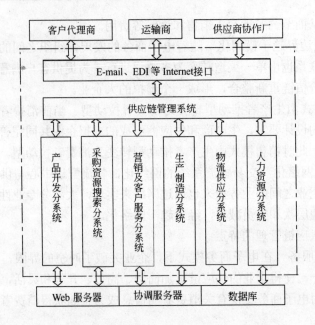

图 10-4　电子供应链管理的框架

　　此外，企业还可以通过电子供应链管理优化其流通网络与分销渠道，减少库存量，加快库存周转，从而有效地改进它们的供应链。其中关键是要进行更好的企业间的信息集成，提高供应链中每个成员对整体信息的可见度。

　　② 电子商务环境下供应链管理的结构功能　　在电子商务时代里，企业供应链利用网络技术实现企业内部和企业之间的信息集成和信息协作，利用 Internet 上国际市场进行信息与资金流的交换，其中企业内部的信息流和资金流的交换利用 Intranet 实现，企业之间的信息流和资金流的交换通过 Internet 利用电子数据交换方式交换。在这些信息技术的全力支持下，要求其供应链上各成员围绕物流和资金流进行信息共享和经营协调，实现柔性的和稳定的供需关系，具体如图 10-5 所示。

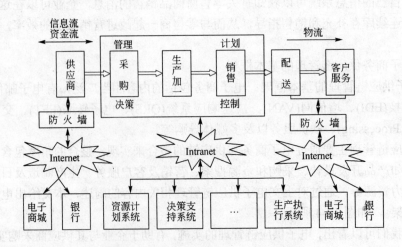

图 10-5　电子商务环境下的供应链管理体系结构

从图中可看出，基于电子商务环境下的供应链管理具有如下几个功能。

a. 企业与其他供应商采购事务的协调。企业通过外部网浏览供应商的产品目录，根据需求签发定单，并发送给供应商，合同审核人员通过企业内部网查看库存情况、生产计划情况和销售商的信誉度来确定是否接受定单，并与供应商通过网络进行信息交换、协商合同条款、签订合同。

b. 物料计划人员与仓储运输企业之间的业务协调。通过企业的内部网，物料计划人员可以查看仓储情况，及时地安排物料的运输。库存管理人员根据原材料供应情况和产品销售情况及时更新数据库以便有关人员查询。

c. 销售机构与其他产品批发商、零售商之间的协调销售机构可以通过互联网进行产品宣传和与客户进行交流，并将信息反馈给生产计划部门，来帮助计划部门制定合理的生产计划。

d. 通过内部网，企业中的各部门可以进行及时信息交换，实现"无纸办公"，将企业内部经营的所有业务单元诸如采购、库存、计划、生产、质量、运输、市场、销售、服务等以及相应的财务活动、人事管理均纳入一条供应链内进行统筹管理，使得各种业务和信息能够实现集成和共享。

e. 通过互联网，可以方便地接收客户的反馈信息，为客户提供及时的服务。客户可以方便地获取信息，并且更多地参与到商业过程中。企业也可以深入了解客户需求，并及时将客户意见反馈到产品、服务设计中，为客户提供更加个性化、深入化的服务。

（4）电子商务环境下供应链与传统供应链管理模式比较

① 传统供应链管理模式　传统的供应链管理注重的是企业的横向集成，往往通过通信介质将供应商、零售商、分销商及最终用户连接起来，是一种点到点的集成（参见图10-6）。这种集成缺乏灵活性，实体与实体之间缺乏有效的合作，不能实现资源共享与有效利用。物流、信息流、资金流在传统的供应链上一般是逐级传递的，这种逐级传递方式必然造成信息传递效率的降低和不准确性的增加，产生牛尾效应(信息的放大，扭曲)，信息流传递的低效率进而导致物流不能低成本、高效率的流动。

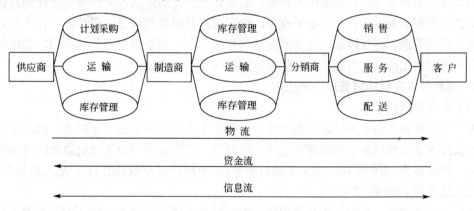

图 10-6　传统供应链的管理模式

② 电子商务环境下供应链管理模式　基于电子商务的供应链管理是市场需求与经济发展的必然趋势，通过利用 Intranet 和 Extranet 以及电子商务技术体系把一个企业和它的供应商、制造商、分销商以及客户方便地联系起来，进行有效的供应链管理。

电子商务弥补了传统供应链的不足，不仅使供应链上各成员间更紧密地连接、合作与交流，而且把供应链的概念延伸到了供应商的供应商和客户的客户，建立了一种跨企业的协作，覆盖了从需求预测、产品设计、外协和外购、储运、制造、分销、客户服务的全过程，为企业实施供应链管理提供有力的信息技术支持和广阔的活动舞台。利用电子商务对供应链管理模式进行优化，有利于引导企业设计、开发供应链管理的模式，为在知识经济时代更好地实施供应链管理战略决策奠定基础，为充分挖掘供应链管理的潜力、实现供应链管理的优化创造条件。

基于电子商务的供应链管理模式如图 10-7 所示。

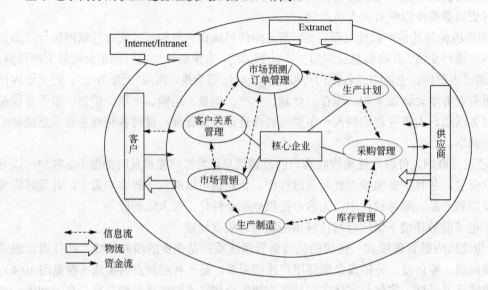

图 10-7　基于电子商务的供应链管理模式

由图 10-7 可见，其优势在于通过网络技术可以方便迅速地收集和处理大量信息，使供应商、制造商、销售商及时得到准确的数据，制定切实可行的需求、生产和供货计划，以利于供应链的组织和协调运作。采用电子商务，企业可以及时处理信息、跟踪客户订单执行、进行有效的采购管理、存货控制以及物流配送等系统服务，促进供应链向动态的、柔性的、虚拟的、全球网络化的方向发展，提高供应链的持续竞争优势。

10.3.2　信息技术在供应链管理中的应用

（1）全方位连接技术

近年来，各种无线连接技术如雨后春笋，包括个人局域网用的蓝牙技术、802.11 无线局域网、支持语音及数据通信的蜂窝式无线广域网等。它们在供应链领域的最新应用趋势是汇聚在同一种设备里，提供多样化的无线通信服务，这为用户以及相关的 IT 管理人员带来便利。

（2）语音及 GPS 技术

供应链方案的另一个发展趋势是手持式电脑结合了语音通信及 GPS 功能，令它可以同时支持数据采集、数据通信及手机通信，Intermec 公司的 CN3 便是一个典型例子。随着包括 GPRS、GSM、CDMA 等在内的广域无线通信的覆盖面日趋广阔及通信价格不断下调，越来越多的公司能负担使用实时数据访问系统的费用，提高供应链管理的效率。

（3）语音识别技术

语音识别技术使得手持式电脑的使用者不需分心留意屏幕。在 IT 产业提倡开放系统及互操作性的大潮下，目前语音合成/识别功能已经能轻易地融合进多种已有的供应链应用软件里，包括仓库管理、提货及存放、库存、检验、品质监控等，这主要是得利于终端仿真(TE)语音识别技术的面世。

根据一项对大批量配送中心所做的调研结果显示，使用条码数据输入方法的准确性比传统语音技术高 4%(前者为 9%，后者为 95%)，但使用条码处理需要多 26 个全职工人。如果采用结合条码和 TE 语音识别技术的系统，其准确性与单纯使用条码技术相当，但可以少用 22 个全职工人。

（4）数码成像技术

企业级移动计算机也增添了数码成像技术，不少运输和配送公司已经使用整合了数码照相机的移动计算机，使得他们的送货司机能采集配送完成的证明，存储已盖章的发票并将未能完成送货的原因记录在案。

（5）便携式打印技术

目前移动打印机是打印行业中发展最为迅速的一环。销售、服务及配送人员使用便携式打印设备可以立即为客户提交所需文件，同时马上建立一个电子记录文档，不需另行处理纸张文件。在工业环境中使用便携式打印设备，可以节省工人前往打印中心提取标签、提货单或其他输出文件的时间。

（6）二维条码技术

二维条码的效益早已获市场肯定，但由于使用环境不同会导致有些标识难以读取，所以其广泛性还有待提高。但随着自动对焦技术的面世，二维条码逐渐成为进行物品管理、追踪及其他运营工作的主流支持技术之一。

大多数的机构需要使用不同的条码应用软件来处理各式各样的标识以及编码数据。比如，对于用在仓库货架的标签，使用大规格线性标识技术较为理想;而对于在装船货物上用的标签，有条码区域的 102 mm 标签是常用的规格。由于携带两个独立的条码阅读器是不切实际的，很多机构放弃使用二维条码，只是使用普通的线性条码。

现在用户不必再做出取舍。例如，Intermec 公司的 EX25 自动对焦扫描引擎是能够同时读取线性和二维条码的条码阅读器。照明技术的进一步发展，使得条码在以前无法读取的黑暗环境中也可以使用。

（7）RFID 技术

RFID 的应用也日趋普及，它在资产管理及供应链领域所能发挥的价值尤为明显。例如，美国海军在一项存储管理关键任务中使用 RFID 支持数据输入，操作时间节省了 98%。TNT 物流部使用 RFID 来自动记录装载于拖车上的货品，确认程序所需时间节省了 24%。

RFID 在存货管理及配送运营中的新应用模式是，使用车载 RFID 设备和其它移动 RFID 解读器，以增强或取代传统的固定 RFID 设备。

（8）实时定位系统(RTLS)技术

RTLS能将无线局域网拓展至资产追踪系统，其中一个很大的市场驱动力是思科系统的Wireless Location Appliance（无线定位设备）。它可以通过思科的无线局域网进行资产追踪，任何一台和无线局域网连接的设备都可以被追踪和定位。一个应用就是通过车载计算机的射频信号来追踪叉车。无线定位设备和支持软件一可以实时追逐射频信号，高效地支持存储、路由、数据收集及资产使用率分析等操作。

（9）远程管理技术

使用无线局域网来追踪仓库和工厂资产是远程管理的一个例子。其实，远程管理技术的应用范围十分广泛，包括对条码阅读器及打印机、RFID 设备、计算机以及其他数据采集设备和通信器材进行配置、监控及修复，可大幅度减低供应链设备管理工作所需的时间及成本。

（10）安全技术

更高的安全性是支持供应链管理技术的另一个主要的业务趋势和需求。例如可以为移动计算机加锁，即使设备丢失或被窃，机主的信息和其他数据也不会被别人窃取。无线计算机和数据采集设备也支持许多领先的企业级无线网络安全技术，其中包括 802.11i、WPA、RADIUS 服务器及 VPNs 等。支持 Cisco Compatible Extensions（CCX）的无线数据采集设备可以完全融合在思科整合式无线网络中，得到其可靠性和安全性方面的支持，这包括对黑客及捣乱无线访问点的检测、身份鉴别与加密、防火墙整合等。

[本章小结]

随着市场竞争的加剧，企业管理复杂性的增加，企业管理模式从"纵向一体化"向"横向一体化"转变，而传统 ERP 的计划模型越来越不能适应企业变化的需求，因此，需要更加先进和全面地解决方案，即供应链管理 SCM。电子商务的兴起是由科学技术手段飞速发展而引发的商业运作模式的巨变，它同样也对供应链发展产生了深远的影响。

[案例研讨]

上海贝尔的电子商务供应链管理

电子商务是一种未来企业提高国际竞争力和拓展市场的有效方式，同时，它也为传统的供应链管理理论与方法带来了新的挑战。供应链管理与电子商务相结合，产生了电子商务供应链管理，其核心是高效率地管理企业的信息，帮助企业创建一条畅通于客户、企业内部和供应商之间的信息流。借助电子商务实现集成化供应链管理是未来供应链管理的发展趋势，下面的部分，我们以上海贝尔为例研究电子商务与供应链管理的集成。

上海贝尔是中外合资、国有控股的现代化通信信息企业，总注册资本为 12050 万美元，现有员工 3600 人。20 世纪 90 年代以来，主导产品的产量、销售收入始终在本行业居于首位。公司的产品结构主要由两部分构成：① 传统产品，指 S12 系列程控交换机系列；② 新产品，相对 S12 产品而言，由移动、数据、接入和终端产品构成。产值比例约为 8：2。

（1）上海贝尔面临的供应链管理问题

上海贝尔有良好的内部信息基础设施、ERP 系统、流程和职责相对明晰，企业内部的供应链建设状况尚可，但上海贝尔与外部供应链资源的集成状况不佳，很大程度上依然是传统的运作管理模式，而并没真正面向整个系统开展供应链管理。具体说来，a. 供应商的选择上，范围和手段都比较狭隘，没有充分信息技术的发展所带来的便捷，此外，也没有考虑到供应商的信息基础建设状况及其发展，成为供应链管理中的隐患。b. 生产任务外包上，没有充分利用现有的信息化资源，和外包厂商之间缺乏有效的沟通。c. 在库存管理上，上海贝尔基本是对应于 make to order 生产模式的，市场需求的不确定性迫使企业备有一定的安全材料库存或半成品库存，这样就产生了材料和半成品库存的管理问题。一方面，按照历史数据和市场预测，对材料库存进行额度控制和管理，另一方面，形成持续的材料短缺。这种库存的风险也可能偏向另外一个极端，即材料库存严重超标。而成品库存管理中，因市场需求波动容易造成的缺货。

客观现状的不理想迫使公司对供应链管理进行改革。

（2）上海贝尔的电子商务供应链管理战略

上海贝尔的电子商务供应链管理战略的重点分别是供应商关系管理的 E 化、市场需求预测的 E 化、外包决策和跟踪控制的 E 化和库存管理战略的 E 化。

① 供应商关系管理的 E 化　对上海贝尔而言，其供应商呈现全球化的倾向，故供应商的选择应以全球为遴选范围，而充分利用电子商务手段进行遴选、评价。从供应商的遴选标准来说，传统的供应商遴选标准+分类信息标准是 E 化供应商关系管理的基础。主要体现在两个方面：第一，依据企业/供应商关系管理模型对其需求产品和候选供应商进行彼此关系界定。第二，要明确对供应商的信息化标准要求和双方信息沟通的标准，特别要关注关键性材料资源供应商的信息化设施和平台情况。

② 生产任务外包业务的 E 化　上海贝尔未来的发展方向是提供完善的信息、通信解决方案和优良的客户服务，生产任务的逐步外包是当然选择。在外包厂商的选择上，除了原有的产能、质量、交货等条件外，还需增添对其生产计划管理系统和信息基础建设的选择标准，因为未来外包业务量的增大势必会加大管理和协调的难度和复杂度，需要采用电子商务技术管理和协调外包业务。若其信息基础设施相对薄弱，一旦外包任务量大增，市场需求信息频繁变动，落后的信息基础设施和迟缓的信息响应，会严重影响供应链的效率。此外，上海贝尔现拥有 Intranet 和 ERP 系统，外包厂商可借助 Internet 或专线远程接入 ERP 管理系统的生产计划功能延伸模块，与上海贝尔实现同步化生产计划，即时响应市场、需求的变动。

③ 库存管理战略的 E 化　面向供应链管理的库存管理模式有多种，上海贝尔根据库存管理种类和生产制造模式，采用如下库存管理模式。

针对材料库存和半成品库存，基本对应于 make to order 生产模式，但对于关键性材料资源，采用联合库存管理策略。即在电子商务手段的支持下，供应商和上海贝尔协商，联合管理库存，既考虑市场需求，平抑市场需求不确定性带来的影响，又考虑供应商的产能状况，使供应商及时响应市场需求，调节产出，双方实现信息、资源共享、风险共担的良性库存管理模式。

针对成品库存管理，采用供应商管理客户库存模式 VMI（Vendor Managed Inventory）来实现终端成品库存管理。2000 年上海贝尔终端事业部已开始尝试运用总体框架协议、分批实施、动态补偿，同时实行即时的相关信息交换，在实质上已体现了 VMI 库存管理的精神。

④ 需求预测和响应的 E 化　上海贝尔要发展成为世界级的电信基础设施供应商，必然面对全球化的市场、客户和竞争，势必对市场研究、需求预测和响应作相应地变革。上海贝尔可以在公司原有 Intranet 的基础上，与各分公司、分销商专门建立需求预测网络体系，实时、动态地跟踪需求趋势、收集市场数据，随时提供最新市场预测，使上海贝尔的供应链系统能真正围绕市场运作。

通过骨干网专线的延伸或 Internet，建立公司内部 ERP 系统与分公司、专业分销商之间的电子连接，同时将有关产品销售或服务合同的审查职能下放至各大分公司，使市场需求在合同确认时即能参与企业 ERP 运行，同时在需求或合同改变时企业 ERP 系统及时响应，调整整个供应链的相关信息。此外，逐步发展上海贝尔的 B2B 电子商务，建立网上产品目录和解决方案、网上客户化定制和订购、在线技术支持和服务，使上海贝尔的目标客户更直接、方便、及时地与上海贝尔的内核响应。

上海贝尔的电子商务供应链管理实践表明，该战略的实施不仅可以提高供应链运营的效率，提高顾客的满意度；而且可以使供应链管理的组织模式和管理方法得以创新，并赋予供应链更高的柔性。通过电子商务的应用，能有效地将供应链上各个业务环节孤岛连接起来，使业务和信息实现集成和共享。同时，EC 应用改变了供应链的稳定性和影响范围，也改变了传统的供应链上信息逐级传递的方式，为创建更为动态、广泛的供应网（Supply Web）关系提供了基础，使许多企业能以较低的成本加入到供应链联盟中。

（资料来源：http://finance.sina.com.cn/leadership/case/20051009/14412017707.shtml）

问题：

1. 上海贝尔的供应链管理从哪几个方面展开？
2. 上海贝尔获得成功的经验是什么？

[思考与练习]

1. 供应链管理的概念？
2. 供应链管理的类型？
3. 集成化的供应链管理的具体阶段划分？
4. 戴尔、诺基亚、宝洁、IBM、沃尔玛、丰田汽车、强生等 10 家公司最近被 AMR Research 评选为全球效率最高的 10 大供应链拥有者，请从中选一家上网了解其供应链构建的现状，并分析其成功的原因。

参 考 文 献

[1] Turban E. 电子商务：管理视角（英文版）. 北京：高等教育出版社，2009.

[2] 宋文官. 电子商务概论. 第 2 版. 北京：清华大学出版社，2007.

[3] 邵兵家. 电子商务概论. 第 2 版. 北京：高等教育出版社，2000.

[4] Schneider. G. P. 电子商务（英文版）. 第 7 版. 北京：机械工业出版社，2008.

[5] 李洪心. 电子商务案例. 北京：机械工业出版社，2006.

[6] 施志君. 应用型电子商务"十一五"系列规划教材·电子商务案例分析. 北京：化学工业出版社，2009.

[7] 倪红耀，张维强. 电子商务师技能辅导教程. 北京：清华大学出版社，2006.

[8] 李洪心. 电子商务概论. 第 2 版. 沈阳：东北财经大学出版社，2008.

[9] 庞大连，张冰新. 电子商务概论. 北京：北京大学出版社，2008.

[10] 殷建民，施游. 电子商务设计师考试辅导教程. 北京：电子工业出版社，2009.

[11] 张进，姚志国编著. 网络金融学. 北京：北京大学出版社，2002.

[12] 胡玫艳主编. 网络金融学. 北京：对外经济贸易大学出版社，2008.

[13] 史征，周朝霞等编著. 网络营销. 杭州：浙江大学出版社，2003.

[14] 沃德·汉森著. 网络营销原理. 北京：华夏出版社，2002.

[15] 邓少灵主编. 网络营销学. 广州：中山大学出版社，2009.

[16] 王宏伟主编. 网络营销. 北京：北京大学出版社，2010.

[17] 黄敏学主编. 网络营销. 第 2 版. 武汉：武汉大学出版社，2007.

[18] 周虹主编. 电子支付与网络银行. 第 2 版. 北京：中国人民大学出版社，2011.

[19] 曹红辉等编著. 中国电子支付发展研究. 北京：经济管理出版社，2008.

[20] 杨坚争等编著. 电子商务案例与电子支付. 北京：机械工业出版社，2011.

[21] 杨坚争等编著. 电子商务安全与电子支付. 北京：机械工业出版社，2007.

[22] 帅青红，夏军飞编著. 网上支付与电子银行. 大连：东北财经大学出版社，2009.

[23] 李洪心，马刚编著. 电子支付与结算. 北京：电子工业出版社，2010.

[24] 洪国彬等编著. 电子商务安全与管理. 北京：清华大学出版社，2008.

[25] 易久主编. 电子商务安全. 北京：北京邮电大学出版社，2010.

[26] 仝新顺，王初建，于博编著. 电子商务概论. 北京：清华大学出版社，2010.

[27] 张福荣. 电子化供应链管理——e-Business 观点. 北京：中国税务出版社，2005.

[28] 奚宪铭，朱海波，张丽霞，陈德惠. 电子商务概论. 北京：经济科学出版社，中国铁道出版社，2007.

[29] 汤兵勇. 客户关系管理. 第 2 版. 北京：高等教育出版社，2008.

[30] 周伟，牟援朝. 电子商务——理论与实践. 北京：化学工业出版社，2009.

[31] 马士华，林勇. 供应链管理. 第 2 版. 北京：机械工业出版社，2005.

[32] 李琪. 电子商务概论. 北京：高等教育出版社，2009.

[33] 陈建斌. 电子商务与现代物流. 北京：中国经济出版社，2008.

[34] 陈修齐. 电子商务物流管理. 第 2 版. 北京：电子工业出版社，2010.

[35] 庞大连，张冰新. 电子商务概论. 北京：北京大学出版社，2008.

[36] 王天梅，涂梅，孙宝文. 电子商务. 北京：经济科学出版社，2008.

[37] 孙宝文，王天梅. 电子商务系统建设与管理. 北京：高等教育出版社，2008.

[38] 李琪. 电子商务导论. 北京：电子工业出版社，2010.

[39] 田玲. 电子商务中客户关系管理的研究. 北京：知识产权出版社，2009.

[40] 邵兵家. 客户关系管理. 第 2 版. 北京：清华大学出版社，2010.

[41] [美]特班等著. 电子商务管理视角（原书第 5 版）. 严建援等译. 北京：机械工业出版社，2010.

[42] 吴健. 电子商务物流管理. 北京：清华大学出版社，2009.